中國學術思想 研究輯刊

三三編

林慶彰 主編

第3冊

荀子與戰國黃老之學研究

商曉輝 著

花木蘭文化事業有限公司

國家圖書館出版品預行編目資料

荀子與戰國黃老之學研究／商曉輝 著 -- 初版 -- 新北市：花
木蘭文化事業有限公司，2021〔民 110〕
序 2+ 目 4+214 面；19×26 公分
（中國學術思想研究輯刊 三三編；第 3 冊）
ISBN 978-986-518-432-2（精裝）
1.（周）荀況 2. 學術思想 3. 先秦哲學
030.8   110000650

ISBN-978-986-518-432-2

中國學術思想研究輯刊
三三編 第三冊   ISBN：978-986-518-432-2

荀子與戰國黃老之學研究

作　　者　商曉輝
主　　編　林慶彰
總 編 輯　杜潔祥
副總編輯　楊嘉樂
編　　輯　許郁翎、張雅淋　美術編輯　陳逸婷
出　　版　花木蘭文化事業有限公司
發 行 人　高小娟
聯絡地址　235 新北市中和區中安街七二號十三樓
　　　　　電話：02-2923-1455 ／傳真：02-2923-1452
網　　址　http://www.huamulan.tw 信箱 service@huamulans.com
印　　刷　普羅文化出版廣告事業
封面設計　劉開工作室
初　　版　2021 年 3 月
全書字數　20 萬字
定　　價　三三編 18 冊（精裝）新台幣 48,000 元

荀子與戰國黃老之學研究

商曉輝　著

作者簡介

商曉輝，男，1990 年生，天津市河北區人。博士畢業於西北大學中國思想文化研究所，中國史博士學位，導師為謝陽舉教授，現為西北農林科技大學馬克思主義學院講師。兼任中[国]先秦史學會法家研究會理事、陝西省孔子學會會員、陝西省馬克思主義學會會員。主要研究[方]向為黃老道家、先秦法家、西方政治思想史（主攻漢娜‧阿倫特、以賽亞‧伯林）。

主持 2020 年陝西省社會科學基金年度項目「黃老學說中的國家治理思想研究」；2020 年[西]北農林科技大學基本科研業務費人文社科一般項目「國家治理視角下的黃老道家研究」；2019[年]西北農林科技大學博士科研啟動基金項目「荀子國家治理思想及當代價值研究」。在《原道》《[諸]子學刊》《甘肅社會科學》《管子學刊》《中國中醫基礎醫學雜誌》《華夏文化論壇》等核心期[刊]發表多篇文章。

提　要

荀子是先秦思想的集大成者。他以孔門嫡傳自居，繼承發展了孔子的儒家思想。同時，還借鑒吸收道法名墨陰陽等各家思想。黃老之學是戰國中後期最為昌盛的思潮，戰國中後期許多學者都受到黃老之學的影響。荀子三次擔任齊國稷下學宮的祭酒，長年在稷下學宮講學[，]而稷下學宮中的主要思潮即為黃老之學。可以說荀子思想的許多方面都受到黃老之學的深刻[影]響。通過借鑒和吸收黃老之學，來彌補先秦儒家思想的不足。

荀子借鑒吸收黃老之學主要表現在五個方面。天人觀方面其思想之中所指的天大部分[皆]為自然之天，是對黃老之學的自然主義天道觀的借鑒吸收。對黃老氣本源論思想的借鑒，提[出]了事間萬物都由氣所構成以及事物內部的陰陽二氣互相運動產生萬物的思想。對黃老「天地[之]恆常」思想的借鑒，提出了「天行有常」的哲學命題；人性思想方面借鑒吸收了黃老之學的[自]然人性論。認為人的本性不是孟子似的道德屬性，而應該是與動物相同的自然屬性。對情感[和]欲望持肯定態度，一方面受郭店楚簡儒家思想的影響。另一方面則借鑒了黃老對情慾的肯定[態]度。同時對稷下學者宋鈃的「情慾寡淺」思想進行了批判。宋鈃「情慾寡淺」思想的本意不[是]人的情感欲望本來是不多的，是很少的，即「情慾固寡」的意思。本意應該是在承認人們內[心]情感欲望非常多的前提下，削減和抑制人們內心之中不必要以及過多的情感和物質欲望的[思]思。荀子對宋鈃「情慾寡淺」思想的理解是不正確的；解蔽思想方面借鑒了黃老之學的認識[論]思想以及黃老之學對形而上之道的理解。並對天官、天君、虛、壹、靜等黃老之學的哲學術[語]進行了借鑒，在此基礎之上有所發展和創新；禮學思想方面其「明分使群」的思想是對黃老[之]學「分」思想的借鑒。還借鑒了黃老之學的術治思想以及禮法並重的思想，為的是彌補禮治[思]想自身的不足。同時比較其與稷下學者慎到的法思想也可以看出儒學與黃老之學二者治理思[想]的理論依據和區別之處。名學思想方面荀子名學思想的政治內涵和意義都以政治和倫理為最[終]歸宿和目的。黃老的名學思想以形名的方式所闡述，與荀子的名學思想在政治內涵及政治意[義]方面完全相同，也是以倫理和政治為依歸。二者相互影響和借鑒。

以荀子和黃老之學為例，探討荀子思想之中的黃老因素，能夠更好的把握戰國中後期[儒]道二者之間的互相借鑒和發展。宏觀上瞭解和理清戰國中後期思想史的發展和脈絡。

2020 年陝西省社會科學基金年度項目
「黃老學說中的國家治理思想研究」
(2020C007)

序

謝陽舉

我是曉輝的博士生指導教師，得知他的博士學位論文將由花木蘭文化事業有限公司印行，我感到由衷高興。借此我要略談一下我對他的專著《荀子與戰國黃老之學》的印象。

荀子堪稱會通先秦諸子思想的集大成者。《荀子》一書的內容豐富而複雜。長期以來，荀子與諸子百家思想關係的究竟一直是學界同行深切關注的樞紐性難題。僅僅沿襲目錄文獻學家的學派劃分邏輯是難以解釋諸子思想的產生、轉變和發展的，就荀子而言，不能再把荀子及其思想局限在儒家學派內部視野內尋求理解與解釋，應該將荀子放回戰國社會加以觀察與分析。

商曉輝博士的學位論文《荀子與戰國黃老之學研究》，正如他本人所說，「試圖從多層次多角度全面系統論述荀子哪些方面受到黃老之學的影響」，「重點闡述荀子在這些不同方面怎樣吸收和借鑒了黃老之學」，目前完成得如何，需要讀者們衡量，但他的這一認識和願望應該是拓展荀子思想研究的新方向，對於推動荀子以及早期諸子學思想的深入研究具有一定的方法論借鑒。

該書在以下三點做出了有益的嘗試：一是積極自覺地轉換新視角。以往關於荀子的學術思想研究，主要集中在儒法思想方面，對其與黃老之學關係的維度還不能說有集中系統的論述。二是梳理系統。論文從天人觀、人性論、認識論、禮學和名學等五個方面，系統論述了荀子的學術思想及其與黃老之學的關係，對於荀子學術思想的總結全面，探討較為深入。三是重視比較。荀子生活在百家爭鳴的時代，學術思想與主要的各家各派都有或多或少的關聯，論文在一些具體問題上注重採用比較的方法，如將慎到法思想

與荀子法思想進行比較,以及和莊子齊物思想進行比較等,有助於推進問題的深入探討。

除了以上三點外,著作總體框架結構合理,邏輯清晰,資料詳實,史論結合,寫作規範。商曉輝是一位熱愛學術研究的青年,學術人生發展的開篇做得不錯,我相信並期待他在不遠的將來能夠成為一位有成就的專家。

其餘在此不便一一詳述。

謝陽舉

序於西北大學長安校區

2020 年 9 月 26 日

目次

序 謝陽舉

緒 論 ……………………………………………… 1

選題背景及意義 ……………………………………… 1

研究現狀 ……………………………………………… 3

研究思路及方法 ……………………………………… 8

戰國黃老之學形成問題及相關概念辨析 ………… 9

第一章 荀子所處的歷史時代背景 ……………… 29

第一節 戰國時期的社會特徵 …………………… 29

一、農業及手工業快速發展 …………………… 29

二、中央集權的官僚體制建立 ………………… 31

三、兼併戰爭的加劇和戰爭規模的擴大 …… 33

四、士階層的興起及百家爭鳴的繁榮景象 …… 34

第二節 荀子生平及《荀子》各篇的真偽 ……… 40

一、荀子的生平經歷 …………………………… 40

二、《荀子》各篇的真偽問題 ………………… 41

第三節 對儒家思想的繼承及對儒家不同派別
的批判 ……………………………………… 42

一、荀子對儒家思想的繼承 …………………… 42

二、荀子對儒家不同派別以及其他學派的
批判 ………………………………………… 46

三、先秦儒家思想存在的不足之處 ………… 49

第二章 荀子天人觀與黃老之學 ………………… 51

第一節 荀子之前的天人觀 ……………………… 51

一、商周時期的天人觀 ………………………… 51

二、孔孟的天人觀 ……………………………… 53

第二節 荀子對天的理解 ………………………… 56

一、自然主義天道觀 …………………………… 56

二、氣本原論思想 ……………………………… 58

三、「天地有恆常」與「天行有常」 ……… 60

第三節 荀子對人的理解 ………………………… 62

一、人道效法天道 ……………………………… 62

二、制天命而用之 ……………………………… 69

三、不求知天 …………………………………… 71

第四節　小結 ……………………………………73

第三章　荀子人性論與黃老之學 ………………77

第一節　孔孟的人性論思想 ……………………77

一、孔子的人性論思想 …………………………77

二、孟子的人性論思想 …………………………78

第二節　自然人性論 ……………………………79

一、性者，本始材樸也 …………………………79

二、對情慾的肯定 ………………………………83

三、宋鈃「情慾寡淺」說辨析 …………………85

第三節　人之性惡，其善者偽也 ………………94

一、性惡論思想探析 ……………………………94

二、化性起偽 ……………………………………96

三、塗之人可以為禹 ……………………………99

第四節　小結 ……………………………………102

第四章　荀子認識論與黃老之學 ………………105

第一節　「天官意物」與「心有徵知」…………105

一、「凡以知人之性」與「可以知物之理」·105

二、天官與天君 …………………………………107

三、心與道的關係 ………………………………109

四、從馬王堆帛書《五行》看荀子慎獨思想

　　…………………………………………………113

第二節　虛壹而靜 ………………………………123

一、虛與藏 ………………………………………123

二、壹與兩 ………………………………………125

三、靜與動 ………………………………………126

四、學至於聖而後止 ……………………………127

第三節　小結 ……………………………………128

第五章　荀子禮學與黃老之學 …………………131

第一節　禮的產生及價值 ………………………131

一、荀子之前禮的發展 …………………………131

二、從自然人性論證禮的起源 …………………134

三、禮的功能與價值 ……………………………136

第二節　禮所具有的新意 ………………………138

一、「明分使群」──對黃老「分」思想的
借鑒 ……………………………… 138

二、齊萬物以為首──慎到與荀子法思想
比較研究 ………………………… 140

三、荀子術治思想 ……………………… 151

四、不齊之齊──慎到與莊子齊物思想比較
研究 ……………………………… 153

第三節　隆禮重法思想 ……………………… 164

一、援法入禮 …………………………… 164

二、禮法並重 …………………………… 165

三、禮主法輔 …………………………… 168

第四節　小結 ………………………………… 169

第六章　荀子名學與黃老之學 ………………… 173

第一節　戰國名辨之學的發展 ……………… 173

一、孔子的名學思想 …………………… 173

二、名家和《墨辨》的邏輯思想 ……… 174

第二節　荀子名學思想的內容 ……………… 177

一、制名的目的、依據和原則 ………… 177

二、對相關概念的辨析 ………………… 179

第三節　荀子名學與黃老的關係及其儒家本色… 183

一、荀子名學思想的政治內涵及意義 … 183

二、荀子名學的儒家本色 ……………… 191

第四節　小結 ………………………………… 193

餘　論 ……………………………………………… 195

參考文獻 ………………………………………… 201

後　記 ……………………………………………… 213

緒　論

選題背景及意義

選題背景

　　荀子是戰國中後期儒家學派的集大成者。他繼承、發展了孔子的儒家思想，同時對孟子、子思等人的思想進行了批判。儒家思想經過荀子的發展，對秦漢以及中國兩千多年的封建社會產生了重要的影響，這種影響甚至一直持續到今天。同時，他還借鑒吸收以及批判了道法名墨陰陽等其他學派的思想。在荀子身上，初步做到了思想的融合與會通。

　　荀子處於戰國中後期諸侯爭霸的歷史背景之下。春秋時期所存在的許多諸侯國都已經滅亡，只剩下所謂戰國七雄爭霸的局面。春秋時期諸侯林立的局面已經結束，國家統一的要求日益強烈，大一統的局面即將來臨。在此背景之下，社會面臨的問題日益嚴重與複雜，一家之學不足以應付複雜多變的社會現實矛盾。因此，在學術思想方面，從戰國中後期開始，百家思想之間開始互相吸收融合，以期解決面臨的複雜現實問題。荀子以儒家正統自居，持守儒家本位立場，借鑒吸收了道法名墨以及陰陽各家思想，真正做到了兼容百家思想，是先秦時期學術上的集大成者。

　　史料記載荀子「年十五始遊稷下」（《史記·孟子荀卿列傳》）三次擔任稷下學宮的祭酒。稷下學宮創立於齊桓公田午時期。當時齊國是東方的大國，意欲稱霸諸侯。齊國歷代國君延攬田駢、慎到、環淵、接子、鄒衍等著名學

者，給予優厚的待遇。這些學者「不治而議論」，在稷下討論學術。稷下思想氛圍活躍，儒道墨法各家思想互相辯論，其中主流思想是「黃老之學」。黃老之學繼承和發展了老子的學說，正如儒墨兩派的「儒分為八，墨離為三」《韓非子・顯學》）一樣，自老子創建道家學派之後，道家學派內部也進行了思想的分化以及向不同方面的發展。司馬談《論六家要旨》中所描述的「道家使人精神專一，動合無形，贍足萬物。其為術也，因陰陽之大順，採儒墨之善，撮名法之要，與時遷移，應物變化，立俗施事，無所不宜，指約而易操，事少而功多」正是黃老之學的基本特徵與核心思想。與莊子一派道家思想不同，黃老之學積極與現實政治相結合，以道家思想為主體，融合儒墨法名以及陰陽家等各家思想，兼綜百家。無可否認的是，黃老之學是戰國中後期勢力最為強大的思潮。戰國中後期各家思想均受到了黃老之學思想的影響。在他們的身上都能找到黃老之學影響的痕跡。黃老之學思想的中心主要在齊國的稷下。史書記載稷下學宮的許多學者如田駢、慎到、環淵、接子、尹文等人均在稷下講學，學黃老道德之術。先秦思想的集大成者荀子曾任齊國稷下學宮的祭酒，最為老師，在其思想的許多方面都受到黃老之學思想的深刻影響。因此，以荀子和黃老之學為例，探討荀子思想哪些方面受到戰國黃老之學的影響，能夠更好的把握戰國中後期不同學派和思想學說之間的相互吸收借鑒和發展，並從總體上思考儒道二者之間的聯繫，甚至於對考察秦漢社會治國方針的制定，意義都尤為重大。

選題意義

(1)從傳世文獻入手，結合出土文獻，梳理荀子思想哪些方面受到戰國黃老之學的影響，以及二者之間的關係，可以進一步深入以往學界對此問題的研究，在此基礎上解決之前學者沒有解決的相關理論問題。

(2)探討荀子思想哪些方面受戰國黃老之學的影響以及二者之間的關係，能夠認清先秦時期儒道兩家思想的相互借鑒和吸收。進而從總體上認識與瞭解戰國中後期不同學派思想上的互動，從總體上把握戰國時期學派的發展方向。

(3)考察荀子與戰國黃老之學二者之間的關係，對於當代人認識傳統文化，進而借鑒吸收傳統文化當中的優秀內容，具有啟迪作用。有助於當代人更好地把握傳統文化，實現傳統文化在當代社會的復興。

研究現狀

　　學界對於荀子的研究可謂成果頗豐。這裡要首先說明的是，荀子的研究大體上可以分為校釋注譯類和思想研究類兩大方面。因為本書涉及的主要是荀子具體思想的研究，因此這裡對荀子校釋注譯類的著作不予介紹，主要選取思想研究類方面比較有代表性的著作給予介紹。對建國前比較有代表性的荀子研究通論性著作有楊筠如的《荀子研究》、陳登元的《荀子哲學》、楊大膺的《荀子學說研究》以及熊公哲的《荀卿學案》等。這幾部著作因為完成的時間較早，為後來荀子的研究奠定了良好的基礎。新中國成立尤其是改革開放之後荀子研究更是如雨後春筍般接踵而至。比較有代表性的通論性著作有夏甄陶的《論荀子的哲學思想》、馬積高的《荀學源流》、胡玉衡以及李育安的《荀況思想研究》、向仍旦的《荀子通論》、郭志坤的《荀學論稿》、方爾加的《荀子新論》、廖名春的《荀子新探》、惠吉星的《荀子與中國文化》、張曙光的《外王之學──荀子與中國文化》、孔繁的《荀子評傳》、韓德民的《荀子與儒家的社會理想》、孫偉的《重塑儒家之道──荀子思想再考察》、譚紹江的《荀子政治哲學思想研究》、楊艾璐的《解蔽與重構：多維視野下的荀子思想研究》等。港臺地區荀子研究通論性著作則有周紹賢的《荀子要義》、劉子靜的《荀子哲學綱要》、周群振的《荀子思想研究》、鮑國順的《荀子學說析論》等。這些研究荀子的通論性著作，首先分析荀子所處的歷史時代背景，然後分別依次論述荀子本人的天人觀、認識論、人性論、禮法思想以及刑名思想等不同方面，最後總結荀子的歷史地位及其對後世的影響，可謂全面細緻地討論了荀子的總體思想。這其中要特別提到的是，上世紀九十年代郭店楚簡的出土，彌補了孔子之後即戰國前期儒家思想的空白，展現了子思以及七十子後學的思想。儒家思想自從孔子創立，經過思孟學派的發展，到戰國中後期荀子的集大成，使得今人能夠有機會目睹先秦儒家完整的思想體系以及學派內部不同方向的發展脈絡，這方面比較有代表性的著作有梁濤的《郭店竹簡與思孟學派》一書。

　　也有的學者的著作與上面所說的全面討論荀子思想的通論性著作不同，只是選取荀子思想的某一方面進行研究，力求做到深入發掘其思想的本質。比較有代表性的著作有鄧小虎的《荀子的為己之學：從性惡到養心以誠》、李亞彬的《道德哲學之維：孟子荀子人性論比價研究》、周熾成的《荀韓人性論與社會歷史哲學》、陳光連的《荀子「知性」道德哲學研究：知識與德性》、李

桂民的《荀子思想與戰國時期的禮學思潮》、陸建華的《荀子禮學研究》、高春華的《荀子禮學思想及其現代價值》、陳飛龍的《荀子禮學之研究》、吳樹勤的《禮學視野中的荀子人學——以「知通統類」為核心》、陳光連的《荀子分義研究》、儲昭華的《明分之道：從荀子看儒家文化與民主政道融通的可能性》、王軍的《荀子思想研究：禮樂重構的視角》、陳榮慶的《荀子與戰國學術思潮》、劉延福的《荀子文藝思想研究》、金妍妍的《「群居合一」荀子社會倫理思想研究》、高春海的《荀子：人際關係思想研究》、李慧芬的《荀子管理思想論》、王穎的《荀子倫理思想研究》等。博士學位論文方面與筆者的研究有關係且比較有代表性的著作有丁小麗的《孔孟荀名分思想研究》、曲愛香的《孔孟荀的天人觀及其生態倫理》、張奇偉的《荀子禮學思想研究》、喬安水的《荀子禮論研究》、王楷的《荀子倫理思想研究》等。這些著作或是專門研究荀子思想的某一個方面，或是研究荀子本人與所處時代主要思潮的關係。尤其是後面的幾部著作，分別從文藝思想、倫理思想、人際關係、管理思想等不同方面論述荀子思想，這也是近幾年以來荀子研究領域開拓的新發展。與上述荀子研究的通論性著作相比，這部分著作選取荀子思想之中某一方面進行專門討論，選取方向的研究力度與深度要遠遠大於上面的荀子通論性著作。

　　上面雖然提到荀子的研究在改革開放尤其是郭店楚簡出土之後取得了豐碩的成果，但是不管是荀子的通論性研究著作還是專門性研究著作，存在的不足都是顯而易見的。眾所周知荀子是先秦儒家思想的集大成者，他繼承批判和發展了之前儒家的思想。不僅如此，他還吸收借鑒了道法名墨陰陽等其他學派的觀點，尤其是吸收借鑒了戰國黃老之學的思想。他是先秦時期融合百家思想的代表人物，兼綜百家的思想在他身上體現的尤為明顯。但是上面所列舉的荀子的通論性著作和專門探討荀子某一方面思想的著作，存在的問題都是將研究內容僅僅侷限於荀子本身而言，只是單純討論荀子的思想本身。或者是將荀子放在儒家內部與孔孟以及七十子後學進行討論。對荀子思想哪些方面受到戰國黃老之學以及墨法名陰陽兵等其他學派的影響，所涉及的內容以及論述並不多，只是在論述相關背景的時候簡單介紹一下，有的著作甚至幾乎沒有涉及。研究的視野不夠寬闊，沒有將荀子放到戰國後期大的時代背景之中進行考察。要知道的問題是，荀子不僅是先秦儒家的集大成者，更是戰國諸子百家學說的集大成者的典型代表，這也是目前荀子研究亟待解決的一個突出問題之一。

　　與此相對，一些研究道家思想以及黃老之學的學者在其著作當中關注並且提到了荀子思想受到戰國黃老之學的影響這一問題。下面我們詳細回顧這些學者的相關論述，考察荀子思想受黃老之學影響的研究現狀以及目前存在的不足之處：

　　杜國庠先生在《杜國庠文集》當中有一篇文章，題目為《荀子從宋尹黃老學派接受了什麼》。從荀子的天道觀、認識論、知識論三個方面細緻考察了荀子與宋尹黃老學派的二者之間的關係。認為荀子的上述三個方面都受到宋尹黃老學派的影響。並在此基礎之上進行了繼承與發展。同時荀子在一些方面還繼承了儒家的傳統，並有所創新和突破。需要說明的一點是，杜國庠先生所使用的宋尹的史料基本上是《管子》四篇當中的內容，雖然文中沒有特別說明，但是可以肯定的是杜國庠先生是贊成郭沫若《管子》四篇是宋鈃和尹文遺著的學術觀點的。白奚的博士論文《稷下學研究——中國古代的思想自由與百家爭鳴》一書，專列一章討論荀子與黃老之學的關係。從人性學說、禮法結合的政治理論、天人關係論以及認識方法論四個方面論述了荀子對稷下學術思想的借鑒和吸收。並認為「荀學中的每一部分都滲透著稷下學術的深刻影響」。丁原明的《黃老學論綱》一書第四章有一節黃老學對荀況的影響，認為黃老學主要是天、氣、道的自然觀，道治思想以及人性與心術理論三個方面影響了荀子。並認為道治思想具體包括道法與仁義禮及刑名相結合，君人南面之術兩個方面。認為荀子思想之所以具有雜駁的特點，是因為受到了黃老學的影響。胡家聰的《稷下爭鳴與黃老新學》一書第二章下有兩小節，從明於天人之分、丟開自然之道，突出自然之天、制天命而用之、從別宥到解蔽、以及虛壹而靜五個方面總體上論述了荀子對黃老之學的吸收。同時還認為，黃老代表人物尹文與荀況思想具有相同之處。他列舉了社會分工論、等級名分論、言必當理，事必當務論、不苟之論、先誅之論，性惡論、刑名之學的正名論七個方面進行論述。臺灣學者王慶光先生的《荀子與齊道家的對比》一書，此書為王慶光先生二十餘年討論荀子與稷下思想比較研究的論文集合編。書中從天君心與精舍心、虛壹而靜與虛靜搏氣、法後王與法黃帝、兩種君道、兩種內聖、兩種生命、兩種道德、兩種價值以及兩種法治等角度對荀子與齊國稷下學宮的主要思潮即黃老之學進行了對比。許多方面是之前學者從沒有涉足過的，對之後學者研究此領域極其具有啟發性和開拓性。

　　論文方面，專門討論荀子思想與戰國黃老之學關係的文章有丁原明先生

的《論荀子思想中的黃老傾向》一文。該篇文章從天道觀中的黃老傾向，禮治理論中的黃老傾向，道治理論中的黃老傾向三個方面論述了荀子思想與黃老之學的聯繫。同時認為稱荀子為「大醇而小疵」的原因，就是荀子一方面繼承和發展了孔子的仁、禮的思想，保持了儒家學派的本色。另一方面則廣泛吸收借鑒其他學派諸子的思想，彌補其自身思想的不足。趙吉惠先生的《荀況是戰國末期黃老之學的代表》一文認為荀子是戰國晚期黃老之學的代表人物。並從荀子的天道觀與氣物論、無為而治的君人南面之術、刑名學思想、隆禮重法，調和儒法、尚賢使能，節用裕民思想、等不同方面論述了荀子為黃老之學代表人物的觀點，可謂成一家之言。余明光先生的《荀子思想與「黃老」之學──兼論早期儒學的更新與發展》一文，大體上從通黃老無為之治、君要而臣詳、揚黃老法術之學，表儀使民知方、承黃老定分學說，次定而序不亂取黃老天人相分思想，人力可以勝天四個方面展開論述，並且認為「荀子對孔孟儒學的改造，是以吸收道家思想，特別是以吸收道家黃老思想的精華為其理論基礎的。」孫以楷先生的《荀子與先秦道家》一文，後收入其主編的《道家與中國哲學（先秦卷）》一書。認為荀子的思想之中許多方面受到黃老之學的影響，從荀子開放的學術態度、道論與氣論、道法自然與制天命而用之、善者不多與人性惡、虛靜與虛壹而靜、五個方面論述了荀子思想與黃老之學二者之間的關係。並認為韓愈評價荀子的大醇而小疵的小疵，「就是在荀學中表現出來的道家思想和法家主張」。宣兆琦和張傑的《荀子與稷下學宮》一文，論述了稷下學宮對荀子思想的影響，並且認為荀子在天人觀、人性論以及禮法觀三個方面吸收和發展了稷下黃老之學。李德永的《道家理論思維對荀子哲學體系的影響》一文，從粹而能容雜的兼術、對道氣問題的總結、對天人問題的總結、對名實問題的總結、對禮法問題的總結五個方面論述了道家思想對荀子思想的影響。並且認為，「道家理論思維不僅對荀子的道氣觀、天人觀、名實觀具有明顯影響，而且在他的儒家色彩比較濃厚的政治倫理觀中也打下了道家思想的深刻烙印。」李剛興的《簡析荀子對道家思想的吸收和改造》一文，認為荀子「把稷下黃老道家的靜因之道改造為虛壹而靜的認識原則」，並具體分析了荀子怎樣吸收借鑒了黃老的認識論方法。王啟發的《荀子與儒墨道法名諸家》一文，討論了荀子思想與道家之間的關係。並對黃老人物宋鈃見侮不辱，情慾寡淺思想的批判。同時還吸收借鑒了宋鈃的心術論和虛靜說。

　　從以上學者對荀子思想受黃老影響的研究綜述回顧中可以看出，大部分學者都是在研究稷下學宮以及黃老之學的同時，將荀子列為受到戰國黃老之學影響的人物之一來論述。因此關注的重點與主體是戰國黃老之學，而並不是荀子本人，導致研究的廣度和深度往往不夠。剩下研究二者思想之間關係的就只剩下單篇的論文，數量也是非常有限，從側面也說明這方面研究的薄弱。對於荀子思想怎樣受到戰國黃老之學的影響以及二者之間關係的研究，目前大陸以及港臺地區筆者所見還沒有專著的出版。即使是上面所提到的書籍和論文也還是存在著許多不足之處，例如大部分學者在其文章之中只是提到了荀子思想與戰國黃老之學的某幾個方面具有聯繫，所舉出的幾個方面並不全面，最多也就是三四個方面。即使有的學者關注以及考慮的比較全面，但是因為研究與關注的主體是黃老之學，所以對此問題論述的並不是非常充分，經常是點到為止而已。另一方面，限於黃老之學材料的限制，學者對荀子思想受黃老之學影響的論述，所採用的材料非常的有限。但是上世紀七十年代湖南長沙馬王堆漢墓老子乙本卷前古佚書的出土（筆者認為應稱為《黃老帛書》），大大豐富了黃老之學的研究。同時古佚書的出土也帶動了《管子》《慎子》《鶡冠子》等書的研究，而這些書以前學者們都認為是魏晉以及後代的人所偽造的。這裡筆者認為，除了《黃老帛書》和《管子》四篇是公認的黃老遺作外，上面提到的《慎子》《鶡冠子》也同樣屬於黃老之學的代表作，《莊子》外雜篇中的一些篇章也屬於黃老思想影響下形成的文獻，反映了黃老思想。在研究荀子思想與黃老之學的關係時，這些著作都可以拿來使用。還有近幾年出土的文獻如上博簡《慎子曰恭簡》等，也屬於黃老思想影響下形成的文獻。這樣的話，就大大豐富了黃老之學材料的來源，而這些正是上面提到的之前學者在研究荀子思想與黃老之學的聯繫時所未曾注意到的。

　　綜上，目前存在的基本問題和現狀是專門討論荀子思想的著作基本沒有關注荀子思想中的黃老因素。而研究道家思想和黃老之學的學者對此問題論述的並不全面充分和詳細具體，使用材料也比較狹窄。因此，筆者打算在吸收前人研究成果的基礎上，拓寬史料的來源，重視以往被忽略的材料和近年的出土文獻，將荀子作為研究的主體和出發點，力求多層次多角度全面系統的論述荀子哪些方面受到黃老之學的影響，希望做出不同於以往的新意和成果。

　　具體來說筆者打算從天人觀、人性論、認識論、禮學思想以及名學思想

幾個方面論述荀子與黃老二者之間的關係，重點闡述荀子在這些不同方面怎樣吸收借鑒了黃老之學。但是此問題的難點在於，荀子與黃老之學所涉及的許多問題是當時諸子百家所共同討論和關心的。不同學派的每個思想家都或多或少提到了同樣的問題，怎樣弄清楚荀子的思想是受黃老之學的影響而不是受到其他學派的影響，這是問題的難點所在。因此筆者打算在正文寫作之前，首先嚴格界定戰國黃老之學的內涵和思想特點。哪些著作屬於戰國黃老之學的範疇可以拿來使用。在此基礎之上進行後面荀子與黃老之學的研究工作。荀子思想之中的黃老因素之前雖然有學者討論過，但是卻沒有專著問世。希望筆者的研究能夠為此一問題的深入探討提供幫助，這也是本書的新意所在。

研究思路及方法

研究思路

探討荀子思想哪些方面受到戰國黃老之學的影響，最為重要的是先要梳理清楚荀子本人的思想脈絡以及戰國黃老之學的思想脈絡。筆者打算在首先弄清楚二者基本思想的情況下，以荀子作為突破點和關注的主體，考察荀子思想之中黃老的痕跡。

第一，在瞭解荀子與黃老之學基本思想的情況下，從二者提出的重要哲學概念如天人觀、認識論、人性論、禮法關係以及形名思想等角度入手，剖析荀子所提出哲學概念怎樣受黃老之學的影響，比較荀子對黃老之學相同哲學概念的吸收借鑒和發展，以此看出荀子對儒道思想互相融合所做出的貢獻，把握儒道思想的會通。在天人觀方面，荀子所指的天大部分為自然之天，荀子對氣思想的吸收，以及天職天官等術語，都是受到黃老之學的影響。人性論方面，對情慾的肯定態度，以及對宋銒「情慾寡淺」思想的批判都與黃老之學密切相關。認識論方面最為典型的是對黃老之學虛，壹以及靜術語的吸收。禮法思想方面的「明分使群」思想和禮法並重思想受到黃老之學的影響。刑名思想方面黃老之學《黃老帛書》對此論述的非常詳細，《荀子》一書專門有《正名》一篇討論此問題。

第二，在《荀子》一書中，提到了許多稷下黃老學派的代表人物如田駢、慎到以及宋銒等人，並分別對它們的思想進行了總結概括以及批評。因此筆

者打算從荀子對黃老代表人物基本思想的概括總結出發，選取典型代表人物如宋鈃、慎到等，集中論述荀子與黃老代表人物之間思想的關係及其對荀子思想的影響，進而探討二者之間的融合與發展。

研究方法

　　基於以上的重點和難點，本書的研究方法初步設計為(1)將傳世文獻與出土文獻相結合進行研究。出土文獻如《黃帝帛書》是學界公認的黃老之學思想文獻，他的出土可以彌補傳世黃老文獻的不足。將其與荀子進行對比研究，可以看出荀子思想之中黃老之學思想的痕跡與脈絡。這也是整個先秦思想史採取的最為基本的研究方法。除《黃帝帛書》外，傳世文獻如《管子》四篇以及之前學界所公認的偽書如《慎子》《鶡冠子》以及《莊子》外雜篇中的一些篇章也屬於黃老之學文獻的範疇，並不是後人偽造。近年出土的文獻如上博簡《慎子曰恭簡》也屬於黃老之學或是受到黃老思想影響下形成的文獻。這些材料都可以當做黃老文獻來使用，挖掘這些材料當中哪些思想影響了荀子，真正做到傳世文獻和出土文獻相結合進行研究。(2)將思想史與社會史相結合進行研究。在考察二者提出哲學概念的同時，注意其思想背後所反映的時代背景和時代思潮。任何思想的提出都受到其所處的時代大環境的制約，不可能脫離其所處時代的限制與約束。荀子與戰國黃老之學二者之間所提出的許多哲學概念都反映了戰國中後期劇烈的政治與現實生活。因此在分析哲學概念本身的同時，要弄清所處時代的現實政治經濟情況，把握時代的主題，反對純粹哲學概念的分析。找出荀子所處時代的社會思潮與荀子和黃老之學的聯繫，在此背景下考察二者的關係。真正做到思想史與社會史以及思想文化與歷史背景的結合，歷史與邏輯相統一。

戰國黃老之學形成問題及相關概念辨析

一、戰國黃老之學產生的背景

　　黃老之學是戰國中後期的主要思潮。戰國後期的儒道墨法名各家思想都受到它的影響。黃老之學是在特定的歷史條件下形成的，與當時的社會經濟條件與思想文化具有密不可分的聯繫。

　　戰國時代是我國歷史上變化最為劇烈的時代。當時，主要的諸侯國秦楚

齊燕韓趙魏都積極進行變法圖強。著名的如楚國吳起的變法，秦國的商鞅變法等。通過變法，各諸侯國相繼確立了君主集權的政治體制。君主的權力大大加強，而經濟上則確立了小農經濟。面對社會政治經濟的劇烈變化，當時的各家各派都提出了自己的主張，以此希望得到時君世主的青睞。由於各個不同的派別代表不同的階層的利益，因此他們之間對許多問題存在很大的分歧。但是當時的各家各派思想都具有很大的侷限性，如儒家思想雖然強調君臣父子之間的身份及倫理界限，但是不免顯得迂闊疏遠。莊子所代表的道家雖然對人生修養和精神境界的提高大有裨益，但是其對現實政治的疏遠和批判卻無法為現實君主所採納。法家急功近利的政策措施雖能使國家在短時期獲得快速的發展，但其一任於法以及刻薄寡恩的政策卻無法實現長治久安的最終目的。〔註1〕因此，思想上融合百家的要求便迫切的提上日程，這就為黃老之學的產生提供了現實的動力。戰國黃老之學恰恰以道家思想為主體，借鑒吸收當時各派的思想，彌補了各家思想存在的不足和侷限。除此之外，黃老之學的產生還與齊國自身的政治經濟文化傳統以及稷下學宮的創立具有直接的聯繫。

齊國地處海濱，自姜太公創立以來，就採取因地制宜的發展措施。《史記‧齊太公世家》記載說，「修政因其俗，簡其禮，通商工之業，便魚鹽之利」充分利用自身所具有的地理優勢，發展工商業和貿易往來，經濟發展繁榮昌盛。到戰國田齊政權之時，國都臨淄已有七萬戶，是戰國時期重要的商業都市，為政治和文化的發展提供了良好的經濟基礎。同時，齊國很早就具有開明的政治傳統。國君能夠禮賢下士，不看重出身等級的限制而重用有才德之人。如管仲、晏嬰、淳于髡等人出身都並非顯貴，管仲還曾阻撓齊桓公小白爭奪君位，這些人都在齊國受到國君的重用。田氏代齊的過程之中，田成子注重人心的歸順。以大斗借出穀物而以小斗償還，使民眾歸之於流水。奪得姜齊政權之後，田齊政權更是認識到人才對國家富強所起的關鍵作用。經濟的繁榮與良好的政治氛圍，為黃老之學的產生奠定了前提。與此同時，為使齊國稱雄，田齊君主招賢納士。在國都臨淄設立了稷下學宮，而吸取百家思想的

〔註1〕丁原明先生認為，「戰國諸子百家中的任何一家，只能是當時社會意識形態的一偏，其理論價值都具有相對性，單靠一家之說無法擔當起設計封建制度命運的重任。它們只有在百家爭鳴所形成的互滲互補的格局中，善於吸取對立學派提供的思想營養，才能豐富和完善自己，才能為封建制度所選擇。」詳見丁原明：《黃老學論綱》，濟南：山東大學出版社，1997年，第18頁。

黃老之學正是誕生於稷下學宮之中。〔註2〕

　　稷下學宮由田齊政權的桓公田午創立。歷經威宣閔襄到王建為止，歷時一百五十年之久。劉向《別錄》謂：「齊有稷門，齊之城西門也」稷下學宮是田齊政權為招攬人才所興辦的學術交流中心和機構。當時的許多學者都曾遊學稷下，如《史記・田敬仲完世家》記載當時的許多人如田駢、慎到、宋鈃和尹文等人都曾在稷下講學著述。當時雖然稷下各種思想自由辯論和競爭，但稷下的主要思潮即是黃老之學，這些稷下人物都受黃老思想的影響。除稷下先生外，同時代的許多人也受到黃老之學的影響，「申子之學，本於黃老而主刑名」在韓國執政多年的申不害即是典型代表。這說明黃老之學在戰國時期的影響非常之大，當時的許多學者都受其影響。不僅如此，秦漢時期黃老思想尤盛，甚至將黃老思想運用到現實的政治生活之中。《史記》記載「黜學黃老之言，治官理民，號清靜，擇丞史而任之。」稷下這種開明自由的學風為思想的產生提供了優越的外部環境和適宜的土壤，黃老之學正是在這種環境下形成的。

　　最後，黃老之學的誕生還與當時「尊古而賤今」的託古之風有關。當時的各家為了打敗思想上的競爭對手，紛紛託古人之言而立說。以求增強本派學說的影響力和說服力。如儒家推崇堯舜，「孟子道性善，言必稱堯舜」墨家則推尊大禹，「非禹之道也，不足謂墨」（《莊子・天下》）而道家則將其思想的源頭直接追溯到中華人文的始祖黃帝身上。這可能和黃帝與華夏族的形成和傳說有關，具體的內容留帶下節討論黃老思想的內涵及思想特點再詳細論述。

二、戰國黃老之學的內涵及思想特點

　　黃老之學之「黃」，指的是氏族部落時代的首領黃帝。而「老」指的則是道家創始人老子。眾所周知，老子所創立的道家思想，講究清靜無為虛靜寡欲。那為什麼要與傳說中的黃帝相結合，而孕育出所謂的黃老思想呢？筆者

〔註2〕關於黃老之學的產生地域問題，學界還存有爭議。有的學者認為產生於北方齊國，有的認為產生於南方楚國。還有的學者認為當時黃老之學存在南北兩個中心，互相滲透影響。筆者這裡贊成北方齊國說。具體參看郭沫若：《十批判書》，北京：東方出版社，1996年，第142－143頁；胡家聰：《稷下爭鳴與黃老新學》，北京：中國社會科學出版社，1998年，第10頁；白奚：《稷下學研究：中國古代的思想自由與百家爭鳴》，北京：生活・讀書・新知三聯書店，1998年，第92－96頁、126頁；張富祥：《黃老之學與道法家論稿》，《史學月刊》2014年第3期，第30頁。

在這裡認為，所謂的黃老之學，指的是以老子道家思想為宗，吸收融合其他學派之思想，並且推尊黃帝的一種思潮。「黃老在先秦是一種學術思潮，而不是一個學派」〔註3〕我們說凡是能被稱為學派的，都是因為其有明確的學派創始人、有嚴格的師承關係、並且有本學派所遵守的行為規則以及相近的學術思想等。反觀黃老之學，這些界定學派的基本屬性都不具備。史書上記載的只是哪位學者受黃老之學的影響，哪位學者學習黃老之學等。這只能說明黃老之學在當時的影響之大，並不能證明黃老之學作為嚴格學派的現實存在。

說黃老之學以老子道家思想為宗是其繼承並發展了老子的道家思想，屬於道家思想的範疇。眾所周知，老子所創立的道家思想其基本特徵為以「道」作為天地萬物產生的根源以及萬物現實存在的內在依據。同時，「道」本身還具有「自然」「無為」「柔弱」以及「守雌」等特徵。老子之後，道家思想也進行了分化，從不同視角詮釋老子的思想，類似於儒墨的「儒分為八，墨離為三」那麼黃老之學究竟從怎樣的視角詮釋發展了老子的思想呢。筆者認為司馬談的《論六家要旨》反映了黃老思想的內涵及特點，下面我們以此來進行考察。

「道家無為，又曰無不為，其實易行，其辭難知。」「無為」張守節正義為「無為者，守清淨也」也就是順其事物自身的法則和規律行事，並不將主觀意識強加之於上。「無不為」正義為「無不為者，生育萬物也」即通過遵循客觀法則而達到目的的實現，最終有所作為的意思。「其實易行，其辭難知」，正義為「各守其分，故易行也。幽深微妙，故難知也。」意思是這種方式和方法雖然很難被言說，但卻具有可操作性和可實現性。「其術以虛無為本」，「虛無」指的是「道」所具有的特徵。「以因循為用」，正義為「任自然也」這裡涉及黃老之學的因循思想。後面的一大段說的都是因循思想在現實之中以及政治中的應用問題。「無成埶，無常形，故能究萬物之情。不為物先，不為物後」集解韋昭曰：「因物為制，故能為萬物主。」也就是遵循事物自身的規律而行事的意思。不盲目行事，也不猶豫不決。「有法無法，因時為業」正義為「因時之物，成法為業」，也就是以法作為評判事物是非的標準和尺度。「有度無度，因物與合」正義為「因其萬物之形成度與合也」「聖人不朽，時變是守」正義為「聖人教跡不朽滅者，順時變化」意思為聖人處事的原則就是順時變化。「虛者道之常也，因者君之綱」正義為「因百姓之心以教，唯執其綱而已」

〔註3〕陳麗桂：《黃老思想要論》，《文史哲》2016年第6期，第41頁。

這一段主要說的是因循或者貴因思想是君主治國的綱領和原則，具體要求和表現則為君無為而臣有為，臣事事而君無事的意思。

「群臣並至」至「光耀天下，復反無名」一段。司馬貞索隱為「窾音款。漢書作「款」。款，空也。故申子款言無成是也。聲者，名也。以言實不稱名，則謂之空，空有聲也。」大意為名副其實則謂之實，名不副實則謂之空。這裡講的其實是黃老之學的形名思想。通過判斷臣下的名實是否相符，進而判斷其賢與不肖的差別。這同因循思想一樣，也是君主治國與控制群臣的手段與方法之一。

「凡人所生者神也」至「而曰我有以治天下，何由哉？」一段，這裡探討的是形神問題。對於人來說，形與神二者不可分離。絕對不能過度消耗形神，如此才能長壽久安。二者之中，神是根本。養神因此比養形更為重要。從此也可以看出，黃老之學認為治身與治國是互相聯繫的。主張二者不可偏廢，形神並養。

除了上面一大段介紹道家的思想材料外，在《論六家要旨》當中，司馬談還介紹了各家學派思想的得失問題。其中對道家的評價將道家思想作為一種「術」來看待。「術」指的就是一種可以被人們所掌握和實行的方法和原則。同時，黃老之學還吸收了儒道墨法各家思想之長處。

從以上兩段對道家思想的概括可知，這裡的道家顯然不同於我們現在所熟知的莊子所代表的老莊道家，漢代人所理解的道家應該指的是黃老道家，也就是所謂的黃老之學。黃老之學的思想特點從上述分析中可以概括為以下幾個方面：(1)以道作為世界的本源和事物自身存在的依據(2)因循即貴因思想(3)形名思想(4)強調形神關係(5)吸收融合百家思想。

以上幾個方面是我們從《論六家要旨》中歸納出的黃老之學的思想特點。可以看出，黃老之學的確是繼承發展了老子的道家思想。這也是黃老之學中「老」的內涵，也就是以老子的道家思想為宗。那麼黃老之學中「黃」的涵義又是什麼呢？「黃」的內涵就是託名黃帝而言說的意思。黃帝的事蹟在殷墟甲骨文和商周青銅器銘文之中都沒有記錄，記載商周的信史資料如《尚書》和《詩經》之中也沒有。而黃帝的大量記載最早出現於《左傳》和《國語》之中。這說明有關黃帝的傳說最早起源於春秋時期。考察《漢書·藝文志》的記載，道家類託名黃帝的書籍有《黃帝四經》《黃帝銘》《皇帝君臣》《雜黃帝》等。除道家之外，陰陽家、小說家、天文、五行以及醫書都有託名黃

帝的書籍，這說明託名黃帝而言說是當時的風氣所使然，這可能與黃帝自身的形象有關。根據《史記‧五帝本紀》的記載，黃帝與炎帝和蚩尤分別戰於阪泉和涿鹿，最終打敗二者。並和其部落融合，發展成為華夏族的主體部分。黃帝不僅被華夏族推尊為始祖，具有崇高的地位。同時，舉凡各種發明創造和制度的建立，如官制和曆法的制定，以及宮室、衣裳、水井、船隻和煉銅等等，都被認為是黃帝所創立的。正因為黃帝在當時人們心中的重要地位，因此夏商周三代的統治者都將其始祖追溯到黃帝身上，認為其是黃帝的後裔子孫，最典型的莫過於田齊政權。做於齊威王時的器物陳侯因齊敦〔註4〕提到了「高祖皇帝，邇嗣桓文」，意思是要遠則追述祖先黃帝，近則繼承齊桓晉文的霸業。在這裡明確將田齊的始祖推尊為黃帝，凸顯了田齊政權的合法地位。上一節探討黃老之學產生的背景時提到，黃老之學產生的背景之一與當時尊古賤今之風有關。而這種託古之風恰恰與黃帝的傳說相結合，「世俗之人多尊古而賤今，故為道者必託之於神農、黃帝而後能入說」（《淮南子‧脩務訓》）因此，以老子思想為宗的黃老之學為增強其學說的說服力，同田齊政權一樣，也借助黃帝的偉大形象而託名黃帝而言說。可以說，在黃老之學中，「黃」僅僅是形式而已，「老」才是其思想實質。所謂的黃老之學，指的是以老子道家思想為宗，吸收融合其他學派之思想，並且推尊黃帝形象的一種思潮。

三、戰國黃老之學相關著作的考察

（一）《黃老帛書》與《管子》四篇

黃老之學是先秦時期最為重要的思潮，先秦時期各學派都深受其思想的影響。稍後的西漢初年更是將黃老之學作為治國的指導思想。學界很早就對黃老之學進行了研究，但是限於歷史上黃老之學所涉及材料的大量遺失，黃老之學的研究並沒有取得實質性的進展。歷史進入二十世紀，以新中國的建立為劃分。郭沫若先生在上世紀四十年代所寫的《十批判書》當中詳細介紹了稷下學派的發展歷史，代表人物以及他們思想的主要特徵，對其中主要人

〔註4〕其銘文的具體內容為「唯正六月癸未，陳侯因齊曰：皇考孝武桓公，恭哉，大謨克成。其唯因齊，揚皇考昭統，高祖皇帝，邇嗣桓文，朝問諸侯，合揚厥德。諸侯貢獻吉金，用作皇考孝武桓公祭器敦，以蒸以嘗，保有齊邦，世萬子孫，永為典常。」

物如關尹、老聃、田駢、慎到等人的思想均進行了細緻的分析，並提出娟子即環淵，環淵即老子。環淵著書上下篇，即老子的《道德經》上下篇的結論。雖然觀點值得商榷，但是給人以很大的啟發。金受申先生的《稷下派之研究》，認為稷下學者包括慎到、彭蒙、田駢、接子、環淵、鄒衍等人，對這些人的思想學說以及他們之間的聯繫和發展都進行了研究與分析。並在宋鈃尹文之後附有對老成子的相關論述。建國之後對黃老之學進行深入研究的當屬蒙文通先生。其遺作《略論黃老學》一文，認為黃老之學在先秦時期分為南北兩派。〔註5〕以上幾位學者的研究都提出了許多富有啟發的觀點，為後來的研究奠定了基礎。但是限於材料所限，對一些問題都只是猜測的成分居多，並沒有得到客觀材料的證實。

　　黃老之學的研究得到深入的發展，是上世紀七十年代之後，主要得力於出土文獻的發掘。1972 年湖南省長沙市馬王堆三號漢墓出土了大量帛書，其中帛書《老子》乙本卷前抄寫有失傳已久的古佚書。學者將這四篇古佚書分別命名為《經法》《十六經》《稱》《道原》。根據對這四部書的內容進行分析，學界普遍認為這四部書就是先秦黃老之學的遺作。對這四篇古佚書的研究，主要集中於這幾個問題：古佚書的考釋、書名、著作時間、作者及產生地域、學派歸屬及具體思想。下面筆者依次進行簡單的回顧與介紹

國內外對古佚書的研究現狀

古佚書的考釋

　　關於四篇古佚書的考釋，目前比較好的有馬王堆漢墓帛書整理小組整理的《馬王堆漢墓帛書〔壹〕》、馬王堆漢墓帛書整理小組整理的《長沙馬王堆漢墓出土〈老子〉乙本卷前古佚書釋文》、唐蘭先生的《馬王堆出土〈老子〉乙本卷前古佚書的研究》附錄二《〈老子〉乙本卷前古佚書釋文》、國家文物局古文獻研究室整理的《馬王堆漢墓帛書〔壹〕》等。較好的今譯本分別為余明光的《黃帝四經今注今譯》、陳鼓應的《黃帝四經今注今譯》和谷斌《黃帝四經今譯・道德經今譯》等。

〔註5〕其具體認為「認為虛無為本的思想是南北兩派黃老道家所共有的思想，而因循為用的思想則是北方黃老道家所獨有。並認為稷下學宮之中的學者互相吸收融合彼此的思想才形成所謂的黃老之學，慎到、田駢等人都是其代表人物。黃老之學是戰國晚期形成的，先秦並沒有黃老的名稱，漢代才有此一名稱。」詳見蒙文通：《先秦諸子與理學》，桂林：廣西師範大學出版社，2006 年，第191～223 頁。

古佚書的書名

關於古佚書的書名問題，學界大致有《黃帝四經》《黃老帛書》《黃帝書》以及《老子乙本卷前古佚書》四種說法。唐蘭先生最早主《黃帝四經》的說法，其觀點在他的《馬王堆出土〈老子〉乙本卷前古佚書的研究》一文中詳盡說明。〔註6〕學界贊同此說的有餘明光以及陳鼓應先生等人。余明光先生在《黃帝四經今注今譯》一書中認為，「此四篇古佚書不可能是《黃帝銘》《黃帝君臣》《雜黃帝》等託名黃帝的著作，只可能是漢志當中著錄的《黃帝四經》」。陳鼓應先生在《黃帝四經今注今譯》當中認為「《經法》等四篇，就是《漢書‧藝文志》記載的《黃帝四經》，應無大問題」。同時贊成此說的還有王博先生和魏啟鵬先生等人，此不贅述。

鍾肇鵬先生在《黃老帛書的政治思想》一文中認為古佚書應該稱為《黃老帛書》。金春峰先生在《論黃老帛書的主要思想》一文中認為，這批帛書就是黃老學派的可靠研究資料，因此可以被稱為《黃老帛書》。葛榮晉先生在《試論黃老帛書的「道」和「無為」思想》一文以及蕭萐父先生在《黃老帛書哲學淺議》一文中均持相同的觀點。

《黃帝書》的名稱則是李學勤先生提出的。他在《馬王堆帛書與鶡冠子》一文一方面贊同唐蘭先生的觀點，另一方面依然稱之為《黃老帛書》。

而裘錫圭先生並不贊同以上的說法，他認為《黃帝書》的名稱更合理。但最後還是認為稱為馬王堆《老子》乙本卷前佚書或《經法》等四篇要合理一些。〔註7〕筆者認為，將古佚書界定為漢志當中的《黃帝四經》的做法過於

〔註6〕其認為「帛書即為《漢書‧藝文志》所載的《黃帝四經》。其理由主要有三：第一、在內容上，四篇恰構成一個整體，可視為一本書。《經法》主要論法，《十大經》（後來改稱《十六經》）主要論兵，《稱》主要講辯證法，《道原》則論道。體裁雖各別，但卻互為聯繫，與《黃帝四經》之「四」正相符。第二、從帛書抄寫於黃老之學盛行的漢初這一時代背景看，很難想像在國家提倡黃老之時，《老子》的前面會冠以別的不相干的書，而這四篇古佚書恰好又承載著黃老之言，顯然只有《黃帝四經》才能當之。第三、從傳授源流和流傳情況看，法家的申子、韓非子之學皆出於黃老之學，而戰國中期到晚期的很多法家著作都對此書有所徵引。第四、《漢書‧藝文志》道家37種中有關黃帝之書共有五種，僅《黃帝四經》稱「經」，古佚書中的《經法》和《十六經》恰又為經，《稱》和《道原》兩篇也屬經的體裁，與《黃帝四經》相合」。詳見唐蘭：《馬王堆出土老子乙本卷前古佚書的研究——兼論其與漢初儒法鬥爭的關係》，《考古學報》1975年第1期，第7～38頁。

〔註7〕他反駁此四篇為《黃帝四經》的主要觀點為「他注意到帛書四篇於篇幅和體

武斷。謹慎起見，還是將其稱為老子乙本卷前古佚書或《黃老帛書》為宜。後面的論述筆者將其稱為《黃老帛書》。

古佚書的著作時間

學界對此問題大概有四種觀點。戰國早期至中期說，戰國末年說，秦漢之際說和漢初說四種。下面依次介紹。

唐蘭先生主戰國早期至中期說〔註8〕余明光先生贊同唐蘭先生的說法，又補充了五點論證，認為帛書成書於公元前四世紀早中期。陳鼓應先生則研究了帛書中複合詞的出現情況，認為帛書「應該成書於戰國中期或以前，至少與《孟子》和《莊子》同時」。趙吉惠先生在《論黃帝四經的思想史文獻價值》一文中提出了六點證據，認為帛書產生於戰國中期以前。同時贊成此觀點的學者還有王博，張增田以及白奚等人。

戰國末期說的學者有葛榮晉、鍾肇鵬、黃釗以及吳光先生等人。其中吳光先生的論證比較充分詳細。〔註9〕而黃釗先生在《黃老帛書之我見》一書中

裁上的不相稱和不一致，並根據《老子》甲本後所抄四篇佚書非屬同一部書的狀況，推測此四篇古佚書原本不屬於同一部書的可能性也很大，大概帛書的主人為學習黃老言而抄集在一起的。於內容方面，他援引唐蘭先生對四篇與《老子》思想相異情況的梳理結果，結合《隋書·經籍志》關於《黃帝》四篇和《老子》兩篇最得道家深旨的說法，以及魏晉以後，世人以「老莊」為道家主流的學術方向，認為具有積極干世傾向、「撮名法之要」的四篇古佚書並不契合《隋書》所認定的「去健羨，處沖虛」的黃、老大旨，所以此四篇不大可能是《隋書》所謂「《黃帝》四篇」。他還指出《漢書·藝文志》諸子略道家部分既以《黃帝四經》為首，則魏以前的古書所引用的黃帝言當有出於該書者，可是這些引文在四篇佚書中卻一條也沒出現，因而此四篇古佚書非《黃帝四經》。」詳見裘錫圭：《中國出土古文獻十講》，上海：復旦大學出版社，2004 年，第 353～360 頁。

〔註8〕其認為「至晚總是在公元前四世紀的初期就已出現了，而《經法》等四篇所體現的思想又係從《老子》學說中發展出來的，比照楊朱傳《老子》之學，則它們的寫作時代其上限不能超過楊朱時代，其下限不能延伸到申不害時代」，「應該是戰國前期之末到中期之初，即公元前 400 年前後」。詳見唐蘭：《馬王堆出土老子乙本卷前古佚書的研究——兼論其與漢初儒法鬥爭的關係》，《考古學報》1975 年第 1 期，第 7～38 頁。

〔註9〕其在《黃老之學通論》當中認為(1)從黃帝傳說和黃帝書產生的時間看，前者流行於戰國中期以後，而後者也只有在此背景上才能出現；(2)從《黃老帛書》，與《老子》的關係看，《老子》既成書於戰國中期（實承錢穆說），那麼，《黃老帛書》只能更晚；(3)從《黃老帛書》與其他先秦古籍的內容對照看，是帛書抄各家，而非各家抄帛書；(4)從《黃老帛書》的結構形式看，不似一人一時所作，有篇名的形式又為戰國末期後之通例；(5)從《黃老帛書》

否定帛書成書於漢初的觀點，認為帛書應成書於秦漢之際。

姜廣輝先生在《試論漢初黃老思想——兼論馬王堆漢墓出土四篇古佚書為漢初作品》則認為帛書應成書於漢代初年。〔註 10〕

因為百家思想的融合在戰國初年就已經開始，不應該將《黃老帛書》的成書推測的過晚。因此，筆者在這裡同意唐蘭、余明光以及陳鼓應等先生的看法，認為《黃老帛書》成書於戰國中期。

古佚書的產生地域及作者

目前學界對於帛書的產生地域大概有四種說法，分別為鄭國、楚國、越國和齊國說。

唐蘭先生認為作者是鄭國人。〔註 11〕龍晦先生反對唐蘭先生的觀點，在《馬王堆出土老子乙本前古佚書探源》一文中認為作者應該是楚國人。〔註 12〕李學勤先生在通過比較帛書與《鶡冠子》的語言特徵，支持龍晦先生的觀點。

的理論特點看，是以道家思想為主體而揉合了其他各家的思想主張，故只能在戰國末期或更晚；(6)從「黔首」一詞出現的時代看，是戰國晚期及秦代對國人的一種稱謂，證明帛書成於秦統一前後，同時，從它不批評秦政的情況看，它又不可能成於漢初，因為漢初思想家的共同特點是從秦亡的教訓中總結經驗。

〔註 10〕其認為「唯余一人，兼有天下」、「執道抱度」、矯抑苛暴、養民安治等思想，可以在漢初政治的歷史背景中得到印證。而從思想發展的脈絡看，根據司馬談關於道家的評論認為「四篇古佚書兼採儒、墨、陰陽、名、法，體現了萬流歸道的思想。這種情況不可能出現在百家爭鳴的戰國初、中期，而只能出現在黃老思想占統治地位的漢朝初期。」詳見姜廣輝：《試論漢初黃老思想——兼論馬王堆漢墓出土四篇古佚術為漢初作品》，上海：上海人民出版社，1982 年，第 136～155 頁。

〔註 11〕其認為「很可能是鄭國的隱者，他把帛書看作是法家的重要著作，而鄭國有法治的傳統；《漢書‧藝文志》道家類有《鄭長者》一篇，長者和丈人差不多，鄭長者可能是鄧析的門徒，鄭滅歸韓，而申不害曾為韓昭侯相，韓非又是韓國諸公子，故申韓之學與鄭長者所著的黃帝之言就有了地緣性關係。」詳見唐蘭：《馬王堆出土老子乙本卷前古佚書的研究——兼論其與漢初儒法鬥爭的關係》，《考古學報》1975 年第 1 期，第 7～38 頁。

〔註 12〕其認為「作者必是楚人。他主要通過語言特徵的考察證成此說。首先例舉帛書（主要是《十六經》和《稱》）中存在的楚言楚語的現象，然後從相似的角度比較它與《管子》、《國語‧越語下》、《淮南子》等書中的一些用語，以後者之作者為江淮楚地之人推論前者亦然，最後通過帛書與《淮南子》押韻相似現象的揭示，肯定其作者為楚人。」詳見龍晦：《馬王堆出土老子乙本前古佚書探源》，《考古學報》1975 年第 2 期，第 23～32 頁。

　　魏啟鵬先生通過考察「天道環周」思想，認為作者應該是越過人。〔註13〕
王博先生在《論黃帝四經產生的地域》一文中也認為帛書應該為越人所做。

　　陳鼓應先生在《黃帝四經今注今譯》中認為帛書的產生地應該是齊國。
〔註14〕胡家聰先生在《稷下爭鳴與黃老新學》中認為帛書應該產生於稷下。
白奚先生在《稷下學研究》中也主此說，認為「該書最有可能是稷下學宮中
佚名的早期黃老學者所作」。同時，支持該說的還有王葆玹，黃釗等人。

　　筆者在黃老之學的產生背景一節中就已經提出黃老之學最早產生於稷下
學宮。在當時的現實之中，只有齊國和稷下具有黃老產生的良好氛圍和適宜
的土壤，其他的諸侯國並不具有相同的條件。因此，這裡筆者贊同《黃老帛
書》產生於齊國稷下說的觀點。

古佚書的具體思想研究

　　專門研究《黃老帛書》思想的有張豈之先生主編，由西北大學出版社出
版的《中國思想史》一書。詳細分析了《黃老帛書》之中道和天的哲學思想，
其中所蘊含的辯證法思想以及陰陽刑德思想等。其書在同類的中國思想通史
著作中，對此問題研究的最為詳細具體。荊雨的《自然與政治之間：黃帝四
經的政治哲學思想》，東北師範大學出版社 2007 出版。李夏的《帛書黃帝四
經研究》，山東大學 2007 年博士論文。同時，探討帛書思想與先秦諸子關係
的著作數量也非常之多，如吳光先生的《黃老之學通論》、丁原明先生的《黃
老學論綱》、余明光先生的《黃帝四經與黃老思想》、白奚先生的《稷下學研
究》、陳麗桂先生的《戰國時期的黃老思想》、胡家聰先生的《稷下爭鳴與黃
老新學》等。這些專著不僅對帛書本身進行了深刻的研究，如對帛書道論，
陰陽刑名思想，法與刑名的關係等都有專門論述。同時還對先秦秦漢黃老學

〔註13〕其認為「天道環周」的思想是帛書的核心和基本點，考察這一思想的起源，
　　　　發現在楚、吳、陳、越等南方國家均曾流行，特別是越國的計然、文種和范
　　　　蠡三人在推廣運用「天道環周」思想方面尤為突出。范蠡更是總其成而「形
　　　　成了最早的黃老之言學派」。伴隨他功成身退，「浮海山齊」以及越國實力的
　　　　北擴，黃帝之言也由南而北傳，並在齊威王時達到極盛。」詳見魏啟鵬：《道
　　　　家文化研究（第三輯）》，上海：上海古籍出版社，1993 年，第 330～339 頁。
〔註14〕其認為「第一，帛書中的一些觀念與齊文化的特徵相合；第二，帛書依託黃
　　　　帝，同時又以老子思想為基礎，這兩方面與田氏齊國有特殊的關係；第三，
　　　　更重要的是，帛書與《管子》在一系列基本觀念上（陳氏歸納為七點）都十
　　　　分相同或相近，表明它們可能是同一或相接近的作者群的作品。」詳見陳鼓
　　　　應：《黃帝四經今注今譯》，北京：商務印書館，2007 年，第 41 頁。

派進行了整體性的研究。論述了黃老之學的產生，發展以及影響。其中涉及黃老之學的許多代表人物如慎到、田駢、鄒衍以及荀子等人的思想。尤其應該注意的是黃老帛書如果成書於齊國稷下的話，荀子本人曾三臨稷下，最為老師。思想之中許多方面受到稷下黃老之學的影響。因此，《黃老帛書》與荀子二者之間必定存在聯繫。可惜的是，目前學者對《黃老帛書》與荀子二者之間的聯繫關注的並不充分。這是今後研究《黃老帛書》問題需要加強的地方。

國外對帛書的研究則有皮文睿的《古代中國的法律與道德：黃老帛書》，紐約州立大學出版社 1979 年出版。日本學者淺野裕一的《黃老道的成立與展開》東京創文社 1992 年出版等。以及韓國學者金晟煥的《黃老道探源》一書，中國社會科學出版社 2008 年出版。都很值得參考。

《黃老帛書》出土以來，學界對以上提及的問題進行了深入的研究。取得了很好的成績。但是不足之處是缺少帛書與先秦其他學派的比較研究。只是將帛書放在道家的範圍內進行研究。帛書思想與其他學派的相互關係挖掘的並不夠。這是今後學界應該關注的問題所在，本人的論文正是對此問題進行初步的嘗試。

《黃老帛書》的出土，同時也掀起了對先秦黃老之學其他文獻的研究熱潮。因為《黃老帛書》之中有許多語句與《管子》《慎子》《鶡冠子》及《莊子》外雜篇部分章節中的語句相同或者相似。筆者認為，這幾部先秦古籍也反映了黃老之學的思想，並不是傳統認為的偽書，可以被當做黃老之學的著作來研究。下面依次進行介紹。

國內外對《管子》四篇的研究現狀
關於《管子四篇》的作者問題

《管子》一書是先秦時期一部重要的典籍。當中的《白心》《內業》《心術上下》四篇內容獨特，形式完整。與其他篇的內容迥然有別，學界因此將這四篇作為一個整體，稱之為《管子》四篇。對於四篇的作者問題，學界基本大致有幾種觀點。有的學者將之歸為宋尹學派，有的則認為屬於稷下黃老之學的作品，有的認為是稷下慎到的作品。還有的認為是託名管仲的管子學派的作品。下面依次介紹。

解放前劉節先生在《管子中所見之宋鈃一派學說》一文中便認為四篇當屬宋尹的著作。郭沫若先生在《宋鈃尹文遺著考》一文當中也指出這四篇文

獻是稷下宋尹的遺作，詳細分析了四篇的主要內容，並提出《心術下》是《內業》副本的觀點。杜國庠先生在《荀子從宋尹黃老學派接受了什麼》一文中將《管子四篇》作為宋尹的作品，詳細分析了荀子天人觀、認識論、刑名思想等與宋尹的關係。林誌鵬在《宋鈃學派遺著考論》中將《白心》《內業》作為宋尹學派的著作來進行校釋與研究。周立升、王德敏的《管子中的精氣論及其歷史貢獻》，認為四篇是戰國中後期稷下學者所著。潘復恩、施昌東的《論宋尹學派形而上學的思想特徵》一文也贊同郭沫若先生四篇是宋尹遺作的觀點。

　　與此不同的是，胡家聰先生在《管子中道家黃老之作新探》一文中認為四篇以及《宇合》《樞言》《九守》《正》屬於稷下道家的作品。陳鼓應先生在《管子四篇今注今譯》一書中認為四篇是稷下黃老的代表作，還提出《宇合》《樞言》《水地》《四時》四篇也應該視為黃老之學的代表作的觀點。李存山先生在《內業等四篇的寫作時間和作者》一文中認為，「我們似可以推論《管子》四篇是從莊子學派內部分裂出去的一部分稷下黃老學者的作品」。張連偉在《論管子四篇的學派歸屬》一文中認為，「本文在分析《管子》四篇與宋研尹文及慎到思想異同的基礎上，認為《管子》四篇並非宋研尹文遺著，也不是慎到等人的作品，而是出自稷下黃老學派之手。」裘錫圭先生在《稷下道家精氣說的研究》一文中認為四篇的作者應該是稷下道家。

　　朱伯崑先生在《管子四篇考》一文中認為，「《心術》等四篇是齊國法家慎到一派的著作」。張岱年先生則在《管子的心術等篇非宋尹著作考》一文中認為，《心術》等篇非宋尹著作，而是依託於管仲名下的管子學派的作品。

　　筆者認為，《管子》整部書是齊國稷下學宮的學者集體創作的，類似於今日圍繞某一主體所集結而成的學術論文集。此四篇的作者也應該是稷下學宮的學者所著，但其具體名字已無法詳考。

關於《管子四篇》具體內容的研究

　　對《管子四篇》具體內容進行專門研究的有周立升、王德敏的《管子中的精氣論及其歷史貢獻》，認為四篇是戰國中後期稷下學者所著。詳細分析了四篇當中精氣的產生、內容和實質，以及對後世思想的影響。周立升、王德敏的另一篇文章《評管子書中靜因之道的認識論》則詳細分析了四篇之中所包含的認識論思想，並認為虛、靜、壹三者對荀子的認識論產生了很大的影

響。〔註15〕李存山先生在《《內業等四篇的寫作時間和作者》一文中詳細分析了四篇之中的精氣說。張連偉在《論管子四篇的學派歸屬》一文詳細分析了四篇與宋尹、慎到以及稷下黃老三者之間的關係。對於四篇具體內容的研究，此不贅述，隨文解釋。

筆者認為，目前學界對於《管子》四篇的研究主要侷限於其精氣說，並進而與宋尹和稷下道家思想之間的比較。對於四篇當中對道和心的論述以及其對荀子的影響，論述的並不充分。只有胡家聰先生的文章涉及到此問題。這也是今後研究的重點。

（二）《慎子》《鶡冠子》及《莊子》外雜篇部分章節
國內外對《慎子》的研究現狀

慎子是先秦時期黃老之學的重要代表人物，趙國人。其人曾在稷下講學，是著名的稷下先生。《慎子》一書歷史上散佚嚴重，只有殘篇存世。後世學者大部分將此視為偽書，鮮有人涉及。《上海博物館藏戰國楚竹簡六》之中有《慎子曰恭儉》一篇，其中涉及慎子的思想。對此學者結合傳世《慎子》殘篇，對其進行了深入的討論。關於《慎子》一書的作者，學界基本認定是慎到所著，可能其中一些篇章摻雜有後代人的補充。因此下面的研究綜述主要探討學界對慎到具體思想的研究。

苗潤田先生在《從先秦文獻中看慎到的思想特點》一文中認為慎到思想之中既具有濃厚的道家思想，還具有明顯的法家痕跡。屬於承接道法的關鍵人物。〔註16〕潘志峰先生在《慎到學派歸屬問題在辨》一文中認為慎到屬於黃老道家的代表人物。〔註17〕江榮海先生在《慎到應是黃老思想家──兼論

〔註15〕其認為「虛、靜、壹三者既是認識主體修養的三種重要方法和達到的三種心理境界，也是認識事物應具備的三條對主觀方面的要求。三者由淺入深，遞相聯結後來被荀子加以批判繼承，概括為虛壹而靜的認識原則。虛、靜、壹這些原則同上述的因之術結合起來，就叫做靜因之道」詳見周立升，王德敏：《評管子書中「靜因之道」的認識論》，《文史哲》1984 年第 3 期，第 30～35 頁。

〔註16〕其認為「綜上所述，慎到具有相當濃厚的道家思想，就其思想基調來說，乃是屬於道家這一派的；而在某些材料中反映的慎的法家意識，也都受其道家思想的影響和制約的。正因為如此，使他成了道家和法家之間的承上（老子之道家）啟下（法家之韓非）的思想家」詳見苗潤田：《從先秦文獻中看慎到的思想特點》，《齊魯學刊》1983 年第 2 期，第 39～42 頁。

〔註17〕其認為「慎到的思想形成不存在由道入法的轉變過程，其原本就是道法兼容的黃老家，慎到的學說特點體現為：吸收道家思想對法家理論進行本原化論

黃老思想與老子、韓非的區別》一文中分析了慎到與老子韓非思想的區別，並且認為，「慎到應是黃老思想家」。潘俊傑在《慎到——從黃老到法家轉折性的關鍵人物》一文中認為「慎到的法理論包括權勢論、法治論和君臣論三個部分，對後期法家都有重要影響」。高燕在《道法關係論——慎子法哲學思想探源》一文中認為慎到思想最大的特點是融合道法。〔註18〕當然，也有學者提出不同的看法，范國強和田一穎在《慎子學術思想芻議》一文中認為法家思想才是其思想的核心所在，認為慎到的核心不是道家思想，而是法家思想。〔註19〕李廷勇在《論慎子的學術思想》一文中也主此說。〔註20〕楊棟先生在《論慎子學派對百家之學的整合》一文中創造性的提出了慎子學派的概念，其啟發性值得關注。趙逵夫先生則在《論慎到的法治思想》一文中，詳細分析了慎到的法治思想和內容。

　　上博簡慎子文獻的出土，引起了學者的關注。這方面的比較有影響的文章有李學勤先生的《談楚簡慎子》，分析了竹簡的內容，性質以及和傳世《慎子》思想上的聯繫。李銳先生的《上博簡慎子曰恭簡》管窺一文，「認為簡文屬於慎子弟子後學的作品。」楊棟先生的《從上博簡看慎子的「君人之道」》一文，認為楚竹書「與《淮南子‧主術》論「君人之道」相關聯。從中可以看出慎子之學實以法家為主而兼通道、儒二家」。臺灣學者林誌鵬《論楚竹書《慎

證」。詳見潘志峰：《慎到學派歸屬問題在辨》，《河北學刊》2007年第1期，第60～63頁。

〔註18〕其認為「慎子作為黃老道家的代表人物，將道家與法家思想全面而有機地結合在一起，是將道家學說向法家理論發展，融合道法的關鍵性人物。援道入法、引法入道的本質是道法兩派發展過程中的相互融合，其思想主題可以概括為「以道為本，以法為治」詳見高燕：《道法關係論——慎子法哲學思想探源》，《西南民族大學學報》2008年第8期，第219～222頁。

〔註19〕其認為「慎子的學術思想是在社會出現巨變的背景之下，以黃老思想為根基，援道入法，借鑒其他學派的相關理論，創造性地提出了因循、尊君、貴勢、尚法等一整套法治思想的理論學術體系。因此，可以說其思想是雜出多家，但卻又是「雜而有主」，法家思想才是其學術體系中的重點與核心內容。」詳見范國強，田一穎：《慎子學術思想芻議》，《山西師大學報》2010年第6期，第113～115頁。

〔註20〕其認為「慎到以道家哲學為其指導思想而推演出法家學說，雖然他曾學黃老道德之術，但這並不妨礙他最終成為法家學派的一個重要代表。在《慎子》學派歸屬問題上，有人主道家，有人主法家，有人主雜家，有人認為是黃老家。就其主流而言，我們認為應照《漢書‧藝文志》的意見，歸入法家為宜。」詳見李廷勇：《論慎子的學術思想》，《西南師範大學學報》1997年第5期，第80～86頁。

子曰恭儉》「去囿「及相關問題》一文分析了慎到去囿思想與宋鈃、慎到的關係，並分析辨析了歷史上慎子的正式身份。

海外對《慎子》的研究則有湯普森教授的著作《慎子佚文》一書，牛津大學 1979 年出版。此書對慎子的材料進行了詳細細緻的搜集與處理分析。並提出了自己的獨到觀點，值得重視。

對於慎子的思想學者進行了細緻分析。尤其是他對儒法思想的整合特別值得關注。筆者認為，慎到的法治思想尤為重要，直接影響了荀子。稷下學宮之中與荀子關係尤為密切的當屬慎到無疑。慎到法治思想具體怎樣被荀子吸收借鑒，雖然有學者涉及此一問題，但是論述的並不詳細充分。這是今後研究慎子思想應該充分注意的問題。

國內外對《鶡冠子》的研究現狀

《鶡冠子》一書《漢書·藝文志》便有記載。史書記載鶡冠子是楚國人，居住在深山之中，以鶡鳥羽為冠，因此被稱為鶡冠子。但是《鶡冠子》一書歷史上很早就被視為偽書，不受重視。《鶡冠子》重新受到重視，是馬王堆帛書的出土，其中許多語句與《鶡冠子》相似，因此有學者認為《鶡冠子》並不是偽書，是先秦古籍，應該重新受到重視。

關於《鶡冠子》的成書時代

關於《鶡冠子》的成書年代，主要有李學勤先生、吳光先生以及丁原明先生的觀點。〔註 21〕

關於《鶡冠子》的卷數及篇目問題

基本有兩種觀點。一種認為現存《鶡冠子》一書中有其他書的竄入。有代表性的主要有李學勤先生的觀點〔註 22〕黃懷信先生在《鶡冠子匯校集注》

〔註 21〕 李學勤先生在《馬王堆帛書與鶡冠子》以及《鶡冠子與兩種帛書》中認為，「鶡冠子的活動時間當在公元前 310～260 年這 50 年的範圍」，但是《鶡冠子》一書的成書時間應當會晚一些。吳光先生在《黃老之學通論》一書中認為鶡冠子的活動年代當在公元前 300 到前 220 年左右，其書成於戰國末期至秦楚間。丁原明先生在《黃老學論綱》中認為其與《荀子》和《呂氏春秋》的成書年代大體相同。應屬於同一時代的作品，或者更早一些。而鶡冠子其人可能要更早一些。

〔註 22〕 其認為「《鶡冠子》由《漢書·藝文志》1 篇到《隋書·經籍志》的 3 卷，是因為在漢以後史料中消失的《龐煥》3 篇被後人附入而造成的，而篇目數由 1 篇激增至 16 或 19 篇，則有可能是因為其體例與帛書相同，原先篇下之節轉化而來的。」詳見李學勤：《馬王堆帛書與鶡冠子》，《江漢考古》1983 年第

一書中也認為現存《鶡冠子》當中有《龐煖》的混入。但是譚家健先生則持相反的觀點。〔註23〕丁原明先生也持相反的意見。〔註24〕戴卡琳則提出新的認識視角。〔註25〕

關於《鶡冠子》的作者及籍貫

學界基本達成共識。認為是鶡冠子本人及其後學所共同完成。而鶡冠子本人的籍貫，依據書中出現的令尹，柱國等詞彙以及書中體現的主體思想，認為其是楚國人。

關於《鶡冠子》具體思想的研究

目前國內對《鶡冠子》一書具體思想的研究，所涉及的專著有孫福喜先生的《鶡冠子研究》，陝西人民出版社 2002 年出版。同時吳光先生的《黃老之學通論》，丁原明先生的《黃老學論綱》，林冬子先生的博士論文《鶡冠子思想研究》，以及臺灣學者王曉波先生的《道與法：法家思想和黃老哲學解析》一書均對《鶡冠子》有所涉及。在這些著作中，作者都討論了《鶡冠子》一書的氣論思想、辯證法思想、社會政治思想等。尤其值得一提的是，楊兆貴先生近年來撰寫有多篇討論《鶡冠子》作者卷數以及具體思想內容的文章，特別值得重視。

國外對於《鶡冠子》一書的研究，較有影響的有葛瑞漢的《鶡冠子：一部被忽略的漢前哲學著作》，以及戴卡琳的《解讀鶡冠子——從論辯學的角度》，都提出了自己獨到的看法與觀點。值得重視

因為《鶡冠子》一書思想內容的確非常駁雜，各家思想在其中均有所體現。目前國內對於《鶡冠子》的研究著作還不是很多。筆者認為，今後對於

---

2 期，第 51～56 頁。

〔註23〕 其認為「以為王運並沒有考證就認定龐子與龐是一人，且在《冠子》提到龐的幾篇中，龐氏都以弟子身份出現，沒有自己的獨立的見解，這不合當時兵書的著述習慣，故這些篇章不可能是《龐煖》一書。」詳見譚家健：《鶡冠子試論》，《江漢考古》1986 年第 2 期，第 57～62 頁。

〔註24〕 其認為「《漢書·藝文志》的版本是官方的，而韓愈或陸佃所看到的版本是流傳於民間的版本，不同的篇卷與篇目是由於不同的流傳版本所造成的。」詳見丁原明：《黃老學論綱》，濟南：山東大學出版社，1997 年。

〔註25〕 其認為「這一問題的一個關鍵在於「篇」這個詞在使用過程中發生了變化，「篇」最初是對書或者手稿的物理性描述「指的是『一捆』，在後來的發展中失去了物理意義，變成了指稱「意義上文本的一個單位」，即「變成文本內容的劃分。」詳見戴卡琳：《解讀鶡冠子——從論辯學的角度》，瀋陽：遼寧教育出版社，2000 年。

《鶡冠子》一書的研究應該在充分發掘自身思想的基礎上，較多關注其會通百家思想的趨勢，關注其思想的特殊之處。尤其是與黃老之學二者之間的關係問題更值得關注。

國內外對《莊子》外雜篇黃老著作的研究現狀

《莊子》一書目前學界基本認定內篇是莊子本人所著。而外雜篇則屬於莊子後學的作品。因此內篇與外雜篇在思想內容方面存在著很大的差異性。外雜篇當中包含的思想非常複雜，遠不止道家思想。有學者認為，外雜篇當中有一部分包含有黃老之學的思想，可以作為黃老之學的思想材料。

如劉笑敢先生在《莊子後學中的黃老派》一文中認為，「《莊子》外雜篇中的《天道》諸篇是黃老之學的作品。《天道》諸篇站在道家的立場，吸收融合儒墨法各家，體現了黃老之學的主要思想特點」「《天道》諸篇是先秦黃老之學發展成熟的反映，充分利用其資料將有利於深入地研究黃老之學。」另外，劉笑敢先生在《莊子哲學及其演變》一書中對此問題進行了詳細探討。丁原明先生在《黃老學論綱》一書中也認為其具有黃老之學的特點。〔註26〕

筆者認為，《莊子》外雜篇當中的思想的確與黃老之學具有聯繫，《天地》《天道》《天運》《天下》等篇可以作為黃老的材料來使用。這也是研究黃老之學應該注意的地方。

同時，這裡要強調的一點是所謂的老莊之學與黃老之學的區分問題。所謂的老莊之學。老子不用多說，而莊子的話筆者認為只有《莊子》內七篇才代表莊子本人的思想，而外雜篇則代表莊子後學的思想。內篇與外雜篇二者之間有許多地方思想不同，甚至互相矛盾衝突。外雜篇當中許多地方正如上述，反映了黃老思想。因此老莊之學指的是老子思想和內七篇中所反應的莊子本人的思想，不包括外雜篇在內。老莊之學與黃老之學同屬道家內部不同的學派，他們從不同角度詮釋發展了老子的道家思想。二者思想上雖然具有一定的關聯性，如都以道作為世界的本源和事物發展的內在依據，但二者之間的差異卻是明顯的。如在道與氣的關係、道與天的關係、對禮法的態度以及名與實的關係上二者都截然相反。〔註27〕

〔註26〕其認為「《莊子‧天道》諸篇，則以天和天地為宗，並由此建構了一個法天道（或天地之道）而治的政治哲學，提出了君無為而臣有為的統治術和融合仁義禮法的主張，頗具有黃老學的特點。」詳見劉笑敢：《莊子哲學及其演變》，北京：中國人民大學出版社，2010年。

〔註27〕詳見崔大華：《莊學研究》，北京：人民出版社，1992年，第406～415頁。

　　綜上，雖然學界對荀子思想之中的黃老因素有所涉及和討論，但是不足之處是討論的範圍和深度均有所限。目前還沒有專著討論此一問題，這也為本書的深入寫作提供了可能。本書的重點是打算從五個方面討論荀子思想之中的黃老因素。從天人思想、人性思想、解蔽思想、禮學思想以及名學思想五方面詳細梳理荀子對黃老之學的借鑒和改造。本書最大的難點是這五個方便所涉及的話題都是當時各家思想所共同關注的，同時荀子本人借鑒吸收儒道墨法各家思想，怎樣分清荀子的某一思想是借鑒黃老之學而不是借鑒其他學派的思想，這對筆者來說是很大的挑戰。這可能需要本人對不同學派思想觀點的詳細梳理和反覆比對才能得出最終的結論。希望本人能在繼承前賢研究的基礎上，對此問題的深入研究做出一定的貢獻。

第一章　荀子所處的歷史時代背景

第一節　戰國時期的社會特徵

一、農業及手工業快速發展

　　戰國時期最為顯著的變化莫過於同之前春秋時期相比，農業和手工業得到了快速的發展。其中在農業方面具體的表現是生產工具和生產技術的提高。[註1]

　　西周以及春秋早期的農業生產之中，農業生產工具主要為石器、骨器和木器等。這類農業工具一方面本身並不太鋒利，另一方面的不足是在農業生產之中很容易就會造成損壞。而到了戰國晚期農業生產工具已經轉變為鐵製為主，這主要應該歸功於鑄鐵冶煉技術和柔化技術的發明。

　　生鐵冶煉技術的發展，和鼓風技術的進步具有密切的聯繫。因為鼓風設備的限制，無法製造大型的熔爐。後來隨著鼓風技術的改進，提供了更為強大的動力設施。因此，使得冶煉生鐵的熔爐規模越來越大，這為生鐵產量的提高提供了客觀條件。另一方面，戰國時期人們掌握了鑄鐵柔化技術，其具體方法是使生鐵進行氧化處理和參入一定比例的綱。使得鐵的韌性和強度得到很大提升，這也為鐵製農具的大規模運用提供了條件。當時的許多城市都

〔註 1〕對於戰國時期政治經濟以及文化的總體發展，具體參見楊寬：《戰國史》，上海：上海人民出版社，2016 年；晁福林：《春秋戰國的社會變遷》，北京：商務印書館，2011 年。

是著名的冶鐵中心，如趙國的都城邯鄲、楚國的宛、魏國的都城大梁等等。在這些城市當中的冶鐵作坊大量生產鐵製的農具以及兵器。同時，考古還發現了戰國時期的鐵礦遺址。從目前的遺址可以看出，其開採時間和規模都相當之大，這也說明當時對鐵的需求量與日俱增。從目前的發掘可以看出，鐵製農具的分布廣泛，黃河流域和長江流域的大部分地區都有出土。其類型也分布豐富，種類繁多。

戰國時期發展的另一個標誌則是農業生產技術與之前相比有了很大的提高。由於鐵製農具代替了之前的木器、骨器以及石器，導致此時的生產技術有了很大的提高。其中表現的最為明顯的就是荒地得到了大規模的開墾。西周以及春秋初期諸侯國彼此之間有很多未被開荒的土地，而到了戰國之時國與國之間已沒有剩餘土地，彼此之間已經互相接壤。傳統的井田制度逐漸瓦解，越來越多的私田得到了開發。最為有名的當屬晉國的「作爰田」，承認小農對土地的私有。由於荒地得到大規模開發，國家掌握了大量無主荒地。因此國家按一定數額將此荒地授予小農，個體小農定期交付國家田稅。因此井田制逐漸向個體小農經濟發展，這也成為此後中國兩千多年封建社會基本的經濟制度。

農業生產技術提高的另一個標誌則是牛耕的推廣和運用。孔子的學生名叫伯牛、子牛，從中可以看出至少在孔子生活的春秋晚期，牛耕已經運用於農業生產。牛耕的運用可以大大節省人力，提高生產效率，因此農業產量也有了大規模的提高。這個時候還專門產生了農業方面的專門理論和科學知識，如《禮記‧月令》之中對一年四季不同的月份所應該實行的農業活動有詳細的記載。同時，在《漢書‧藝文志》當中著錄了大量關於農業方面的書籍，還出現了專門研究農業知識的農家學派，著名人物即為與孟子曾經交談過的許行。

隨著農業的快速發展，戰國時期手工業與之前相比也有較大進步，例如青銅鑄造工藝有了進一步的提高。近幾十年全國各地出土了大量的戰國時期的青銅器物，造型優美，工藝複雜。當時的手工業有家庭手工業，當然官府有所謂的官營手工業。還有所謂的豪民經營的手工業。與後兩者相比，家庭手工業不管是製作的器物的種類和數量以及規模，都是無法與之相提並論的。而豪民經營的大手工業，主要經營採礦、冶鐵、煮鹽等行業，這都是家庭手工業無法比擬的。因此戰國時期許多富甲天下的商人往往是經營這些產業的人。

隨著手工業快速發展，最為典型的特徵便是城市的興起和商人的出現。西周以及春秋初期的城市規模都不大，城市人口也很少。隨著手工業的發展，到戰國晚期城市規模超過之前的十幾倍之多，如典型的齊國都城臨淄，「連袵成帷，舉袂成幕，揮汗成雨」（《戰國策·齊策一》）城市人口也從之前的幾千人猛增到幾萬人甚至更多。手工業快速發展所帶來的另一個變化就是商人階層的出現，例如比較有名的如孔子的學生子貢，諸侯無不與之分庭而抗禮。幫助越往句踐滅吳的大臣范蠡後來棄官從商，在陶地經營商業，世稱陶朱公，成為後世商人的代名詞。當然還有後來當上秦國國相的呂不韋等等，這些人的財富簡直可以說是富可敵國也毫不為過。當時還出現了一大批以商業為中心的城市，如史書記載「燕之涿、薊，趙之邯鄲，魏之溫、軹，韓之滎陽，齊之臨淄，楚之宛丘，鄭之陽翟，三川之二周，富冠海內，皆為天下名都。」（《鹽鐵論·通有篇》）這些城市都是當時的商業中心，一般都處在地理位置便捷的地方，交通方便有利於商品的運輸和周轉。

以上所有這些都說明在戰國時期農業和手工業都達到了很高的水平，這都為各諸侯國的兼併戰爭提供了堅實的經濟基礎和物質保障。

二、中央集權的官僚體制建立

春秋時期，周室衰微，諸侯國國內的情況則是卿大夫逐漸把持了政局。例如魯國的三桓相繼執政，魯國的國君如魯昭公就因為反對三桓而失利，最後客死異國。晉國的六卿執掌晉國政權，最後演變為三家分晉的局面。而同時東方的齊國也發生了卿大夫奪權的現象。田氏採取了一系列爭取民心的辦法，最後又驅逐了國氏和高氏，專掌了齊國政權。到後來齊桓公田午的時候終於廢黜了齊國國君，完成了從姜齊政權到田齊政權的過渡，也就是歷史上的田氏代齊。鑒於春秋時期的以上情況，戰國時期的各諸侯國相繼進行了一系列的改革。其目的是為了加強中央集權，鞏固君主的統治。

西周時期不管是西周王室還是各諸侯國，實行的都是分封制度。周天子依據血緣的親疏遠近分封不同的諸侯，諸侯在國內也以此進行分封，不同等級之人所享有的權力和義務是不同的。諸侯死後他的嫡長子繼承其王位，這就是所謂的世卿世祿制度。但是這樣的制度隨著時間的推移，彼此之間血緣逐漸疏遠，因此導致沒有人將周天子放在眼裏，諸侯國內也是政權下移。針對此種情況，在中央各諸侯國相繼實行將相制度。也就是說將文職和武職分

開,「官分文武,王之二術也。」(《尉繚子‧原官篇》)相又稱丞相或者宰相,是最高文職,也是百官之長,負責幫助國君處理行政事務。將也稱將軍,是最高武職,是最高的軍事長官,掌握全國的軍事指揮權。將相都由國君直接任命和罷免。之所以將文官和五官分開,是因為隨著社會的發展既需要不同的分工合作,而將文武官職分開又有利於國君對其進行有效控制,防止個人勢力的做大。加強了君主的權力,起到了防止權力下移,加強集權的效果。

在地方上,則實行郡縣制度。縣最早設立於邊境地區,由國君直接掌握和控制,往往由兼併的其他國家而設置成縣。春秋初期楚國和秦國是最早設置縣的國家。縣下面還包括鄉里等基層行政單位。縣的長官稱縣令,是全縣的最高行政長官。還有縣丞和縣尉,分別負責民政和軍事。而郡最早也是設置於邊境地區,可以起到鞏固邊防的作用。春秋時期除了齊國之外每個國家都設置了郡,郡的最高長官叫郡守。縣和郡最初都是設立於邊境,後來才逐漸在中原地區設置郡縣。郡和縣的長官都由國君直接任命和罷免,他們的職位並不是如分封制下的諸侯是世襲的。這也可以起到防止地方勢力過大,侵害中央的事情發生,從而加強和鞏固了中央集權。這裡需要說明的是,最初的時候是縣要高於郡的,如趙簡子曾經說過「克敵者上大夫受縣,下大夫受郡。」(《左傳‧哀公二年》)後來才發展為在郡下設立若干個縣,由一個郡統轄若干縣的制度。秦始皇在統一六國的過程中凡是滅掉的國家,在原來的地區就地設置郡縣,統一之後在全國推行。後世的地方建制都繼承了此一傳統。

同時,為有效加強中國集權,還設置了對官吏進行定期考察的上計制度。簡單的說上計就是定期地方長官要到中央彙報本地區的田賦收入、人口數量、軍隊編制等等情況。如《商君書‧去強篇》中的記載「強國知十三數:境內倉口之數,壯男壯女之數,老弱之數,官士之數,以言說取食者之數,利民之數,馬牛芻槁之數。」國君依據地方官吏的彙報對其進行核查,如情況屬實的話予以獎賞,沒有完成或謊報的話則要處以相應的責罰。除了上計制度外,還在中央和地方設立御史一職,主要的作用是監察百官。御史由國君直接任命,不受中央和地方的約束,直接對國君負責。

可以說,通過一百多年的變法和改革,各諸侯國相繼實行了以上提到的一系列加強中央集權的措施。通過這些活動,鞏固和加強了君主個人以及國家的綜合實力,為後來的大規模兼併戰爭奠定了雄厚的政治基礎。另一方面,所設立的相關制度為後來的秦漢社會所繼承,並在此基礎上有所發展。

三、兼併戰爭的加劇和戰爭規模的擴大

戰國時期隨著經濟的發展和鐵器的大量生產和應用，戰爭之中武器的裝備、參戰的人數、戰爭的時間和規模都發生了很大的變化。

春秋時期戰爭中使用的武器主要是青銅兵器，而隨著鐵器的大量應用，到戰國時期主要的兵器均為鐵質。鐵質兵器與之前的青銅兵器相比，一個是製造工藝大為便利，便於大規模生產。另一個就是鐵製兵器本身更為鋒利和堅硬。這時的兵器種類主要有矛劍戟等，這時候的兵器可以說是「所擊無不碎，所衝無不陷」（《呂氏春秋・貴卒篇》）同時，這一時期駑在戰爭中得到大規模的使用。駑與其他武器相比，最大的特點是可以長距離有效的射殺。避免近距離相接觸，這樣可以有效的減少傷亡。同時，弩的威力也是非常大的。史料記載「借射六百步之外，韓卒超足而發，百發不暇止。」（《戰國策・韓策一》）魏國更是有所謂操「十二石之弩」的武卒，同時弩的精準性也非常高。正是因為武器的改進，因此防禦裝備同之前相比也得到很大的改善。這個時候的防備裝備主要有皮甲和鐵甲組成，具體有保護頭部不受傷害的帽子以及保護身體的甲衣等，這在出土文物當中都有所發現。

戰國時期戰爭參戰人數又有了很大的不同。春秋時期戰爭的主體是所謂的國人，只有這些人才具有參戰的資格。而國野之外的所謂「野人」是沒有資格參加戰爭的。隨著戰國時期城市規模的擴大，國野之間的分界已經逐漸沒有那麼嚴格，戰爭的主力也從之前所謂的國人逐漸轉變為廣大農村的小農，這就為交戰雙方人數的擴大提供了基礎。例如春秋時期有名的戰役如城濮之戰參戰人數僅有兩三萬人，而到了戰國後期的兼併戰爭中，交戰雙方往往投入十幾萬甚至幾十萬的人數進行戰爭。這個時候經常能看到「萬乘之國」「千乘之家」，同時還能看到斬首幾萬的描述。這裡不免有誇張的成分在內，但是另一方面也顯示了戰爭之中參戰人數的大規模增加。

同時，另外的變化就是戰爭的時間和規模也有很大的不同。春秋時期戰爭主要是車戰，每輛車之上都有駕駛的人，另外左右兩邊還有負責護衛的人，每輛車旁邊還有若干的徒兵。由於車戰的限制，雙方交戰前選擇寬闊平坦的地區，擺好陣勢然後進行戰爭。由於車戰一經交戰，很難恢復原有的陣勢。所以戰爭很快就能結束並分出勝負，春秋時期著名的戰爭都是一兩天就結束。但是戰國時期，由於參戰的人數激增，這時的戰爭已經不是車戰，而是步兵和騎兵作戰下的大規模野戰和包圍戰。步兵作戰主要是由於小農成為作戰的

主力，而騎兵作戰最早是由於與少數民族的戰爭，少數民族多是騎兵。因此為了加快機動性能而採取騎兵作戰。戰國時期的戰爭時間也大為增加，一場戰役往往進行幾年的時間，如「以二十萬之眾攻中山，五年乃歸。」（《戰國策‧趙策三》）著名的長平之戰，秦趙兩國都投入了將近上百萬的兵力，進行了長達幾年的戰爭。趙國軍隊最後被秦國軍隊圍困達三年之久。最後突圍未果，被坑殺的降卒號稱就有四十萬之眾。這可以說是戰國時期戰爭的典型代表。

　　另外戰國時期尤其是戰國晚期的戰爭性質與之前也有了變化。春秋雖然被稱為無義戰，但是春秋時期的戰爭其直接目的無非是掠奪其他諸侯國的土地和人民，並不以滅亡其他國家為最終目的。相反，春秋時期有的國家如衛國曾經滅亡於戎狄之手，中原大國如齊國還以盟主的名義將其百姓遷居到其他地方，使得其重新立國。同時，中原國家也還在名義上尊稱周天子為盟主。但是戰國時期的戰爭則主要是意在滅亡他國的大規模兼併統一戰爭。沒有人在打著周天子的名義，諸侯相繼稱王稱帝，甚至後來周天子也亡與諸侯之手。戰爭的性質就是滅亡他國，進而完成統一大業。無怪乎顧炎武在其名著《日知錄》當中認為「如春秋時猶尊禮重信，而七國則絕不言禮與信矣；春秋時猶宗周王，而七國則絕不言王矣；春秋時猶嚴祭祀重聘享，而七國則無其事矣；春秋時猶論宗姓氏族，而七國則無一言及之矣；春秋時猶宴會賦詩，而七國則不聞矣。」因此，生當戰國末期的荀子等思想家，其思想理論的出發點就是面對行將統一大業的來臨，怎樣為時君世主提供可資借鑒的思想資源，這是其所處時代的現實歷史背景。如希望自己本人和學派的思想能夠被現實政治所採納運用，其思想內涵定要符合這一既成事實。

四、士階層的興起及百家爭鳴的繁榮景象

　　戰國時期，出現了儒墨道法名陰陽等不同學派互相爭鳴的現象。這些學派從各自不同的角度出發，互相展開不同的辯論，提出了各種各樣的思想學說。而這一時期之所以會出現學術繁榮的現象，與此一時期士階層的興起有很大的關係。

　　士原是貴族中的下層，平時住在國都周圍從事農耕。而戰爭時期的主要參與者就是這些人。同時，這些人還具有受教育的權利。西周春秋時期，教育權為貴族所壟斷，也包括士階層在內。但是隨著政治經濟的逐漸變化，士

階層的地位大大下降，有的淪落為普通人的地位。已經沒有任何政治上的權利，甚至連生活上可能都已經非常艱難。另一方面，隨著戰國時期政治經濟的變化，各諸侯國為了進行兼併戰爭，急需大量的人才為己所用。因此可以說，「從春秋前期到春秋晚期，再到戰國時期，在社會活躍層面上，有一個從公子階層到卿大夫階層，再到士人階層轉移的歷史進程。」〔註2〕士成為戰國時期活躍在政治舞臺上的主角。主要表現為士成為私人聚徒講學的主體、成為各諸侯國爭相禮待的對象、以及成為國君和諸侯豢養的門客，為其進行出謀畫冊這三個方面。

士階層在春秋晚期尤其是戰國時期大量的聚徒講學，其最典型的表現當屬孔子。孔子是沒落貴族，大體上也屬於士階層。孔子使用《詩》《書》《禮》《易》《春秋》等作為教材教授學生。孔子的學生當中許多人出身卑微，並不是士階層。但是孔子並沒有任何歧視對待，他以「有教無類」為原則，在教學的過程中強調「教學相長」，注意啟發學生自主獨立的進行思考。因此，在當時孔子在魯國就被稱為賢人和碩儒。號稱弟子三千，「身通六藝者七十有二人」（《史記‧孔子世家》）即所謂七十二賢人。孔門還有所謂的孔門四科，即德行、言語、政事、文學。也就是說孔子的學生按其專長大體上可以分為四類，也就是說有的學生比較注重個人德行的修養和提升，有的比較善於處理行政和政務方面的工作，有的比較愛好傳統文化的學習和傳播等。孔子的這些弟子許多都不負所望，如子貢憑藉其靈活的頭腦最後成為富甲一方的商人。子夏后來講學西河，成為魏文侯所禮遇的賢士。

另一方面，這一時期因為各諸侯國富國強兵的需要，對人才的渴望使得諸侯爭相招攬人才。其中主要就是士這一階層。魏文侯曾經「師卜子夏，友田子方，禮段干木。」（《呂氏春秋‧察賢篇》）正因為這一時期對士的渴望，士這一階層在內心之中表現出一種自信和獨立，這也是後代的知識分子很難有的地方。如顏斶見齊宣王的故事，「齊宣王見顏斶，曰：斶前！斶亦曰：王前！宣王不說。左右曰：王，人君也。斶，人臣也。王曰斶前，亦曰王前，可乎？斶對曰：夫斶前為慕勢，王前為趨士。與使斶為慕勢，不如使王為趨士。王忿然作色曰：王者貴乎？士貴乎？對曰：士貴耳，王者不貴。王曰：有說乎？斶曰：有。昔者秦攻齊，令曰：有敢去柳下季壟五十步而樵採者，死不

〔註2〕許倬雲：《中國古代社會史論──春秋戰國時期的社會流動》，桂林：廣西師範大學出版社，2006年，第27頁。

赦。令曰：有能得齊王頭者，封萬戶侯，賜金千鎰。由是觀之，生王之頭，曾不若死士之壟也。宣王默然不悅。」(《戰國策·齊策四》)顏斶面見齊宣王，卻不主動向齊宣王示好。認為主動示好是趨炎附勢的表現，齊宣王如真要禮賢下士，應該親自主動接待他。這形象的表現了戰國時期士對於自身操守的重視，即使面對君王也表現出獨立的人格和操守，這是秦統一後很難出現的情景。另一方面，那時候的士並沒有秦漢大一統之後的那種忠臣不事二主的觀念，也就是平常所說的三綱觀念。他們得到君主的任用則盡勞盡責，覺得不受重用或無法施展自己的報復則投奔他國，諸侯爭霸的局面也為其這種多樣化的流動性和選擇性提供了可能。大一統局面下的統一王朝也是絕不會有任何此種可能的。

最後，戰國獨特的歷史時代給予士這一階層的便是各國國君豢養了大量的門客，其中雖不乏雞鳴狗盜之徒，但是大部分應該還是具有學識和能力的士人。其目的就是為其進行出謀劃策。當時不僅諸侯，連許多諸侯國內的封君和大夫也競相延攬士人。著名的戰國四公子門客多達上千，「春申君既相楚。是時齊有孟嘗、趙有平原、魏有信陵，方爭天下，招致賓客，以相傾奪，輔國持權。」(《史記·春申君列傳》)這之中最為典型的當屬齊國的稷下學宮。

同時，士人也積極主動的希望在政治舞臺上發揮自己的才能。當時士人獲得官位的方式主要有從師求學和游說諸侯兩種。獲得國君賞識的前提是自身要有真才實學，之前說過春秋晚期私學下移，許多人授徒講學。如孔子的弟子許多弟子學成之後都積極從事政治活動，孔子自己也認為「仕而優則學，學而優則仕。」(《論語·子張》)孟子周遊列國宣傳自己的政治主張，也是「後車數十承，從者數百人以傳食於諸侯。」(《孟子·滕文公下》)這些跟隨孟子的人，都是仰慕孟子本人的學識，希望學成之後能夠實現自己的理想抱負。戰國時期許多出於社會下層的貧賤之人通過自己的努力學習，改善和提升了自己的處境。「寧越，中牟之鄙人也。苦耕稼之勞，謂其友曰：何為而可以免此苦也？其友曰：莫如學。學三十歲則可以達矣。寧越曰：請以十五歲。人將休，吾將不敢休；人將臥，吾將不敢臥。十五歲而周威公師之。矢之速也，而不過二里，止也；步之遲也，而百舍，不止也。今以寧越之材而久不止，其為諸侯師，豈不宜哉？」(《呂氏春秋·博志》)從寧越的例子可以看出當時對從師求學的重視，認為從師求學可以改變自身的不利地位。各諸侯國的國君和

卿相正是依靠這群真才實學的士人，才能真正實現統一的大業。

　　另外，士人獲得官位的途徑便是游說諸侯。最有名的當屬毛遂自薦的故事。那時候的君主不看重出身和門第，只要有真才實學便能夠獲得國君的重用。這一時期的門客彙集在國君的周圍，為其出謀劃策。這時候的許多作品如《呂氏春秋》這部著作，就是秦國國相呂不韋的門客集體創作的巨著。甚至到後來西漢時期淮南王劉安編寫的《淮南子》一書，也是其與門客共同完成的作品。戰國時期士階層的活躍對百家爭鳴局面的形成起到了巨大的推動作用。這些士人從各自所代表的不同階層出發著書立說，聚徒講學。他們彼此之間互相辯論，希望自己的學說得到諸侯的採納。為百家思想的互相借鑒吸收奠定了思想基礎。而戰國時期主要的學派則為道家、法家以及墨家這三家。〔註3〕

　　戰國時期道家學派的代表人物是莊子。〔註4〕莊子繼承了老子對道的理解，但是另一方面莊子又認為事間萬物都是相對的，不確定的。任何事物都不是絕對不變的。這在《齊物論》中得到了集中反映，「物無非彼，物無非是。自彼則不見，自知則知之。故曰：彼出於是，是亦因彼。彼是方生之說也。雖然，方生方死，方死方生；方可方不可，方不可方可；因是因非，因非因是。是以聖人不由而照之於天，亦因是也。是亦彼也，彼亦是也。彼亦一是非，此亦一是非，果且有彼是乎哉果且無彼是乎哉彼是莫得其偶，謂之道樞。」

　　同時，莊子認為人的認識也是極其主觀和隨意的，他舉了許多現實的例子。如著名的「狙公賦芧」的例子，「朝三而暮四。眾狙皆怒。曰：然則朝四而暮三。」眾狙皆悅。名實未虧而喜怒為用，亦因是也。」（《莊子·齊物論》）因此莊子認為要從道的高度來審視萬物，「物固有所然，物固有所可。無物不然，無物不可。故為是舉莛與楹，厲與西施，恢詭譎怪，道通為一。」（《莊子·齊物論》）在道的觀察下世間萬物都是平等如一的，沒有任何高下長短卑賤的區別，所有這些都是人內心之中的成見所為。因此莊子追求的是「獨與

〔註3〕戰國時期勢力比較大的學派除這三家外，還有以孟子為代表的儒家和名家
　　　　（即名辯之學）。儒家在本章第三節「荀子對儒家不同派別的批判」詳細討
　　　　論。名家在第六章討論荀子與黃老名學思想時詳細分析。因而這裡只討論道
　　　　法墨這三家，特此說明。
〔註4〕戰國時期的道家還有黃老道家。但本人學位論文的主要內容討論的就是荀子
　　　　與黃老道家（即黃老之學）二者的關係問題。因此這裡不討論黃老道家的主
　　　　要思想，只論述莊子及莊子後學的思想。

天地精神相往來」（《莊子・齊物論》）的精神境界和人格理想，要做到這樣只能「至人無己，神人無功，聖人無名」（《莊子・逍遙遊》）去除主觀所具有的偏執和主觀成見，忘掉功業和名位的束縛。

莊子思想對個人精神的提升的確有很大的幫助。但是對戰國時期意在兼併統一的各國君主來說，其思想未免同儒家一樣給人以不切實際之感。後來的稷下黃老道家正是從不同的角度發展詮釋了老子思想，為其與現實政治的結合提供了契機。

戰國時期法家學派的代表人物是商鞅和韓非。商鞅和韓非都反對儒家思想。他們認為應該根據社會的現實變化進行改革和變法，「主張治世不一道，便國不必法古。湯武之王也，不循古而興；殷夏之滅也，不易禮而亡。然則反古者未可必非，循禮者未足多是也。」（《商君書・更法》）沒有必要墨守成規，這裡其實批判的是儒家希望回到上古三代堯舜禹之制的主張。同時法家主張要輕罪重罰。因為法家認為，如果實行輕罪輕罰重罪重罰的話，是制止不了人們犯罪的念頭的。只有從心理上給人們以恐懼，也就是從源頭上杜絕犯罪的發生。那只有通過輕罪重罰才能達到「以刑去刑」（《商君書・農戰》）的最終目的。法家還認為對於國家有利的事情只有兩個方面，那就是「國之所以興者，農戰也」（《商君書・農戰》）也就是農耕和戰爭，只有這兩個方面才能使國家達到最終的強盛。如果實行儒家的仁義道德，「辯慧，亂之贊也；禮樂，淫佚之徵也；慈仁，過之母也；任譽，姦之鼠也。亂有贊則行，淫佚有徵則用，過有母則生，姦有鼠則不止。八者有群，民勝其政；國無八者，政勝其民。民勝其政，國弱；政勝其民，兵彊。故國有八者，上無以使守戰，必削至亡；國無八者，上有以使守戰，必興至王」則會導致國破家亡的情況發生。（《商君書・說民》）

同時，商鞅還主張治理國家要一任於法，「故明主慎法制。言不中法者，不聽也；行不中法者，不高也；事不中法者，不為也。言中法，則聽之；行中法，則高之；事中法，則為之」（《商君書・君臣》）任何事情都要以是否符合法的規定作為評判事物的標準，任何人不得超越法之上。同時，韓非還認為君主如果要有效鞏固自己的權勢地位，儒家所倡導的仁義禮智是不可能的，只有法術勢並舉。「人不食，十日則死；大寒之隆，不衣亦死。謂之衣食孰急於人，則是不可一無也，皆養生之具也。今申不害言術而公孫鞅為法。術者，因任而授官，循名而責實，操殺生之柄，課群臣之能者也。此人主之所執也。

法者，憲令著於官府，刑罰必於民心，賞存乎慎法，而罰加乎姦令者也。此臣之所師也。君無術則弊於上，臣無法則亂於下，此不可一無，皆帝主之具也。」（《韓非子‧定法》）韓非在這裡認為法是要公開發布的，獎懲賞罰都要以此為準。術就是君主的馭臣之術，術與法相反而是要秘而不宣的，不能告誡其他的人。勢指的是君主的權勢和地位，法術勢在治理國家的過程中都要實行絕不能偏廢，「抱法處勢則治，背法處勢則亂」（《韓非子‧難勢》）法家在政治上力求做到君主專制集權，對於富國強兵的確能夠起到很強的作用，後來的秦國便是實行了法家的政策而統一六國的。

戰國時期的墨家代表人物是墨子。墨子出身比較低賤，代表中小生產者的利益。墨家的思想可以說許多都是針對儒家而提出來的，如針對當時諸侯爭霸給百姓帶來的苦難，墨子提出了他的兼愛非攻的思想。儒家講究愛有等差，依據血緣的不同愛是有區別的。而墨子則認為愛要不分區別，愛其他人就要像愛自己的父母一樣。墨子認為正是儒家的這種有等級和血緣限制的愛，最終會導致「強劫弱，眾暴寡，詐欺愚，貴傲賤」（《墨子‧天志中》）的局面。針對戰國時期兼併戰爭所帶來的苦難，墨子還提出了非攻的主張。即反對一切的不義戰爭。

在治理國家方面，墨子提出了他的尚賢思想。墨子認為國家治理不能沒有人才，那麼選拔人才的標準是什麼呢？墨子認為選拔人才要打破宗法血緣的限制，只要具有真才實學，不管他出身什麼等級都要受到重用。即「雖在農與工肆之人，有能則舉之」（《墨子‧尚賢》）尚賢思想與戰國時期禮賢下士之風相聯繫，與這一時期士階層的興起有很大關係。為士階層在政治上的廣泛參與提供了理論上的支持。

針對統治階級濫用民力、橫征暴斂的惡行，以及儒家所倡導的「事死如事生，事亡如事存」的厚葬之風，墨子提出了他的節用、節葬和非樂的觀點。節用的主要內容為限制統治者的鋪張浪費，墨子認為只要做到「凡足以奉給民用則止，諸加費不利於民利者弗為。」（《墨子‧節用中》）認為統治者的行為只要滿足老百姓的基本生活就可以，絕對不能超過這個標準。對於節葬則是針對儒家提倡的厚葬之風，墨子認為厚葬浪費了大量的民力和財力，對國家和百姓沒有任何的好處。同時墨子還認為要禁止音樂的流行，其原因同節用和節葬一樣，都是既浪費金錢，同時還會打擾百姓的正常生活。

我們應該看到墨子的思想之中有其合理的一面，許多方面都是針對戰爭

的殘酷性帶給人民的災難，以及統治者對百姓的橫征暴斂而提出的。但是其思想許多方面卻有不盡於人情，令人難以接受的一面。可以說司馬遷的評價「墨者儉而難遵，是以其事不可遍循，然其強本節用，不可廢也。」（《史記・論六家要旨》）是非常中肯的。

第二節　荀子生平及《荀子》各篇的真偽

一、荀子的生平經歷

　　荀子出生於趙國，後來曾經到過秦國、齊國和燕國等地。最後晚年受到春申君的邀請到楚，春申君死後不久，荀子也終老蘭陵。當然，其一生的大部分時間是在齊國的稷下學宮度過的。[註5]史料記載荀子「年十五始來遊學稷下」這個時候齊國應當是宣王時期。齊國自從齊桓公田午開始，在齊國國都臨淄設立稷下學宮招攬士人，當時的許多學者如鄒衍、淳于髡、田駢和慎到等人都曾在稷下講學。荀子年紀很輕就到稷下學宮講學受教，這為他以後借鑒吸收百家之學奠定了基礎。後來五國軍隊聯合攻齊，齊閔王被殺。齊襄王復國後，重新建立稷下學宮。這時候稷下學宮的許多學者因為戰亂都離開了齊國，荀子這時候學識淵博，「最為老師」「三為祭酒」，三次當選稷下學宮的重要職位。可以說，荀子人生的頂點是在稷下度過的，這一點毫不誇張。

　　除在稷下的輝煌之外，荀子還去過其他的國家。這之中最值得稱道的是荀子還曾到過秦國。並且在秦國與秦昭王和應侯范雎進行了交流。這在《荀子》一書的《儒效》和《強國》等篇都有明確記載。應該指出的是，荀子在入秦後，對秦國的政治民風都給予很高的評價[註6]荀子認為秦國能夠在很快

[註5] 關於荀子的生卒年以及生平主要經歷，學界存在多種爭論。這裡主要參考廖名春的觀點，詳見廖名春：《荀子新探》，北京：中國人民大學出版社，2014年，第16～34頁。

[註6] 荀子對秦的諸如民風習俗、官府的辦事效率以及士人的風貌都給予了很高的評價。如認為「其固塞險，形埶便，山林川谷美，天材之利多，是形勝也。入境，觀其風俗，其百姓樸，其聲樂不流污，其服不挑，甚畏有司而順，古之民也。及都邑官府，其百吏肅然，莫不恭儉、敦敬、忠信而不楛，古之吏也。入其國，觀其士大夫，出於其門，入於公門；出於公門，歸於其家，無有私事也；不比周，不朋黨，倜然莫不明通而公也，古之士大夫也。觀其朝廷，其朝閒，聽決百事不留，恬然如無治者，古之朝也。故四世有勝，非幸也，數也。是所見也。故曰：佚而治，約而詳，不煩而功，治之至也，秦類

的時間內達到富國強兵，絕對不是偶然的。但是最後荀子卻話鋒一轉，提出「故曰粹而王，駁而霸，無一焉而亡。此亦秦之所短也」的見解（《荀子・強國》）認為秦國雖然兵強海內，但是秦國實行霸道，而沒有實行儒家的王道政治。對百姓過於嚴苛。其具體表現就是「秦人其生民郟陋，其使民也酷烈，劫之以埶，隱之以阨，忸之以慶賞，酋之以刑罰，使天下之民，所以要利於上者，非鬥無由也。」（《荀子・議兵》）

除了秦國外，荀子還去過戰國。與臨武君議兵於趙孝成王前。在議兵的過程中也體現了荀子堅持儒家的王道政治的思想。如荀子認為對於戰爭最為重要的應該是爭取民心，「故善附民者，是乃善用兵者也。故兵要在乎善附民而已。」（《荀子・議兵》）這些都反映了荀子堅持王道，反對霸道的觀點，體現了其儒家的基本立場。

後來荀子又回到齊國。齊王建執政後，實權掌握在君王后手中。荀子對此進行批評，結果招致讒言。因此被迫離開齊國而到了楚國。楚國春申君任命他為蘭陵令。但是不久之後春申君為手下的李園所殺，荀子也就「春申君死而荀卿廢，因葬蘭陵」（《史記・孟荀列傳》）不久之後荀子也去世了，享年應該九十多歲。〔註7〕

二、《荀子》各篇的真偽問題

先秦古籍與後代書籍的不同是沒有一部書是成於一人之手，幾乎所有的書籍都是經過弟子、門徒以及後人的不斷整理和添加而成。如《論語》本不是孔子本人所著，是他的弟子及再傳弟子記錄孔子的言行編纂而成的。《孟子》七篇雖有孟子本人的著述，但是其中也有他的弟子萬章和公孫丑等人的著述在內。甚至於先秦古籍之中一部分可能成於先秦時期，但是另一部分卻有秦漢時期後人的著作混入其中。更為複雜的事，《漢書・藝文志》當中著錄的先秦古籍，後代可能已經遺失。只有書名流傳。魏晉時期有好古者，私人撰寫卻冒充先秦古籍，如《孔子家語》和《孔叢子》現在基本認為就是魏晉時期人偽造，並不是先秦古籍。〔註8〕因此，研究荀子思想所依據的《荀子》一書，

之矣。」（《荀子・強國》）」

〔註7〕據《史記・孟荀列傳》記載「齊人或讒荀卿，荀卿乃適楚，而春申君以為蘭陵令。春申君死而荀卿廢，因家蘭陵。」

〔註8〕關於中國古代書籍辨偽原則和方法問題，詳見余嘉錫：《古書通例》上海：上海古籍出版社，1985年；梁啟超：《古書真偽常識》，北京：中華書局，2012年。

也有必要對其中的各篇進行詳細的考證。

《荀子》一書現存三十二篇,當是劉向所校訂的。〔註9〕也就是說《荀子》一書最早有三百多篇,劉向將其中重複的刪掉,最後剩下三十二篇。這是可信的。對於《荀子》各篇的真偽問題,我們在這裡認為《荀子》一書大部分篇章為荀子本人所著,可以作為研究荀子本人思想的第一手資料。只有其中的很小一部分是荀子弟子或後人所寫,但是這一部分並不是沒有任何價值,對於從側面瞭解荀子的思想也很有幫助。《荀子》一書並不存在偽書的嫌疑,並不是魏晉時期後代人的偽造。具體來說,除了《法行》《子道》《哀公》《宥坐》《堯問》為荀子弟子和後人所作外,其他篇章都是荀子本人生前所做,其區別只是寫作早晚的問題。

第三節　對儒家思想的繼承及對儒家不同派別的批判

一、荀子對儒家思想的繼承

(一)對孔子仁學思想的繼承

「仁」是孔子思想的核心,孔子認為「仁」包括許多具體的條目。也是人們應該具有的道德情操。荀子繼承了孔子的仁學思想,仁義之論可以說是儒家的核心思想。〔註10〕

《荀子》一書出現「仁」字一百多次。荀子論述「仁」有時候是單獨提到,有時候是和其他字並舉,如「仁者」「仁人」「仁義」等。荀子認為「仁」對於一個人來說是至關重要的,〔註11〕荀子對「仁」所下的定義也類似於孔子,「仁,愛也,故親。」(《荀子·大略》)「仁」就是愛人,這與孔子說的「仁者愛人」是相通的。同時,荀子還認真正的仁者能夠做到親賢賤不孝,

---

〔註9〕劉向《孫卿子敍錄》中言「(向)所校讎中孫卿書,凡三百二十二篇,以相校,除復重二百九十篇,定箸三十二篇,皆以定殺青,簡書可繕寫。」

〔註10〕如苗潤田就認為「《漢志》說儒家留意於仁義之際可謂一語中的,道出了儒家思想的特質。《漢志》把《孫卿子》列在儒家類,顯然認為荀子也留意於仁義之際。」詳見苗潤田:《從漢書·藝文志看荀子的學派歸屬》,《現代哲學》2011年第5期,第111頁。

〔註11〕荀子認為仁對於人們來說其重要程度就類似於金錢和食物一樣,是須臾不可或缺的。「仁義禮善之於人也,辟之若貨財粟米之於家也,多有之者富,少有之者貧,至無有者窮。」(《荀子·大略》)

「貴賢，仁也；賤不肖，亦仁也。」（《荀子・非十二子》）荀子不僅繼承孔子仁學思想，將「仁」作為最重要的道德規範和行為準則。同時還發展了孔子的仁學思想，其最大特色就是將「仁義」相結合。

荀子經常「仁義」並稱，「原先王，本仁義，則禮正其經緯蹊徑。」（《荀子・非十二子》）「仁義德行，常安之術也。」（《荀子・榮辱》）在「仁義」二者關係上，荀子常先仁後義，〔註12〕最終達致誠的境界需要「守仁行義」的工夫。首先內心篤守「仁」，再此基礎之上通過外在踐行「義」。守仁是行義的前提和基礎，二者不可顛倒偏廢。在論述用兵之道上，最能體現荀子的「仁義」為本思想。荀子的學生李斯曾對其用兵以仁義問本的觀點不以為然，曾經當面質疑荀子。認為秦國自商鞅變法以來，國富兵強且稱霸諸侯。並沒有實行儒家以仁義為本的思想，卻威強海內。其原因究竟為何？是否證明儒家思想的無用性。荀子並沒有被李斯的責難所問倒，他針鋒相對的回答道秦國所實行的政治是法家的嚴刑峻法，而荀子卻認為政治上要以儒家的仁義為本。以仁義為本，最終會達到百姓安居樂業，政修民和的理想境界。雖然現在秦國兵強海內，看似強大。但是其時常擔心其他國家聯合起來與自己相對抗。這其中的原因就是秦國不以仁義為本，不得人心所造成的。秦國百姓只是畏懼於本國的嚴刑峻法才不得已為之效命，並不是發自本心而為之。荀子還列舉歷史上商湯伐桀和武王伐紂的例子，認為商湯滅夏和武王滅商的最終原因並不是鳴條之戰和牧野之戰的勝利所致，而是之前長時間修行仁義的結果。修行仁義導致百姓欽慕，政通人和，人心自然歸順。秦國現在卻是反其道而行之，鄙棄仁義禮智。雖然暫時稱霸諸侯，最終絕不會長久。荀子認為商湯滅夏和武王伐紂並不是不義之舉，更不是犯上作亂。而是除暴安良的舉措，是所謂的仁義之師。荀子因此認為用兵之道應該以商湯和周武王一樣以仁義為本。

（二）對儒家理想人格的追求

孔子所追求的理想人格是聖人，「子曰：若聖與仁，則吾豈敢？抑為之不厭，誨人不倦，則可謂云爾已矣。」（《論語・述而》）孔子認為自己沒有資格

〔註12〕荀子認為最高的境界是「誠」，而達致「誠」的境界則需要將仁義貫穿其中。其具體方法和工夫則叫做「守仁行義」，即「君子養心莫善於誠，致誠則無它事矣。惟仁之為守，惟義之為行。誠心守仁則形，形則神，神則能化矣。誠心行義則理，理則明，明則能變矣。」（《荀子・不苟》）

被稱為聖與仁。只不過是學而不厭，誨人不倦罷了。可見，在孔子眼中，聖人的理想不是一般人能夠實現的，連他自己都覺得沒有資格。那對於普通人而言更是很難達到的目標。不過對於普通人而言則可以追求成為君子。在《論語》之中孔子對君子的讚美可謂不絕於書。同樣的，荀子對於理想人格的追求也是聖人和君子。〔註13〕荀子理想中的聖人形象與孔子並無二致，「聖也者，盡倫者也。」（《荀子·解蔽》）「聖人者，道之極也。」（《荀子·禮論》）聖人就是最能夠體現人倫價值規範的人。那對於普通人而言是否可以達到聖人呢？在荀子看來理論上是可以的，任何人都是可以成聖的。〔註14〕荀子認為成聖的關鍵是通過學的工夫，具體來講則要靠師法的作用。

荀子也沒有放棄對儒家君子的追求。在荀子眼中，君子和聖人一樣，也是理想人格的代表。〔註15〕君子對於是非曲直也能夠進行很好的取捨，具有明判是非的標準。〔註16〕「君子易知而難狎，易懼而難脅，畏患而不避義死，欲利而不為所非，交親而不比，言辯而不辭，蕩蕩乎其有以殊於世也。」（《荀子·不苟》）這樣的例子還有很多，從中也可以看出荀子對儒家聖人和君子的理解同孔子可以說是一脈相承的。

（三）對儒家先王之道的追尋

孔子的理想是回復到三代之治，具體來說是周代的政治，「子曰：周監於二代，郁郁乎文哉！吾從周。」（《論語·八佾》）他理想中的政治楷模是周公，

〔註13〕正如有的學者所言，「荀子的理想人格主義整體上是一種道德理想主義，具體到人，是以聖人為最高目標的人格理想主義；具體到社會政治，則是以合群明分，仁義、禮樂和王道為核心的理想盛世。」詳見王中江：《儒家的精神之道和社會角色》，北京：中華書局，2015年，第82頁。

〔註14〕對儒家理想聖人的追求，第三章曾有專門論述，因此這裡從略。

〔註15〕如荀子認為，「君子知夫不全不粹之不足以為美也，故誦數以貫之，思索以通之，為其人以處之，除其害者以持養之。使目非是無欲見也，使口非是無欲言也，使心非是無欲慮也。及至其致好之也，目好之五色，耳好之五聲，口好之五味，心利之有天下。是故權利不能傾也，群眾不能移也，天下不能蕩也。生乎由是，死乎由是，夫是之謂德操。德操然後能定，能定然後能應。能定能應，夫是之謂成人。天見其明，地見其光，君子貴其全也。」（《荀子·勸學》）

〔註16〕如荀子認為，「君子能亦好，不能亦好；小人能亦醜，不能亦醜。君子能則寬容易直以開道人，不能則恭敬繀絀以畏事人；小人能則倨傲僻違以驕溢人，不能則妒嫉怨誹以傾覆人。故曰：君子能則人榮學焉，不能則人樂告之；小人能則人賤學焉，不能則人羞告之。是君子小人之分也。」（《荀子·不苟》）君子與小人恰恰形成鮮明的對比。

「甚矣吾衰也！久矣吾不復夢見周公。」(《論語‧仲尼》)這是毋庸置疑的。也就是說孔子的理想是回復到以宗法制為核心的周代政治中來。同樣，荀子也經常提到「法先王」和「法後王」的問題。荀子眼中的先王和後王是否也同孔子一樣，指的是周代先王，抑或是其他呢？

荀子曾說過，「王者之制：道不過三代，法不二後王；道過三代謂之蕩，法二後王謂之不雅。衣服有制，宮室有度，人徒有數，喪祭械用皆有等宜。聲、則非雅聲者舉廢，色、則凡非舊文者舉息，械用，則凡非舊器者舉毀，夫是之謂復古，是王者之制也。」(《荀子‧王制》)這裡的後王所指荀子沒有明說，但是在另一段中，荀子卻提到了後王的具體內容，「彼後王者，天下之君也；舍後王而道上古，譬之是猶捨己之君，而事人之君也。故曰：欲觀千歲，則數今日；欲知億萬，則審一二；欲知上世，則審周道；欲審周道，則審其人所貴君子。」(《荀子‧非相》)荀子在這裡明確認為後王指的就是「周道」，也就是周代的文武之道，那後王很明確則應該是周代的文王武王了。為什麼荀子要法後王，而不法先王呢？這是因為先王之道歷史久遠，制度文化方面詳細的內容已無法知道。而後王之道因為距離較近，文化制度都比較詳細周備，因而比較容易效法。而先王之道與後王之道一樣，其具體所指也應該是周代文武之道。〔註17〕

從上面的分析可以看出，荀子同孔子一樣，也認為應該效法周代的禮樂文明。而不是效法春秋戰國時期的諸侯霸主。因為孔子同荀子都認為，周代的禮樂文化是所謂的王道，而春秋五霸是所謂的霸道。在儒家眼中，不管是孔子還是荀子自始至終都認為王道要優於霸道。實行霸道的即使如強大的秦國，荀子也認為其不是最理想的政治，究其原因則是因為沒有實行王道所致。

（四）對儒家經典著作的傳述

荀子對儒家思想的繼承還表現在其對儒家經典的學習和傳述上面。〔註18〕

〔註17〕這裡筆者贊同馮友蘭的觀點，認為先王之道和後王之道所指都是周道，也就是周文武之道。詳見馮友蘭：《中國哲學史新編》，北京：人民出版社，1998年，第685頁。但也有學者提出質疑，認為先王之道和後王之道所指內容並不相同。後王之道所指周道沒錯，而先王之道其具體內容應是堯舜禹湯等。詳見王中江：《儒家的精神之道和社會角色》，北京：中華書局，2015年，第92頁。

〔註18〕如清代的汪中曾說「蓋自七十子之徒既歿，漢諸儒未興，中更戰國暴秦之亂，六藝之傳賴以不絕者，荀卿也。」認為荀子對儒家經典的傳承貢獻尤大。

最明顯的例子就是如我們讀《荀子》一書，裏面經常有荀子引用儒家經典如《詩》《書》等，以此來增強自己的觀點和說服力。荀子大力提倡讀經和學禮，認為學業的開始就在於「其數則始乎誦經，終乎讀禮」（《荀子・勸學》）通過讀經和學禮以成為儒家理想中的人格君子和聖人。「其義則始乎為士，終乎為聖人。」（《荀子・勸學》）並認為應將讀經和學禮貫穿人生的始終，決不可捨棄。「故學數有終，若其義則不可須臾舍也。為之人也，舍之禽獸也。」（《荀子・勸學》）荀子之所以大力提倡讀經的原因就在於他認為五經承載著先王之道和聖人之道。〔註 19〕「聖人也者，道之管也：天下之道管是矣，百王之道一是矣。故詩書禮樂之道歸是矣。」（《荀子・儒效》）「短綆不可以汲深井之泉，知不幾者不可與及聖人之言。夫詩書禮樂之分，固非庸人之所知也。」（《荀子・榮辱》）在現實之中，孔子也是以五經作為教材來教授生徒。在研讀儒家經典的同時，體會和最終踐行儒家的聖人之道和先王之道。

同時，荀子對漢代初年六經的傳授貢獻極大，漢代許多經學大師都出自荀子門下。「就群經的流傳來說，荀子是孔門的最大功臣。漢代六經家法，大半係荀子所傳。漢世儒家，不僅浮丘伯、申公、張蒼一輩博士經生，大都出於荀子之傳，就是諸子中出類拔萃之輩，自陸賈、賈誼以下，如揚雄、王符、荀悅之倫，也莫非荀子之傳。」〔註 20〕這之中許多人都曾親身受教於荀子，是他的門人及再傳弟子。可以說，如果沒有荀子對儒家經典的傳述，就不會有漢代儒學的繁榮和昌盛。儒家經典在漢代列為學官，荀子功不可沒。

二、荀子對儒家不同派別以及其他學派的批判

戰國時期儒家思想的代表人物是孟子。孟子自稱是孔子孫子子思的再傳弟子，孟子思想的最大特點便是他的「仁政」學說。〔註 21〕孟子認為君

〔註 19〕有的學者認為，「由於荀子所說的聖人和先王就是儒家的聖人和先王，所言的聖人之道就是儒家之道，其經典就是儒家之經典，因而他所說的在道、聖人和先王之中達到的學術和知識的統一，也就是在儒家經典之中達到的統一。」詳見王中江：《儒家的精神之道和社會角色》，北京：中華書局，2015 年，第 69 頁。

〔註 20〕廖名春：《荀子新探》，北京：中國人民大學出版社，2014 年，第 254～255 頁。

〔註 21〕孟子曾說「人皆有不忍人之心。先王有不忍人之心，斯有不忍人之政矣。以不忍人之心，行不忍人之政，治天下可運之掌上。」（《孟子・公孫丑上》）其中的「以不忍人之心，行不忍人之政」就是仁政。

主要實行仁政的話就要以民為本,「民為貴,社稷次之,君為輕。」(《孟子・盡心下》)孟子在此敏銳的看到國家興亡和百姓二者之間的關係,百姓擁護的話則會國家興旺。百姓反對失去民心的話則會導致國家滅亡。那麼統治者具體怎樣做才能獲得民心的支持呢?孟子認為具體就是要行仁政。孟子仁政思想的主要內容就是施行仁政,不奪農時。減輕刑罰,輕徭薄賦。可以說,孟子的仁政思想體現了中國古代「民為邦本,本固邦寧」的民本思想,重視小農經濟的發展。所謂的仁政也就是儒家所稱道的王道思想和王道政治的藍圖。但是在戰國時期各諸侯國以爭霸兼併為其根本目的,孟子所宣揚的仁政思想和王道政治對於他們來說無疑顯得迂闊不堪,無法在政治上得以實行。各諸侯國不約而同均選擇了法家以富國強兵為主要內容的霸道作為其治國的根本思想。

這裡要說明的是,孔子死後「儒分為八」,不同的弟子從不同的角度發展了孔子的思想,正所謂「自孔子之死也,有子張之儒,有子思之儒,有顏氏之儒,有孟氏之儒,有漆雕氏之儒,有仲良氏之儒,有孫氏之儒,有樂正氏之儒。」(《韓非子・顯學》)荀子以孔子繼承人自居,批判了包括孟子在內的儒家不同的派別,最典型的就是批判孟子和子思。〔註22〕(《荀子・非十二子》)不僅是針對孟子和子思,荀子對儒家其他弟子如子張、子夏和子游等人也進行了批判。「弟陀其冠,神襌其辭,禹行而舜趨:是子張氏之賤儒也。正其衣冠,齊其顏色,嗛然而終日不言、是子夏氏之賤儒也。偷儒憚事,無廉恥而耆飲食,必曰君子固不用力:是子游氏之賤儒也。」(《荀子・非十二子》)在對儒者的分類之中最能體現荀子對儒家其他派別的不滿,「故有俗人者,有俗儒者,有雅儒者,有大儒者。不學問,無正義,以富利為隆,是俗人者也。逢衣淺帶,解果其冠,略法先王而足亂世術,繆學雜舉,不知法後王而一制度,不知隆禮義而殺詩書;其衣冠行偽已同於世俗矣,然而不知惡;其言議談說已無異於墨子矣,然而明不能別;呼先王以欺愚者而求衣

〔註22〕　其具體批評內容為「略法先王而不知其統,猶然而材劇志大,聞見雜博。案往舊造說,謂之五行,甚僻違而無類,幽隱而無說,閉約而無解。案飾其辭,而只敬之,曰:此真先君子之言也。子思唱之,孟軻和之。世俗之溝猶瞀儒、嚾嚾然不知其所非也,遂受而傳之,以為仲尼子弓為茲厚於後世:是則子思孟軻之罪也。」這裡要說明的是荀子批評孟子子思的「五行」思想。以往認為「五行」指的是金木水火土或者仁義禮智信。這裡同意龐樸的觀點,「五行」指的是仁義禮智聖。詳見龐樸:《馬王堆帛書解開了思孟五行說之謎》,《文物》1977年第10期,第63～69頁。

食焉；得委積足以揜其口，則揚揚如也；隨其長子，事其便辟，舉其上客，
億然若終身之虜而不敢有他志：是俗儒者也。法後王，一制度，隆禮義而殺
詩書；其言行已有大法矣，然而明不能齊法教之所不及，聞見之所未至，則
知不能類也；知之曰知之，不知曰不知，內不自以誣，外不自以欺，以是尊
賢畏法而不敢怠傲：是雅儒者也。法先王，統禮義，一制度；以淺持博，以
古持今，以一持萬；苟仁義之類也，雖在鳥獸之中，若別白黑；倚物怪變，
所未嘗聞也，所未嘗見也，卒然起一方，則舉統類而應之，無所儗作；張法
而度之，則晻然若合符節：是大儒者也。」（《荀子・儒效》）可以說在荀子
眼中，子張、子夏和子游等人都是俗人和俗儒的代表，連雅儒都算不上。只
有仲尼和子弓才能真正稱得上雅儒和大儒。在批判儒家不同派別的過程中，
荀子在仁學、理想人格、先王之道以及經典著作方面都規範和肯定了儒家思
想的基本內涵和架構，這都為秦漢之後儒家成為中國傳統社會的主流價值思
想奠定了基礎。

　　除了儒家內部的不同派別，荀子還對其他學派進行了批判。荀子認為每
一個學派都是「蔽於一曲而暗於大理」（《荀子・解蔽》）在《非十二子》《解
蔽》《天論》諸篇中，對先秦時期的各派別的代表人物都進行了批判。認為他
們都是各執於一偏，「萬物為道一偏，一物為萬物一偏。愚者為一物一偏，而
自以為知道，無知也」（《荀子・解蔽》）然後分別評價各派的得失，「慎子有見
於後，無見於先。老子有見於詘，無見於信。墨子有見於齊，無見於畸。宋子
有見於少，無見於多。有後而無先，則群眾無門。有詘而無信，則貴賤不分。
有齊而無畸，則政令不施，有少而無多，則群眾不化。」（《荀子・天論》）「宋
子蔽於欲而不知得。慎子蔽於法而不知賢。申子蔽於埶而不知知。惠子蔽於
辭而不知實。莊子蔽於天而不知人。用謂之道，盡利矣。由欲謂之道，盡嗛
矣。由法謂之道，盡數矣。由埶謂之道，盡便矣。由辭謂之道，盡論矣。由天
謂之道，盡因矣。」（《荀子・解蔽》）荀子認為各家學說都具有其侷限性所在，
都不是最為完美無缺的，而自身卻不明其意。「此數具者，皆道之一隅也。夫
道者體常而盡變，一隅不足以舉之。曲知之人，觀於道之一隅，而未之能識
也。故以為足而飾之，內以自亂，外以惑人，上以蔽下，下以蔽上，此蔽塞之
禍也。」（《荀子・解蔽》）正因為各學派思想都存在不足，但是其思想之中又
具有可以利用的思想資源。因此荀子才會以儒家思想為核心，吸收借鑒其他
學派的思想，以彌補和改善儒家思想自身所存在的不足之處。

三、先秦儒家思想存在的不足之處

　　荀子吸收借鑒黃老之學來彌補儒家思想自身存在的不足之處。那麼我們想問的是，當時的儒家自身所存在的不足之處是什麼？這從司馬談《論六家要旨》當中對不同學派思想的高度概括可見一斑。

　　司馬談在《論六家要旨》中客觀的評價了當時的不同學派的思想。既指出其思想不足之處，同時認為各家思想也有可取之處。其中評價儒家思想之時，認為儒家思想的不足之處是「儒者博而寡要，勞而少功，是以其事難盡從」以及「儒者則不然。以為人主天下之儀表也，主倡而臣和，主先而臣隨。如此則主勞而臣逸」這裡司馬談兩處提到儒家學說的不足之處，先說第一處的不足。認為儒家學說的根本缺陷是「博而寡要，勞而少功」，後面詳細交代了其不足之處的具體含義則是「夫儒者以六藝為法。六藝經傳以千萬數，累世不能通其學，當年不能究其禮」也就是認為儒家言必稱先王，尊師重道。以儒家經典《詩》《書》《禮》《易》《春秋》等作為言行和行事的依據。但其缺陷是完全依照經典作為現實之中的行事和言行的原則和典範，而不能夠有效的進行損益以期與現實更好的相結合。又加上儒者「游文於六經之中，留意於仁義之際，祖述堯舜，憲章文武，宗師仲尼，以重其言」（《漢書‧藝文志》）並且言必稱堯舜，效法文武。以仁義作為最高的行為準則。但是身處戰國社會動盪，兼併戰爭劇烈的時代。各國無不以富國強兵稱霸諸侯作為最高目的。而儒家倡導行仁政，以德服人。因此儒家的這些主張難免給人以迂腐疏闊之感。孔孟荀三位儒家大師都曾周遊列國，宣傳自己的學說。但是最後都無一例外遭到冷落，全都以著書立說來體現自身的價值。這再一次印證了儒家思想自身所存在的不足和缺陷。「儒者則不然。以為人主天下之儀表也，主倡而臣和，主先而臣隨。如此則主勞而臣逸」說的則是儒家認為君主需要具有很高的道德境界，或者說較高的道德標準是君主為政所必不可少的。以此道德標準自律，同時要求此道德擴展開來影響臣下。正所謂「其身正，不令而行。其身不正，雖令不從。」（《論語‧子路》）但是完全依照嚴格的道德標準來判斷言談和行為舉止的得失，一方面缺少適時的靈活性和變動性。另一方面單純的道德境界的提升與政治才能二者之間並不具有必然的聯繫。通過分析我們可以得知，司馬談對儒家思想的評析可謂是相當準確，指出了其思想之中的不足。但正是不足之處的存在，為荀子借鑒吸收其他學派的觀點提供了可能性。但儒家思想也並不是一無是處，其「然其序君臣父子之禮，列夫婦長

幼之別，不可易也」卻是其長處所在，也是後世學者所看重儒學的地方。因此才會有後來的董仲舒以儒學為基礎，進而吸收法家以及陰陽家諸思想改造儒學，以期更好的為社會的長治久安服務的舉措。

第二章　荀子天人觀與黃老之學

第一節　荀子之前的天人觀

一、商周時期的天人觀

　　古人經常思考天人二者之間的關係。面對四季的交替，雲雨雷電的忽然而至，古人不會不思考蒼茫藍天所具有的神秘的不為人改變的力量。以及在浩瀚的藍天之下人本身所具有的作用和能力。根據歷史發展的階段來看，古人對天的認識也經歷了一個漫長的不斷加深認識的發展過程。商人並沒有對天的信仰，從安陽殷墟出土的卜辭，我們可以看到大量對帝或者上帝的記載。商人不管是戰爭、祭祀、娶妻等日常生活之中的任何事情，都要不無鉅細的請示上帝。帝令雨弗其正年（《甲骨文合集》10139），帝其及今十三月令雷（《甲骨文合集》14127），帝其做王禍（《甲骨文合集》14182）等等。在商人的心目之中，上帝顯然具有人格神的形象。他可以對現實中的任何事情施加影響，或許商人認為自己的祖先具有與帝或者上帝相似的能力。因此商人能做的就是通過豐厚的祭祀來使帝保護自己，使自己及所屬的氏族長盛不衰。

　　但是商人的設想並不成功，牧野一戰武王滅商。周人由一個撮爾小邦發展到一舉滅亡了大邑商，周人雖取得戰爭的勝利，但是在心理上並不能消除周人的擔憂與畏懼。周人從滅商的經驗教訓中得出帝或者上帝並不是一直眷戀自己，並不能通過豐厚的祭祀保證帝或者上帝對自己的眷戀。發出了「天命靡常」（《尚書·》）的感慨。那麼怎樣才能使自己的政權不會落入其他人

的手中呢？因此周人發展了商人帝或者上帝的思想，創造了類似於帝或者上帝的「天」。在現在看來可靠的周初文獻《尚書》之中，有大量關於天的記載。「皇天上帝改厥元子茲大國殷之命」（《尚書‧召誥》）同時，政權的得失意味著天命是會轉移的，如果不想天命轉移的話，就只能依靠自身的力量。也就是統治者本身是否有「德」。「罔不明德恤祀」（《尚書‧多士》）政權的得失與轉移不是固定的，只有有德的君主天命才會眷戀他。周人由此提出了以德配天的思想。德的加強一方面是要增強君主自身的道德要求，防止過度的奢靡。另一方面則是要關注普通民眾的生活疾苦。「民之所欲，天必從之」（《尚書‧泰誓》），「天視自我民視，天聽自我民聽」（《尚書‧泰誓》）只有更加關注百姓的生活，才能夠保證天命的永恆與固定，而不會轉移到其他的國君以及統治集團身上。從以上的分析可以看出，西周初年對天的理解，更多的是把天作為一個有意志，能夠主宰政權得失的至上神來看待。這種天無疑可以認為是有意志的，能夠主宰人間得失的。因此可以稱為主宰之天或意志之天。

西周末年禮崩樂壞，由於統治集團的墮落，普通百姓的生活越加艱難。以往人們認為只要個人加強道德的修養，上天就會將福祐降臨到自己身上。統治集團只要關注普通民眾的生活，天命就不會轉移。但是現實之中卻與此相反，有德與否並不能得到上天的垂青，反而得到了不幸。對天的信仰與崇拜之情逐漸降低，甚至出現了罵天，詛咒上天的現象，這在《詩經》之中非常多見。如「天生烝民，其命匪諶」（《詩經‧蕩》）「旻天疾威，天篤降喪」（《詩經‧召旻》）認為人的德行本身與天之間並沒有必然的聯繫，傳統的主宰之天（意志之天）逐漸被自然之天所取代。對於人而言，人自身的禍福得失取決於一種不為自身所決定和把握的力量，不是由人本身所能主導的。湖北荊門郭店出土的戰國楚簡《窮達以時》之中也有對天的記載，「遇不遇，天也」的話，這裡認為個人的窮達與否，並不取決於個人的主觀願望，而是取決於天的安排，這裡的天也可以理解為天命的意思。這種對天的理解，將上天看作是不為人的意志所能左右的力量，顯然是一種命運之天。因此，西周初年從傳統的主宰之天中，分化出了所謂的自然之天和命運之天。

春秋戰國時期對「天」的記載主要反應在《左傳》與《國語》之中。天在許多地方保留的商周主宰之天的含義，能夠賞善罰惡，具有人格色彩。但也出現了許多將天本身的主宰色彩降低，重視人為的思想。如鄭國執政大夫子

產說過，「天道遠，人道邇，非所及也」的話（《左傳・昭公十八年》）。認為人應該關注於人道，並不要過多的關注天道。同時，還認為國家的興衰在於統治者自身的行為，與天命本身沒有太多的聯繫，要更多的關心普通百姓的生活疾苦。這些思想都影響了儒家創始人孔子的天人思想。

二、孔孟的天人觀

儒家創始人孔子的天人觀深受西周傳統天命觀的影響，同時自然之天以及命運之天對他也有很大的影響。「在孔丘所處的時代，對於天已有三種不同的理解：其一，將天理解為人格化至上神，這是由西周初期延續下來的傳統觀念；其二，將天理解為人力無可奈何的命運；其三，將天理解為與地相對的自然之體。孔子對於這三種天，都沒有決然肯定和否定，而是採取了一種較為折衷的態度。」〔註1〕孔子對意志之天的態度是敬畏的，毫不懷疑其存在和對人世間的影響。孔子曾經言及「君子有三畏，畏天命，畏大人，畏聖人之言。」（《論語・季氏》），認為君子最為畏懼的便是天命。孔子認為天具有賞善罰惡的能力，「文不在茲乎？天之將喪斯文也，後死者不得與於斯文也；天之未喪斯文也，匡人其如予何？」（《論語・子罕》），「天生德於予，桓魋其如予何」（《論語・述而》）。這些都是繼承了西周時期將天看成具有意志，能賞善罰惡的至上神的思想。

除此之外，自然之天的思想也影響了孔子本人。孔子曾經讚美上天，「天何言哉！四時行焉，百物生焉。天何言哉」（《論語・洋貨》）自然界萬物的生長變化都是自己如此，上天並不施加任何外來的影響。「子曰：大哉，堯之為君也！巍巍乎！唯天為大，唯堯則之。蕩蕩乎！民無能名焉。巍巍乎！其有成功也；煥乎，其有文章！」（《論語・泰博》），讚美堯的美德如上天一樣廣大。當然，面對人世間的種種不幸，以及孔子本人在魯國不為重用，顛沛流離周遊列國宣傳自己的學說。孔子也曾感歎：「道之將行也與？命也。道之將廢也與？命也。公伯僚其如命何！」（《論語・憲問》），「死生有命，富貴在天」（《論語・顏淵》）。面對許多自身無法改變的事實，孔子的可貴之處便是並沒有被命運所征服，並沒有流向宿命論，而是認識到了人本身的價值和力量所在。認為人世間雖然許多事情人類自身無法改變，但是人不能就此沉淪。人應該充分發揮自己的能動力量，實現個人道德上的成就，「不怨

〔註1〕向世陵，馮禹：《儒家的天論》，濟南：齊魯書社，1991年，第31頁。

天，不由人，下學而上達，知我者其天乎？」(《論語・憲問》)，「人能弘道，非道弘人」(《論語・衛靈公》)君子應該親身實踐仁，成就道德上的完善。《荀子》之中有一段話很好的說明了孔子面對命運之天時的態度，「孔子南適楚，厄於陳蔡之間，七日不火食，藜羹不糝，弟子皆有饑色。子路進而問之曰：由聞之：為善者天報之以福，為不善者天報之以禍，今夫子累德積義懷美，行之日久矣，奚居之隱也？孔子曰：由不識，吾語女。女以知者為必用邪？王子比干不見剖心乎！女以忠者為必用邪？關龍逢不見刑乎！女以諫者為必用邪？吳子胥不磔姑蘇東門外乎！夫遇不遇者，時也；賢不肖者，材也；君子博學深謀，不遇時者多矣！由是觀之，不遇世者眾矣，何獨丘也哉！且夫芷蘭生於深林，非以無人而不芳。君子之學，非為通也，為窮而不困，憂而意不衰也，知禍福終始而心不惑也。夫賢不肖者，材也；為不為者，人也；遇不遇者，時也；死生者，命也。今有其人，不遇其時，雖賢，其能行乎？苟遇其時，何難之有！故君子博學深謀，修身端行，以俟其時。」生不逢時的現狀，命運不濟的降臨，即使是聖賢君子也不能改變。但是，君子不應該怨天尤人。君子所要做的是端正修身，通過踐行仁義來實現人生的理想，達至君子的理想人格，等待時運的來臨。從以上的分析可以看出，孔子在面對命運之天的時候，肯定了人自身的價值，重視人的作用，奠定了後世儒家重人思想的基礎。

戰國時期儒家的代表孟子，繼承了孔子的天人思想，同時又有所發展。其思想的獨特之處在於將人的道德屬性仁義禮智等歸屬於上天。認為在面對命運之時，人應該充分發揮自身的能力，積極有為而不是消極待命。

孟子曾說過：「莫之為而為者，天也；莫之致而致者，命也」(《孟子・萬章上》)在孟子看來，天是與命相對的，是人的意志無法改變的客觀必然性。要瞭解孟子對天的看法，一定要結合孟子對命的理解。在孟子思想之中，許多地方透露出一種天命不可違背的思想，如：「吾之不遇魯侯，天也。臧氏之子，焉能使子不遇哉！」(《孟子・衛靈公》)「若夫成功，則天也」(《孟子・梁惠王下》)但與此同時，同孔子一樣，孟子又認為雖然天命不可違抗，但是人自身應該發揮主動性，「自暴者不可與有言也，自棄者不可與有為也。言非禮義，謂之自暴也；吾身不能居仁由義，謂之自棄也」(《孟子・離婁上》)積極的去面對現實中的任何事情，實踐人生的理想，成就完善的人格。用孟子的話就是所謂的正命。「莫非命也，順受其正。是故知命者不立乎牆之下。盡其

道而死者，正命也。桎梏死者，非正命也」（《孟子・盡心上》）人只有知道什麼是天，什麼是命。知道哪些是天所賦予的，自身無法改變。哪些又是通過人力可以達到的，這就是所謂的知命。只有知道知命的人，也才能夠認識到正命。「口之於味也，目之於色也，耳之於聲也，鼻之於臭也，四肢之於安佚也，性也。有命焉，君子不謂性也。仁這於父子也，義之於君臣也，禮之於賓主也，智之於賢者也，聖人之於天道也，命也。有性焉，君子不謂命也」（《孟子・盡心下》）正是因為對正命的瞭解，所以孟子才對普通人以及在上的統治者提出「故王之不王，不為也，非不能也」（《孟子・梁惠王上》）「苟為善，後世子孫必有王者矣。君子創業垂統，為可繼也。若夫成功，則天也。」（《孟子・梁惠王下》）

當然，孟子天人思想之中，最為引人注目的當屬他的盡心、知性進而知天的思想。孟子認為人具有天爵和人爵，「有天爵者，有人爵者。仁、義、忠、信，樂善不倦，此天爵也。公卿大夫，此人爵也。古之人修其天爵，而人爵從之。今之人修其天爵以要人爵，既得人爵而棄其天爵；則惑之甚者也，終亦必亡而已矣」（《孟子・告子上》），天爵是仁、義、忠、信這些道德品格。公卿大夫等世俗職位是人爵。孟子認為仁、義、忠、信這些道德品格是人與生俱來的，是上天所賦予的。是不為而能的，是不為而至的。那麼孟子具體又是怎樣論證這些天賦的道德情感的呢？孟子說道「今人作見孺子將入於井，皆有怵惕惻隱之心；非所以內交於孺子之父母也，非所以要譽於鄉黨朋友也，非惡其聲而然也。」（《孟子・公孫丑上》）小孩子將掉入井中，任何人都會不由自主的施救，這是人的一種天賦本能所驅使。由此孟子認為惻隱、羞惡、辭讓、是非之心是人先天具有的。這四端之心是仁義禮智的萌芽。因此，仁義禮智的四端是先天存在於人的本性之中，是不需要外求的。之所以有的人表現為好惡多詐，是因為人內心之中的天爵或良知良能喪失了的緣故，人們要做的就是將喪失的本心找回來，即「求其放心而已」（《孟子・告子上》）從這裡也可以看出，孟子之所以提出性善的主張，是因為他認為人心是善的緣故，即所謂的即心言性。同時孟子還認為，如果一個人能夠充分認識人的本心，即仁義禮智的天爵，那麼就可以瞭解人的本性，進而可以明白什麼是天的本質。所以孟子提出了他著名的盡心、知性、知天的論斷。為什麼知性就可以知天呢？因為性即仁義禮智的道德情感是上天賦予的，是天爵。性是天賦予的，來源於天，所以認識了性就可以認識天了。從這裡可以看出，孟子

的天是道德情感的最終來源，因此此種天不同於命運之天或主宰之天，而是道德之天，也可以被稱為義理之天。天道和人道是完全相同的，「誠者，天之道；思誠者，人之道也」(《孟子‧離婁上》)

第二節　荀子對天的理解

一、自然主義天道觀

荀子是先秦時期繼孟子之後的又一位儒家代表人物，同孟子一樣，荀子的天人觀也提出了自己獨特的看法。通過考察，我們可以發現，荀子的天人觀繼承了孔子與孟子對天人關係的許多看法和觀點，但不可否認的是，荀子的天人觀也深受戰國時期黃老之學的影響，這是之前的學者不曾注意和關注不夠的一個地方。

荀子首先把天界定為「列星隨旋，日月遞照，四時代御，陰陽大化，風雨博施，萬物各得其和以生，各得其養以成，不見其事，而見其功，夫是之謂神。皆知其所以成，莫知其無形，夫是之謂天。」(《荀子‧天論》)天在荀子眼中並不是商周時期的有意志的主宰者，也不是能夠決定人類命運的最終歸宿，更不是人的道德屬性的最終來源。天的實質就是自然之中運行的星辰、日月的生落、四時的交替，也就是自然界自身的運行與發展，這就是荀子眼中的天。對於這種客觀運行的天，荀子沒有給予任何神秘的解釋。在這裡荀子但雖然提到了「神」字，但是卻沒有任何神秘和不為人知的內涵和意思。「神」在這裡的意思只是對客觀的自然發展規律的界定，因為其不為人所認識和改變，所以用了「神」這個字。這對於之前將天看做有意志的主宰之天和不能為人所改變的命運之天來說，的確是極大的發展。

在儒家傳統之中，天大部分時候都是主宰之天和命運之天。孟子創造性的將天和人結合起來，認為人的道德屬性最終來源於上天，天是道德的最終源泉，天被稱為義理之天或道德之天。孔子雖然有「唯天為大，唯堯則之」(《論語‧泰伯》)「天何言哉！四時行焉，百物生焉。天何言哉！」(《論語‧陽貨》)，類似於是自然之天的看法，但荀子的這種對天的徹底的自然主義看法，以及強調「天職」和「天功」的態度，顯然是對戰國黃老之學自然主義天道觀的繼承和發展。道家創始人老子有「天地不仁」的說法，天地完全任自然，無所謂仁不仁，親不親。老子還認為「人法地，地法天，天法道，道法自

然」(《老子·二十五章》)道的基本屬性就是自然，〔註2〕道又是萬物的本原。「天法道」的意思也就應該理解為天效法具有自然而然屬性的道。道的基本屬性是自然，效法它的天其基本屬性也是自然而然的就很容易理解了。

　　戰國黃老之學繼承了老子「道」的思想。如認為「恒無之初，迥同大虛。虛同為一，恒一而止。濕濕夢夢，未有明悔。神微周盈，精靜不熙。故未有以，萬物莫以。故無有形，大迥無名。天弗能覆，地弗能載。小以成小，大以成大，盈四海之內，又包其外。在陰腐，在陽不焦。一度不變，能適蚑蟯。鳥得而飛，魚得而游，獸得而走；萬物得之以生，百事得之以成。人皆以之，莫知其名。人皆用之，莫見其形。」(《黃帝四經·道原》)這裡認為道是不可見，不可聞的。世間萬物都是它所產生的，這繼承了老子的思想。但是需要我們注意的是，黃老之學還對老子的「道」的思想進行了發展。老子認為道是世間萬物的本原，世間萬物都由道所產生的。「道生一，一生二，二生三，三生萬物」(《老子·四十二章》)與地相對應的天處於道之下，道包含天地萬物。但是黃老之學則認為同道相比，天的地位高於道，道在天地之間。「道在天地之間也，其大無外，其小無內」(《管子·心術上》)，「技兼於事，事兼於義，義兼於德，德兼於道，道兼於天」(《莊子·天地》)在老子之中的生天地萬物之道現在變為了兼於天之道，「先明天而道德次之」(《莊子·天道》)，天地比道德的地位更加重要。這些都說明，黃老之學發展了老子關於「道」的思想，在老子那裡是世界本原，生天生地的「道」，在黃老之學思想之中讓位於天地，由之前的天地在道之間轉變為道在天地之間。〔註3〕荀子曾經說過，「天地者，生之本也」(《荀子·禮論》)，同時還認為「天地生君子」(《荀子·禮論》)，都是認為世間萬物包括人在內是天地所生，這與黃老提高天的地位的思想有直接的聯繫。

〔註2〕劉笑敢認為，「法自然也就是效法自然而然的原則，隨順外物的發展變化，不加干涉」的意思。詳見劉笑敢：《老子古今——五種對刊與析評引論》，北京：中國社會科學出版社，2006 年，第 318 頁。需要說明的是，這裡認為自然是道的屬性。除此之外，有的學者認為「道法自然」之中的「自然」，並不是道的屬性和活動方式，而是萬物和百姓的屬性和活動方式，詳見王中江：《道與事物的自然：老子「道法自然」實義考論》，《哲學研究》2010 年第 8 期，第37～47 頁。

〔註3〕劉笑敢認為「道不再是獨立於天地之外的絕對，而是貫通於天地萬物的一般規律。所以，在同時談到道和天之時，天常常被放在道之上。」詳見劉笑敢：《莊子哲學及其演變》，北京：中國人民大學出版社，2010 年，第 276 頁。

只有肯定了天的重要性，改變道與天二者之間的關係，才能將天看成是自然之天，看成是不帶任何至上神色彩且具有意志的主宰。在此基礎上，黃老之學明確提出「無為為之之謂天」（《莊子‧天地》），「夫恬淡寂寞虛無無為，此天地之本而道德之質也」（《莊子‧刻意》）將天看成是不帶任何意志的大自然，肯定了天的物質屬性。同時，因為天本身所具有的自然性，因此天生成萬物都是不可抗拒的，是自然而然的，荀子的「不為而成，不求而得，夫是之謂天職」（《荀子‧天論》）以及對「天功」的論述，其實說的都是大自然化生萬物所具有的自然性和不可抗拒性。黃老的這些思想不可能不影響到荀子本人，荀子對黃老之學自然之天思想的借鑒和吸收，完全是可能的。

二、氣本原論思想

解釋了天的本質含義之後，很自然的就會想到這種自然之天以及宇宙的世間萬物是由什麼所組成，即世間萬物本原的問題。以及世間萬物又是具體怎樣生成的問題。在這兩個問題上，荀子提出了世間萬物由氣所構成的氣本原論思想以及事物內部的陰陽二氣互相運動產生萬物的思想，這也受到了黃老之學思想的影響。

荀子提出「水火有氣而無生，草木有生而無知，禽獸有知而無義，人有氣、有生、有知，亦且有義，故最為天下貴也。」（《荀子‧王制》）在這裡荀子對世間萬物進行了不同的劃分，劃分為水火、草木、禽獸以及人。也就是無機物、植物、動物和人類的區分。認為水火是由氣所構成，但沒有生命。草木有生命但沒有知覺。禽獸有生命有知覺但沒有道德意識。人有生命有知覺有道德意識。最為重要的是，不管是任何物質包括人類在內，都是由最基本的物質元素氣所構成的。除此之外，《荀子》一書當中還有對血氣的論述，認為人身之中潛藏著血氣。「凡生天地之間者，有血氣之屬必有知，有知之屬莫不愛其類……故有血氣之屬莫知於人」（《荀子‧禮論》），﹝註4﹞從以上的分析可以看出，荀子認為包括人在內的世間萬物都是由氣所構成的，氣可以說是萬物的本原。儒家孟子雖然也有對氣的理論建構，提出了對氣的存養即「吾善養浩然之氣」以及存夜氣的說法。但是先秦時期對氣這一哲學概念論述最

﹝註4﹞小野澤精一認為，《荀子》中的氣，大致可分為「血氣」的人身之氣和「陰陽」的自然界之氣兩類。詳見小野澤精一：《氣的思想——中國自然觀與人的觀念的發展》，上海：上海人民出版社，2014年，第74～79頁。

為詳細的無疑是黃老之學。

老子有「沖氣以為和」（《老子・四十二章》）的思想，黃老之學更是對氣有大量的論述，「凡物之精，此則為生。下生五穀，上為列星。流於天地之間，謂之鬼神，藏於胸中，謂之聖人」（《管子・內業》）事間萬物包括天上的星辰和地上的五穀，都是由精氣所構成，精氣流散於天地之間，藏儲於人的胸中。那麼這種神奇的精氣是什麼呢？「精也者，氣之精者也。」（《管子・內業》）「氣者身之充也」（《管子・心術下》）認為人的身體以及萬物都是由精氣所構成，精氣就是氣當中最為精華的部分。同時氣具有無形和可以化生萬物兩個特點，氣無形的特點決定了天地生成萬物是「不見其事，而見其功」（《荀子・天論》），所以稱之為「神」。這些對氣以及精氣的論述，都影響到荀子本人，除此之外，荀子認為世間萬物由氣所構成，「也與他對雲氣的觀感有關」〔註5〕荀子專門寫了一篇關於雲的賦，「有物於此，居則周靜致下，動則縶高以鉅，圓者中規，方者中矩，大參天地，德厚堯禹，精微乎毫毛，而充盈乎大寓。忽兮其極之遠也，攭兮其相逐而反也，卬卬兮天下之咸蹇也。德厚而不捐，五采備而成文，往來惛憊，通於大神，出入甚極，莫知其門。天下失之則滅，得之則存。」（《荀子・賦》）描寫了雲氣的形狀，變化和發展。他對於雲氣的觀察如此的細緻，這對於他提出萬物由氣所構成，恐怕也有啟發和借鑒。

世間萬物的本原是氣，那麼世間萬物具體又是怎樣產生的呢？荀子對此問題也做出了自己的回答。」「天地合而萬物生，陰陽接而變化起，性偽合而天下治」（《荀子・禮論》）荀子認為萬物的產生並不是上帝或者鬼神的作用，而認為是事物內部陰陽二氣互相作用運動的結果。這就進一步肯定了天的自然主義性質，切斷了與鬼神上帝等有神論相聯繫的環節。對於將萬物看成是陰陽二氣相互作用所生成的觀點，老子首先提出了「萬物負陰而抱陽」（《老子・四十二章》）的哲學命題。之後在《黃老帛書》中陰陽又被認為是最為重要的事情，「凡論必以陰陽□大義」（《黃老帛書・稱》）〔註6〕，「陰陽備物，化變乃生」，（《黃老帛書・十大經・果童》）陰陽二氣備於萬物之中，相互作用而使萬物得以產生。《莊子》則有更為明確的論述，「陰陽者，氣之大者也」認

〔註5〕廖名春：《荀子新探》，北京：中國人民大學出版社，2014年，第123頁。

〔註6〕對於文中空缺的字，有的人認為當補為「明」，有的學者認為應補為「之」，這裡從陳鼓應說，補為「之」。詳見陳鼓應：《黃帝四經今注今譯》，北京：商務印書館，2007年，第394頁。

為氣之中具有陰陽二氣，(《莊子·則陽》)同時認為萬物的形成是由其陰陽二氣互相運動的結果，少知曰：「四方之內，六合之裏，萬物之所生惡起？」大公調曰：「陰陽相照相蓋相治，四時相代相生相殺。欲惡去就，於是橋起。雌雄片合，於是庸有。安危相易，禍福相生，緩急相摩，聚散以成」(《莊子·則陽》)萬物由陰陽二氣互相作用而產生，這是氣本身所具有的特點決定的。同時還將萬事萬物都納入陰陽範疇，任何事物都可分為陰陽兩類，「凡論必以陰陽大義。天陽地陰，春陽秋陰，夏陽冬陰，晝陽夜陰。大國陽小國陰，重國陽輕國陰。有事陽而無事陰，伸者陽而屈者陰。主陽臣陰，上陽下陰，男陽女陰，父陽子陰，兄陽弟陰，長陽少陰，貴陽賤陰，達陽窮陰。娶婦生子婦，有喪陰。制人者陽，制於人者陰。客陽主人陰。師陽役陰。言陽默陰。予陽受陰。諸陽者法天，天貴正；過正曰詭，極則常際乃反。諸陰者法地，地德安徐正靜，柔節先定，善予不爭。此地之度而雌之節也。」(《黃老帛書·稱》)無論自然界的天地、四時、寒暑，還是社會中的君臣、夫妻、父子關係，都可納入陰陽的範疇。凡屬陽的都要效法天，屬陰的都要效法地。從這也可以看出黃老之學對陰陽概念的重視程度。

綜上，黃老之學認為萬物的最終本原是氣，氣具有無形和化生萬物的特點，世間萬物就是陰陽二氣互相作用的結果，並將陰陽的範疇擴展到宇宙和人間社會各方面。從此也可以看出，荀子對氣的論述之中黃老的痕跡所在。

三、「天地有恆常」與「天行有常」

荀子不僅認為天是自然而然的存在，同時還認為天具有一定的運行規律，即具有客觀規律性。「天行有常，不為堯存，不為桀亡」(《荀子·天論》)，天有自己的客觀運行發展規律，不會因為堯的賢能而存在，也不會因為桀的殘暴而消亡。天的運行不會因為任何人而改變，任何人不能把主觀意志強加於天之上，這便是荀子的天道觀。先秦時期的天道觀，經歷了漫長的發展。「道」最初的意思是路的意思，在金文中已經出現。《說文解字》之中解釋為：「道，所行道也，一大謂之道。」這是「道」最為基本的意思。除此之外，「道」字還引申出了比較抽象的意思，如《詩經·大雅·生民》當中的「誕后稷之穡，有相之道」，這裡「道」字的意思是種植農作物的方式方法與規律。以此為依據，天地自然，日月星辰的變化發展都有其固有的運行方式，這就是所謂的天之道。人類社會與歷史也有一定的發展規律可遵循，這就是所謂的人之道。

大到國家層面的治理，有所謂的治國之道。小到家庭內部的尊卑長幼，有所謂的治家之道。君主與臣下之間又有需要雙方遵循的基本原則，這就是所謂的君道和臣道。總而言之，任何事物都有自身需要遵循和適應的規律和原則，統稱為某道的形式。

　　天道觀產生和發展的原因應該是在漫長的歷史時期，人們通過對日月天體以及四季時令的觀察，逐漸發現其中隱藏著的某種必然性的周而復始的規律。同時，反觀現實社會歷史的發展，也具有某種相似的規律性變化。天道觀本身具有不同的含義，但是最為基本的含義包括兩個方面：一是認為人應該效法具有某種必然規律的天道來行事，也即是人道效法天道的意思。二是認為天道觀是一種自然主義的天道觀，人世間的興衰得失與天並沒有必然的聯繫。這兩個方面都是天道觀的重要組成部分。正是春秋時期天道觀的產生和發展，才促使老子提出了道的哲學概念來代替傳統意義上的天，同時也深刻影響了荀子對天道觀的理解和認識。老子提出「天之道，其猶張弓歟？高者抑之，下者舉之；有餘者損之，不足者補之。」（《老子·七十七章》）的哲學命題，為荀子「天行有常」的天道觀奠定了形而上的哲學理論基礎。後來的《黃老帛書》之中對此有更為詳細的描述，「天地有恆常」（《黃老帛書·經法·道法》）「天有恆幹，地有恆常」（《黃老帛書·十六經·行守》），「天地固有常矣，日月固有明矣，星辰固有列矣，禽獸固有群矣，樹木固有立矣」（《莊子·天道》）認為天具有某種不以人的意志為轉移的客觀規律性。那這種客觀規律性的具體內容是什麼呢？「天執一以明三，日信出信入，南北有極，度之稽也。月信生信死，進退有長，數之稽也。列星有數，而不失其行，信之稽也。天明三以定二，則壹晦壹明，壹陰壹陽，壹短壹長。天定二以建八正，則四時有度，動靜有立，而外內有處。天建八正以行七法：明以正者，天之道也；適者，天度也；信者，天之期也；極而反者，天之性也；必者，天之命也；順正者，天之稽也；有常者，天之所以為物命也：此之謂七法。」（《黃老帛書·經法·論》）黃老帛書認為天道觀的具體內容便是日月星辰運行過程之中所體現出的對立和週期性法則。〔註7〕這些法則或稱規律性都是客觀的，不依人的主觀意志為轉移。人只能認識和適應它，而不能去改變它。也就是荀子所說的「天不為人之惡寒也輟冬，地不為人之惡遼遠也輟廣」

〔註7〕關於黃老帛書之中天道觀的具體內容，詳見張增田：《黃老治道及其實踐》，廣州：中山大學出版社，2005年，第66～75頁。

（《荀子‧天論》）和「天行有常，不為堯存，不為桀亡」（《荀子‧天論》）
的思想。同時，帛書還進一步認為天地之道還是人類社會所應取法的對象，
認為人道應效法天道，也可以被稱為「推天道以明人事」的思想。如認為「始
於文而卒於武，天地之道也；四時有度，天地之理也；日月星辰有數，天地
之紀也。三時成功，一時刑殺，天地之道也；四時而定，不爽不忒，常有法
式，天地之理也；一立一廢，一生一殺，四時代正，終而復始，人事之理也。」
（《黃老帛書‧經法‧論約》），「極而反，盛而衰，天地之道也，人之理也」
（《黃老帛書‧經法‧四度》）等。對於這種將人事比賦於天道的天人相合的
思想，看似與荀子的「天人之分」思想相矛盾，其實不然。我們在討論「明
於天人之分」思想時詳細論述。

第三節　荀子對人的理解

一、人道效法天道

　　上一節討論了荀子對天的界定、天具有的自然物質性和客觀規律性、萬
物的本原和產生的內在原因等問題。總體上講天人關係應該包括對天和人的
看法以及對天人二者之間關係的討論，這一節討論天人關係之中荀子對人自
身的認識以及天人二者之間的關係問題。荀子對此問題提出了兩個先秦思想
史中光輝的命題，那就是「明於天人之分」和「制天命而用之」。

　　因為天是自然而然的，並且是物質性和具有客觀規律性，「不為而成，
不求而得」（《荀子‧天論》）「皆知其所以成，莫知其無形」（《荀子‧天論》）
正是在此一認識的指導下，荀子提出了他的「明於天人之分」的思想。這裡
需要首先說明的是，許多學者認將「明於天人之分」理解成「天人相分」的
意思。意即天與人二者之間是相互分離的，兩者之間沒有任何的關聯，進而
認為荀子是徹底的唯物主義者。筆者認為，這是對荀子思想的極大誤解。要
弄懂「明於天人之分」的真實含義，首先要弄清「明」和「分」的意思。將
「明於天人之分」理解成「天人相分」的學者認為其中的「分」字應該是動
詞，意思為區分、分別。是不是真是此種意思呢？《荀子》之中還有許多地
方提到「分」字，如「救患除禍，則莫若明分使群」（《荀子‧禮論》）「兼足
天下之道在明分」（《荀子‧富國》）「將以名分達至而保萬世」（《荀子‧君道》）
等。除此之外，在其他先秦文獻中，鄭玄注釋《禮記‧禮運》云「分，猶職

也」。〔註8〕「明於天人之分」的「分」，意思應該如鄭玄所注，是職分、名分的意思，應該屬於名詞。而並不是動詞區分、分別的意思。而「明於天人之分」的「明」字，應該是動詞無疑，其意思應該為明察。在動詞後面不可能再加上一個受其影響的動詞。〔註9〕

　　上文討論了「明於天人之分」的含義，並不是天與人毫不相干，而是說天和人各有其特定的職能和職分的意思，其和天與人相區分的意思可以說是毫不相干。辨明瞭「明於天人之分」的正確含義，我們可以回過頭來，看荀子在他的「明於天人之分」思想的指導下，對天和人各自的職能和職分做出的區分和要求。

　　首先對於天來說，荀子提出了所謂「天職」和「天功」的概念。「天職」和「天功」本質上就是日月星辰和風雨雷電的變化。就是日月星辰的運行、四時的更替、雷電風雨的來臨，也即上天自身產生世間萬物的功能以及世間萬物自身的運行發展規律。在「明於天人之分」的前提下，荀子認為這都是天本身的職能和功能，人沒有必要去瞭解這些事情，否則的話就是與天爭職，是不明「天人之分」的表現。這是荀子對天本身的職能所做出的判斷。

　　其次，在「天人之分」思想的指導下，荀子認為人類社會治亂興衰的原因在於人類社會本身，應從人類社會內部找原因，與天沒有任何的關係。「治亂，天邪？曰：日月星辰瑞歷，是禹桀之所同也，禹以治，桀以亂；治亂非天也。時邪？曰：繁啟蕃長於春夏，畜積收臧於秋冬，是禹桀之所同也，禹以治，桀以亂；治亂非時也。地邪？曰：得地則生，失地則死，是又禹桀之所同也，禹以治，桀以亂；治亂非地也。詩曰：「天作高山，大王荒之。彼作矣，文王康之。」此之謂也。」（《荀子‧天論》）日月星辰的運轉、秋收冬藏、四季更替，堯舜桀紂所處的不同時代都是相同的。堯舜則治，桀紂則亂，根本原因在於社會本身，與天並沒有任何關係。從社會內部來看，荀子將其歸結為「人妖」所導致的禍患，那麼什麼是「人妖」呢？荀子列舉了一大段的事例來說明，「物之已至者，人祅則可畏也：楛耕傷稼，楛耨失歲，政險失民；田薉稼惡，糴貴民饑，道路有死人：夫是之謂人祅。政令不明，舉錯不時，本事

〔註8〕「分」有的時候也被寫為「份」；「分」的職分、名分的意思有時候也引申為「位」之意。如《國語‧楚語下》：「重、黎氏世敘天地，而別其分主者也」韋昭注：「分，位也。」「位」也是一種等級明分的意思。詳見晁福林：《先秦社會思想研究》，北京：商務印書館，2007年，第441頁。

〔註9〕詳見晁福林：《先秦社會思想研究》，北京：商務印書館，2007年，第442頁。

不理，勉力不時，則牛馬相生，六畜作祆：夫是之謂人祆。禮義不修，內外無別，男女淫亂，則父子相疑，上下乖離，寇難並至：夫是之謂人祆。祆是生於亂。三者錯，無安國。其說甚爾，其菑甚慘。勉力不時，則牛馬相生，六畜作祆，可怪也，而亦可畏也。」（《荀子‧天論》）具體說來「人妖」指的就是國家政治腐敗，經濟衰落，人倫敗壞等現實的政治經濟文化問題。荀子認為人類社會的興衰並不能去向上天尋找答案，問題的原因即在於社會本身出了問題。

　　同時荀子還認為自然現象的發生與變化，尤其是一些奇異的自然現象的發生，只是自然界本身的變化而已，與人類社會也沒有任何的關係。「星隊木鳴，國人皆恐。曰：是何也？曰：無何也！是天地之變，陰陽之化，物之罕至者也。怪之，可也；而畏之，非也。夫日月之有蝕，風雨之不時，怪星之黨見，是無世而不常有之。上明而政平，則是雖並世起，無傷也；上闇而政險，則是雖無一至者，無益也。夫星之隊，木之鳴，是天地之變，陰陽之化，物之罕至者也；怪之，可也；而畏之，非也。」（《荀子‧天論》）荀子認為如日食與月食等自然現象的發生，是自然界本身自然運轉的結果。如果政治清明的話，即使經常發生，對社會之亂也無任何影響。如果政治本身混亂的話，即是從沒有發生過，對於社會的治亂也無任何益處。荀子從自然界本身出發，探尋自然現象發生的原因，認為是正常的自然現象而已。認為對此感到奇怪可以理解，但是畏懼的話，則是沒有任何必要的。

　　除此之外，對於現實中的祭祀和占卜活動，荀子也從「明於天人之分」的思想高度進行了評論，「雩而雨，何也？曰：無何也，猶不雩而雨也。日月食而救之，天旱而雩，卜筮然後決大事，非以為得求也，以文之也。故君子以為文，而百姓以為神。以為文則吉，以為神則凶也。」（《荀子‧天論》）認為祭祀和卜筮的行為，對於自然的改變沒有任何作用，和不進行此類活動沒有什麼區別。這只是一種文飾活動而已，如果將其看作是神秘的祭祀占卜活動，則是錯誤至極的事情。在這裡，荀子雖然否定了將「雩而雨」的行為看做神秘的能夠影響上天的活動，但又認為此類活動「以為文則吉」（《荀子‧天論》）肯定了祭祀占卜活動存在的合理性，認為祭祀活動本身能夠表達人們的情感寄託，同時也是統治者安撫民意的一種方式和方法。這裡只是分析了對此類活動所應抱有的態度，並沒有提出將祭祀占卜等活動廢除的思想。這也反映了荀子本人的儒家立場，荀子專門寫有《禮論》，討論禮對社會方方面面的作

用，尤其是喪禮的作用問題，這也反映了荀子對祭祀占卜活動所持有的肯定態度。

對於古代的相術活動，荀子也加以指責和反對。「相人，古之人無有也，學者不道也。古者有姑布子卿，今之世梁有唐舉，相人之形狀顏色，而知其吉凶妖祥，世俗稱之。古之人無有也，學者不道也。故相形不如論心，論心不如擇術；形不勝心，心不勝術；術正而心順之，則形相雖惡而心術善，無害為君子也。形相雖善而心術惡，無害為小人也。君子之謂吉，小人之謂凶。故長短小大，善惡形相，非吉凶也。古之人無有也，學者不道也」（《荀子・非相》）認為人本身的相貌醜惡與其自身的吉凶和富貴並無本質的必然聯繫，最為重要的是內心本身正否。從這也可以看出，對於面相本身的否定，也是在荀子「天人之分」原則的指導下提出的。

這裡有一個問題需要澄清的是，「明於天人之分」雖然認為人與天各有自己的職能和職分，這裡的天顯然是指自然之天，其思想是從人與自然二者之間的關係的角度提出的。但是荀子思想之中的天還具有不同的含義，有的時候還指主宰之天（意志之天）、命運之天和道德之天。〔註10〕如荀子曾提到，「故人之命在天，國之命在禮」（《荀子・禮論》）的主張，這裡的「天」，顯然指的是天命，也就是命運之天。對於主宰之天（意志之天），荀子認為主宰之天具有賞善罰惡的能力，「為善者天報之以福，為不善者天報之以禍」（《荀子・宥坐》）同時「天」還是公平正直無私的，「天非私曾騫孝己而外眾人也，然而曾騫孝己獨厚於孝之實，而全於孝之名者，何也？以綦於禮義故也。天非私齊魯之民而外秦人也，然而於父子之義，夫婦之別，不如齊魯之孝具敬文者，何也？以秦人從情性，安恣孳，慢於禮義故也，豈其性異矣哉」（《荀子・性惡》）天不青睞曾騫孝己的孝道，不青睞齊魯之民的民風淳樸。之所以曾騫孝己能夠得到孝的美名，齊魯之民能夠恪守倫常，完全是因為禮義教化作用所使然。至於道德之天（義理之天），《不苟》之中有一段能夠很好的說明，「君子養心莫善於誠，致誠則無它事矣。惟仁之為守，惟義之為行。誠心守仁則形，形則神，神則能化矣。誠心行義則理，理則明，明則能變矣。變化

〔註10〕關於荀子思想之中「天」的不同內涵和層次，詳見梁濤：《荀子：「天人之分」辯證》，《邯鄲師專學報》2003 年第 4 期，第 3～9 頁；梁濤：《竹簡〈窮達以時〉與早期儒家天人觀》，《哲學研究》2003 年第 4 期，第 65～70 頁；曾振宇：《從出土文獻再論荀子「天」論哲學性質》，《齊魯學刊》2008 年第 4 期，第 5～10 頁。

代興，謂之天德。天不言而人推其高焉，地不言而人推其厚焉，四時不言而百姓期焉。夫此有常，以至其誠者也。君子至德，嘿然而喻，未施而親，不怒而威：夫此順命，以慎其獨者也。善之為道者，不誠則不獨，不獨則不形，不形則雖作於心，見於色，出於言，民猶若未從也；雖從必疑。天地為大矣，不誠則不能化萬物；聖人為知矣，不誠則不能化萬民；父子為親矣，不誠則疏；君上為尊矣，不誠則卑。夫誠者，君子之所守也，而政事之本也，唯所居以其類至」（《荀子‧不苟》）這段討論「誠」的話類似於《中庸》，認為人應該守仁行義，已達至「誠」的境界。並且認為天之道即是「誠」，誠之者即是人之道。認為人的道德屬性來源於天，顯然這裡的天指的是道德之天（義理之天）。因此，荀子之中的天不僅指自然之天。還指主宰之天（意志之天）、命運之天和道德之天。對於自然之天中天和人二者的關係，我們可以理解為是「天人之分」的。而在主宰之天（意志之天）以及道德之天中，天具有賞善罰惡的能力，以及人的道德情感最終來源於上天。天和人的關係顯然不是「天人之分」的，而是天人合一的關係。〔註11〕

　　荀子的「明於天人之分」的思想，顯然是對「天道自然」和「天行有常」思想的繼承和發展。「天道自然」肯定了天所具有的自然物質性，「天行有常」又肯定了天本身所具有的客觀規律性，這種規律是人本身所不能改變，人只能認識和適應它。荀子把天所具有的這些屬性定義為「天職」和「天功」。「明於天人之分」的題中應有之意便是對天和人各自職能的劃分，使其不互相僭越。從「天」的角度來考察，「天人之分」思想之中天的職能不同於人的職能，商周時期的主宰之天和孟子式的天人合一的道德之天都沒有將天與人的職能劃分開來。致使人並不能真正的瞭解「天職」和「天功」，也不能夠看清人類自身的侷限性所在，甚至幻想通過「盡心」和「知性」便可以達到「知天」的最終目的。而正是對黃老之學自然之天的肯定以及對天客觀規律性思想的借鑒，促使荀子提出了「天職」和「天功」即天的職能和職分所在的思想，以此與人的職能和職分區別開來，使得天與人二者之間並不互相僭越。這其實是對孟子式的天人合一思想的解蔽，對強調人自身利用和改造自然的

〔註11〕針對此一問題，梁濤認為「天人之分只是荀子天人關係的一個層面——儘管是十分重要的層面，並不能代表荀子思想的全部，在其他層面上，荀子也可以說是主張天人合一的。」詳見梁濤：《竹簡〈窮達以時〉與早期儒家天人觀》，《哲學研究》2003 年第 4 期，第 70 頁。

能力做了鋪墊。

　　但是也應該注意的是，在黃老之學的理論體系中，一方面肯定天自身的自然物質性和客觀規律性，另一方面對於「天」而言，認為其是「人」所要效法的依據，現實中的國家、君臣、父子等一切關係，都應該依據天道的存在模式來進行借鑒和參照。對此黃老之學有專門的術語，稱為「因」。而「因」的意思就是因循，隨順。人事的成敗和國家的禍福都要因循天之道，「逆順是守，功溢於天，故有死刑。功不及天，退而無名；功合於天，名乃大成。人事之理也。順則生，理則成，逆則死，失則無名。背天之道，國乃無主。無主之國，逆順相攻。伐本隳功，亂生國亡。為若得天、亡地、更君；不循天常，不節民力，周遷而無功。養死伐生，命曰逆成。不有人戮，必有天刑。逆節始生，慎毋戠正，彼且自抵其刑」（《黃老帛書・經法・亡論》），並且再此基礎上強調對「時」的把握，認為這會直接影響到事情的成敗得失。「明明至微，時反以為幾。天道環周，於人反為之客。爭作得時，天地與之。爭不衰，時靜不靜，國家不定。可作不作，天稽環周，人反為之客。靜作得時，天地與之；靜作失時，天地奪之」（《黃老帛書・十大經・姓爭》該動的時候要動，該靜的時候要靜。動靜都要得時，就會得到上天的祐助，否則便不會得到上天的祐助。黃老之學這種將天道與人道合一，推天道以明人事，且注重對「時」的把握的思想，本質上是將天和人看成一個整體，可以理解為是一種天人合一的思想。那麼荀子是否有這種天道是人道效法的依據，人道效法天道思想呢？這看似與荀子「天人之分」思想相矛盾，其實不然，荀子人道效法天道的思想是通過「禮」為中介來實現的。

　　禮是荀子思想的核心所在，不管是自然界日月星辰的運轉，還是風雨雷電的降臨。本質上都是「禮」的體現，體現了「禮」所蘊含的精義。〔註12〕在荀子看來，世間萬物之所以和諧運轉，都是因為背後體現著禮的精義。不僅是自然界，人類社會的等級制度和規範也是如此，「分均則不偏，埶齊則不壹，眾齊則不使。有天有地，而上下有差；明王始立，而處國有制。夫兩貴之不能相事，兩賤之不能相使，是天數也」（《荀子・王制》），最為緊要的是最後的「是天數也」幾個字，現實社會存在的一套完整的等級制度和規範，是依

〔註12〕典型的例子為「天地以合，日月以明，四時以序，星辰以行，江河以流，萬物以昌，好惡以節，喜怒以當，以為下則順，以為上則明，萬變不亂，貳之則喪也。禮豈不至矣哉」（《荀子・禮論》）。

照上天的規範模式來制定的，這套具有等級制度的規範模式具體來說就是
「禮」。在討論喪禮服喪時間的問題時，荀子也認為對於不同親屬所服的大
功、小功以及緦麻的要求，也是依據天本身所具有的規範和模式來制定的，
也是「天數」使然，也體現了禮的精神。「然則何以分之？曰：至親以期斷。
是何也？曰：天地則已易矣，四時則已無矣，其在宇中者莫不更始矣，故先
王案以此象之也。然則三年何也？曰：加隆焉，案使倍之，故再期也。由九月
以下何也？曰：案使不及也。故三年以為隆，緦麻、小功以為殺，期、九月以
為間。上取象於天，下取象於地，中取則於人，人所以群居和一之理盡矣。故
三年之喪，人道之至文者也，夫是之謂至隆。是百王之所同也，古今之所一
也。」（《荀子·禮論》），大功、小功以及緦麻的設立以及不同的服喪時間，全
部依據上天的規範與模式來建立，「人事中的上下、貴賤之別，非人自身所立，
而是因自於天地分有上下之天數」〔註13〕所有的這一切，都是禮的體現。禮
自身包含了上天所具有的一切屬性和規範，同時，人間的君臣父子夫妻等倫
常也是按照禮的要求所制定，是禮在人間的體現，「有天有地而上下有明，明
王始立而處國有制。……是天數也」（《荀子·王制》）「君臣、父子、兄弟、夫
婦，始則終，終則始，與天地同理，與萬世同久，夫是之謂大本」（《荀子·王
制》）

　　從上面的分析可以看出，荀子認為自然萬物運動發展以及人世間現存的
等級制度規範都是依據禮而制定的，其中都體現了禮的精義所在。而禮則是
「天數」，是天本身所具有的規範模式在自然萬物和人間社會的落實。禮成為
溝通天道和人道的中間環節，在這裡荀子顯然認為人世間的等級制度以及倫
理規範是符合禮的精義，這些所謂的人道是要效法上天，是要效法天道的，
都是「天數」使然，也即「順天者昌，逆天者亡。毋逆天道，則不失所守」
（《黃老帛書·十大經·姓爭》），這都體現了黃老之學人道效法天道，將天地
人當做一體看待的思想，是對道家思想的借鑒。

　　當然，荀子本人在「天職」和「天功」層面認為天與人應該互相明確自
身的職能，這的確是一種天人之分的思想。但是在以禮為中介，人道效法天
道的層面上，這卻是一種天人合一的思想。不能因為荀子本人的「天人之分」
而漠視其還有天人合一的方面。就像前面所說的，「天人之分」只是荀子天人

〔註13〕張勻翔：《本於立人道之荀子「不求知天」與「知天」觀之智德內涵》，《哲學
　　　　與文化》2007 年第 12 期，第 79 頁。

觀的一個方面，荀子思想之中不僅有自然之天，還有主宰之天以及道德之天。人與不同類型的天進行考察，二者之間既有可能是天人合一，也有可能是天人之分的關係。因此其天人觀也是多維度的，「天人之分」與天人合一是有共存的可能性的。

二、制天命而用之

上一節討論了荀子的「明於天人之分」的光輝思想。荀子認為天與人之間各有自己的職分和職能，兩者並不能互相僭越。那麼人本身的職能和職分具體又有哪些呢？對此問題，荀子提出了他的另一個光輝的命題──「制天命而用之」。

同「明於天人之分」一樣，許多人也將「制天命而用之」錯誤的理解成人戰勝自然，改造自然。做自然的主人，實現人定勝天的理想。將「制」理解成掌握、制服的意思。其實這裡的「制」字並不是掌握、制服的意思，「制」的本義應該是裁斷的意思，引申為尋找。《荀子》中有「大天而思之，孰與物畜而制之」的話，這裡的「制」意思應為「因人之能而任用之，或因物之宜而使用之」〔註14〕「制天命而用之」應該為在遵循天的客觀規律的前提下，瞭解哪些是天的職能，哪些是人的職能，充分發揮人的主觀能動作用，認識和利用自然界為人類服務的意思，和征服自然以及人定勝天沒有任何聯繫。

明白了「制天命而用之」的正確含義後，我們再來討論「天人之分」的情況下，人的職能與職分有哪些，也就是人自身怎樣「制天命而用之」的問題。首先，荀子認為在尊重客觀規律的情況下，也就是在尊重「天職」與「天功」的前提下，應該充分發揮人自身的能動性。荀子認為喜怒哀樂不同的情感，是天然形成的情感。耳目鼻口是天然形成的器官。心統五官，也是天然形成的。因循天然形成的萬物以生養萬物，是天然的養育。遵循之前的「天職」「天功」等行為便會招來福運，反之則會導致災禍，這是遵循天道的治理。聖人需要做的就是遵循上天所賦予的這一切，充分發揮各自不同的功能。這樣的話就會「則知其所為，知其所不為矣」(《荀子・天論》)知道哪些事情是可以做的，哪些是不能夠做的。如此的話，便能夠役使天地萬物，這就可以

〔註14〕李中生：《荀子制「天命」新訓》，《學術研究》1994 年第 5 期，第 64 頁。

被稱為知天了。〔註15〕

　　如果上面的論述還不夠清楚的話，荀子對於人自身而言，明確認為人具有「能參」的能力。「能參」的意思是人能夠認識客觀自然，並進而在遵循客觀自然規律的前提下認識和改造自然。荀子認為「故天地生君子，君子理天地……無君子，則天地不理，禮義無統」(《荀子・王制》天地生養了萬物，同時最能夠認識和利用自然的人即是君子。所有的人都應該像君子一樣，充分認識自然萬物的規律，與此同時加強自身的道德修養，成就理想的人格。君子是最為懂得「天人之分」的人，因此它能夠知曉哪些是天的職能，哪些是人的職能。充分發揮人自身的職能，改造和利用自然萬物為我所用。因此君子的認識能力和道德修養日漸提高，小人不懂得這個道理，只希求人自身之外的因素，不懂得從自身出發，因此認識能力和道德修養日漸降低。再此基礎之上，荀子更是發出了時代的最強音。與其尊崇天而仰慕他擁有豐富的物產，不如把天看做物類蓄養起來進而根據所需來斟酌使用；與其讚頌天命的恩德，不如掌握自然的客觀變化而利用它；與其仰望上天等待他的恩賜，不如遵循天時為人們服務；與其等待自然物種的自然的增多，不如治理萬物而使萬物得到合理利用；與其空想萬物為人所用，不如發揮人的才能去促進萬物的充分成長。「強本而節用，則天不能貧；養備而動時，則天不能病；修道而不貳，則天不能禍。故水旱不能使之饑，寒暑不能使之疾，祆怪不能使之凶。本荒而用侈，則天不能使之富；養略而動罕，則天不能使之全；倍道而妄行，則天不能使之吉。(《荀子・天論》)總之，人類應該充分意識到自己的能力所在，在天允許的範圍內發揮自身的力量去利用和改造自然，為我所用，「應之以治則吉，應之以亂則凶。」(《荀子・天論》)這充分肯定了人自身的職能和職分，是對商周時期在人格神的上天籠罩之下人自身地位提升的強有力的呼聲。

〔註15〕荀子對此有詳細的論述，「天職既立，天功既成，形具而神生，好惡喜怒哀樂臧焉，夫是之謂天情。耳目鼻口形能各有接而不相能也，夫是之謂天官。心居中虛，以治五官，夫是之謂天君。財非其類以養其類，夫是之謂天養。順其類者謂之福，逆其類者謂之禍，夫是之謂天政。暗其天君，亂其天官，棄其天養，逆其天政，背其天情，以喪天功，夫是之謂大凶。聖人清其天君，正其天官，備其天養，順其天政，養其天情，以全其天功。如是，則知其所為，知其所不為矣；則天地官而萬物役矣。其行曲治，其養曲適，其生不傷，夫是之謂知天。」(《荀子・天論》)

　　對於肯定天自身的職能而言，即「天職」和「天功」方面來說，荀子汲取了黃老之學中對天的自然物質性以及客觀規律性的思想。但「天人之分」的重點並不在於「天」，其重點卻在「人」。之所以將天與人的職能進行區分，其意義是要讓人充分認識到自身所具有的「能參」的能力。「天地生君子，君子理天地」(《荀子・王制》)萬物固然由天地所生，但是只有經過最為「知天」的君子進行利用和治理，天地萬物才能夠最大限度的發揮所具有的屬性。荀子認為要在「明於天人之分」即認識和掌握客觀規律的前提下，充分發揮人自身的主動性，去改造自然，為人所用的思想，其實是繼承了儒家對人的重視的思想傳統。孔子雖然畏懼天命，但是又認為人不能在命運面前消極無為，而應「知其不可而為之」。同時認為經過主體不懈的道德修養，可以下學而上達，成就理想人格，因此孔子有「人能弘道，非道弘人」和「為仁由己」的主張，認為個體道德的完備和理想人格的實現依靠自身的努力，並不依靠外在規範和制約等強制性措施，肯定了道德的主體性和人自身的能力。孟子更是將人性等同於天性，天性的純善決定了人性的本善。認為人性完善的過程就在於自我道德修養的活動之中。甚至還提出了著名的「天時不如地利，地利不如人和」(《孟子・公孫丑下》)的對人自身肯定和重視的觀點。可見，對人本身的重視是儒家的一貫主張，這些都為荀子所繼承。荀子思想之中雖然汲取了黃老的許多思想，但同時他畢竟以孔子正統傳人自居，思想之中許多地方繼承和保留了儒家自身的特色和標誌，這也從側面說明荀子的確是兼綜百家的思想家。

三、不求知天

　　荀子提出了「明於天人之分」和「制天命而用之」的光輝思想。但是與此同時，荀子還提出了「不求知天」的觀點。既然「制天命而用之」，為什麼還提出「不求知天」呢？這二者是不是矛盾呢？答案是不矛盾的，讓我們來看荀子所說的認識的對象「天」包括哪些內容，也就是哪些是可以和應當被認識的，哪些又是不能和沒有必要認識的。荀子認為對於天所能夠和應該瞭解的，止與天所表現出來的並且為人們所能看到和感知到的現象，也就是「列星隨旋，日月遞照，四時代御，陰陽大化，風雨博施」的自然現象。對於地所能夠和應該瞭解的，止於地所表現出來的適宜萬物生長的條件；對於四時所能夠和應該瞭解的，止於四時表現出來的從事農業生產的節令變化；對於陰

陽所能夠和應該瞭解的，止於可以調節的陰陽和諧的現象而已。這就是荀子所認為的人能夠認識的自然，人不能與天爭職，超出此一範圍，那便是「天職」和「天功」，是天本身的職能和職分。人首先要瞭解的便是「天人之分」，人與天的職能不能夠互相僭越，人不能也沒有必要去認識天的職能所展現出來的自然界的運動變化背後所潛藏的客觀原因所在。明瞭此一道理便是「大巧在所不為，大智在所不慮。」（《荀子‧天論》），便是所謂的聖人。聖人的特點是「其於天地萬物也，不務說其所以然，而致善用其材」，這也類似於莊子的「六合之外，聖人存而不論」（《莊子‧齊物論》）的思想，從這裡也可以看出荀子的「不求知天」與「制天命而用之」二者之間並不矛盾，其實有著內在的邏輯性。都隸屬於荀子的實用主義的思想。

考察荀子的「不求知天」的思想，可以看出其最大特點只是注重自然現象本身的觀察和認知，在此基礎之上發揮人的主觀能動作用，順應和利用規律為人類自身服務。但是這裡的問題是，只停留於瞭解自然現象本身的認識和利用，而不去探索其背後潛藏的規律性的客觀知識，沒有將主觀與客觀進行完全的分離，並不能產生近代自然科學所產生的土壤。〔註16〕荀子思想的最終落腳點並不在知識上的不懈追求，相反其根本在於不脫離社會行為本身的倫理道德實踐。從荀子對「道」本身的界定也可以看出他思想之中的儒家色彩，「道者，非天之道，非地之道，人之所以道也」（《荀子‧儒效》），「道」就是對人倫禮義的實踐過程，而並不是對天地萬物深層次的探索與追求，這反映了荀子身上的儒家思想傳統。

同時還應看到，荀子的自然主義的天道觀，有加強君主專制的趨勢。我國自古以來便認為君主是代天治理萬民，天子的權力來自於上天。天有賞善

〔註16〕或許徐復觀先生的一段話指出了其中存在的問題實質。「從荀子思想本身，並不能如許多人所期待的，可以開出科學知識的系統。第一，科學知識與道德的連結，中間須要有一種精神上的乃至處理上的轉換。荀子的精神可以成就知識；但他的目的並不在知識而在道德；因而處處直接落在倫理道德之上，這便使知識與道德，兩受牽制，兩面都不易得到發展。第二，科學知識，固然係立足於經驗界中，並非以常人感官所能接觸者為限。把不可見、不可量的東西，變為可見可量的東西，這是科學家永恆地努力；在此種努力裏面，常須有一基本假定，即假定在經驗現象後面，常潛伏著一種東西，作為經驗現象的根據，值得去追求。因此，知識的形而上學，在西方常常是推動科學前進的力量。」詳見徐復觀：《中國人性論史（先秦篇）》，北京：九州出版社，2014 年，第 229～230 頁。

罰惡的能力，對於人世間的君主如果驕奢淫逸，不理朝政的話，天會作出相應的懲罰措施。如地震、隕石以及彗星等不常見的天文現象，在古代絕大多數情況下會被認為是上天對君主本人的警示。因此每逢出現不正常的自然現象，君主便會頒布罪己詔等行為，歷數自己行為的不當，造成了天怒人怨的情況發生。在這裡的天其實是有意志的至上神，也就是主宰之天。一方面此種天是君主權力的最終來源，另一方面對君主本人的行為給予警示，監視君主的行為。觀諸《左傳》《國語》等史料，這樣的例子比比皆是。甚至後世董仲舒等人也提倡天人感應，認為天對君主的行為本身具有某種警示作用。

但荀子將天還原為自然之天，認為天本身無任何意志，天與人之間沒有任何聯繫。人的行為全在於自我，重人為而輕天，這樣的話君主本人心中便沒有任何畏懼之感。加之當時社會制度還處於草創時期，對君主行為本身的制約並不完善。雖然荀子提出用「禮」的概念來彌補「天」本身的職能，但是荀子主性惡，認為人性如不加限制的話便有向惡發展的趨勢，因此需要外部的禮義制約，此即「化性起偽」。但「禮」因為沒有人性內部的支撐，純係外部強制性的措施，並不出於自願與自覺，因此人心之中便沒有主觀的畏懼，結果即有可能導致君主行為本身的毫無制約。雖然荀子力求破除天人感應，還原天的本來面目，同時強調人的主觀作用。但是破除主宰之天的同時，所帶來的對君主個人行為缺乏監督與制約的問題，可能是荀子本人所未能察覺到的。在此一層面上，可以說荀子是「蔽於人而不知天。」

第四節　小結

以上我們探討了荀子思想之中的天人關係。荀子對天的理解突破了商周時期認為天是具有意志的至上神，天具有賞善罰惡的能力的思想，將天還原為不帶任何人格色彩的自然之天。天本身就是各種自然現象，這種將天看做自然之天的思想不同於儒家孔孟對天的態度。老子有「道法自然」的觀點，認為世間萬物存在的狀態都是自然而然的，莊子後學則有「無為為之之謂天」的思想，將天純粹看做是與地相對的自然物和大自然，這些思想都想影響了荀子，對他提出「天道自然」的自然之天的思想提供了借鑒。同時，荀子認為世間萬物包括人在內都是由氣所構成的，「水火有氣而無生，草木有生而無知，禽獸有知而無義，人有氣、有生、有知，亦且有義，故最為天下貴也。」（《荀

子‧天論》），並且認為具體事物的形成是物體內部陰陽二氣互相作用的結果。老子首先提出了「萬物負陰而抱陽，沖氣以為和」（《老子‧四十二章》）的哲學命題。黃老之學則有「氣者身之充也」（《管子‧心術下》）和「陰陽備物，化變乃生」，（《黃老帛書‧十大經‧果童》）的論述，說明荀子對於萬物的最終本源和具體形成方式也是受到黃老之學的影響。最後荀子還認為天具有某種客觀的規律性，「天行有常，不為堯存，不為桀亡」（《荀子‧天論》）對於此種規律性，人只能去認識和利用它，並不能改變它。黃老之學對天所具有的規律性認識也有大量的論述，認為「天有恆幹，地有恆常」（《黃帝四經‧十六經‧行守》），「天地固有常矣，日月固有明矣，星辰固有列矣，禽獸固有群矣，樹木固有立矣」（《莊子‧天道》），這可能也是受到黃老思想所致。

荀子思想之中對於「人」本身的看法，提出了「明於天人之分」和「制天命而用之」的著名命題。對於「明於天人之分」來說，其本意並不是天與人毫不相關的意思。「分」在這裡的意思不是動詞區分、區別的意思，而是名詞職分、職能的意思。「明於天人之分」的本義應為明晰天有其自身的職能，人也有其自身的職能，二者之間不能互相僭越的意思。在「明於天人之分」思想的指導下，認為人類社會治亂興衰，自然現象尤其是一些奇異的自然現象的發生，占卜祭祀活動以及相術等，都只是自然界本身的變化，與天沒有任何的關係，這些現象的發生，應從人類社會內部找原因。「天道自然」思想承認了天的自然物質性，「天行有常」思想又肯定了天所具有的客觀規律性。「天人之分」的思想應該是對「天道自然」和「天行有常」思想的繼承和發展。「天人之分」思想之中對自然之天的重視以及對「天」所具有的職能的劃分都是受到黃老之學的影響。同時黃老之學人道效法天道，推天道以明人事，將天地人看成一體的思維方式，也影響了荀子。荀子將禮看作是天道的體現與落實，認為人世間的等級制度以及倫理綱常都是依據「天數」而定，都是「天數」使然，具體來說都是符合禮的規定和要求。

荀子畢竟是戰國末期儒家的集大成者，在「明於天人之分」思想的指導下，對人自身的職能和作用做出了新的考察。提出了「制天命而用之」的思想。其中「制」字並不是制服，掌握的意思。應為裁斷，引申為尋找的意思。「制天命而用之」應該為在遵循天的客觀規律的前提下，瞭解哪些是天的職能，哪些是人的職能，充分發揮人的主觀能動作用，認識和利用自然界為人類服務的意思，和征服自然以及人定勝天沒有任何聯繫。在此基礎上，荀子

認為人具有「能參」的能力，具有認識自然和改造自然為人類自身服務的能力，這是對儒家孔孟重人思想傳統的繼承和發展。同時荀子還提出了「不求知天」的思想，這與「制天命而用之的思想並不矛盾。荀子所謂的「知天」，即對於天的瞭解僅限於天所展現出來的和人類自身所能看見和感知的自然現象，再此基礎之上掌握自然的變化發展規律來為人類服務。對於自然現象背後所蘊藏的客觀原因，荀子認為不需要也沒有必要去認知和探索，這屬於天自身的「天職」和「天功」。如強行去認識瞭解的話，就是「與天爭職」，是荀子本人所不取的。只有明晰了這一道理的人，才是所謂的聖人，因此荀子有「唯聖人不與天爭職」的論斷。因缺少對客觀自然知識追求的動力和興趣，荀子思想並不能促進自然科學的發展。同時因為切斷了天與人二者之間的聯繫與溝通，以及強化自然之天的立場。對禮的強制性措施也沒有內在心理根基作為基礎，荀子對自然之天的強調客觀上還有加強君主專制統治的可能性。

第三章　荀子人性論與黃老之學

第一節　孔孟的人性論思想

一、孔子的人性論思想

　　性，本字為生，〔註1〕《說文解字》云：「性，人之陽氣性善者也。從心，生聲。」「性」這個字在《尚書》之中就已經出現。「惟皇上帝將衷於下民。若有恆性，克綏厥猷惟後」（《尚書‧湯誥》）《詩經》中則有「豈弟君子，俾爾彌爾性」（《詩經‧大雅‧卷阿》）的話。到了春秋時期，「性」這個概念出現的更多，並且內涵逐漸豐富。不僅有生和性命的意思，還具有本性以及天性的含義。在《左傳》和《國語》之中比比皆是。「天之愛民甚矣，豈其使一人肆於民上，以從其淫，而棄天地之性？必不然矣」（《左傳‧襄公十四年》）「則天之明，因地之性」（《左傳‧昭公二十五年》）「先王之於民也，懋正其德而厚其性」（《國語‧周語上》）等等。但是要注意的是，雖然春秋時期「性」這個概念越來越多的出現，但是真正對「性」這個字進行哲學意義上的探討，並將其與人性結合起來的，則是春秋戰國時期的諸子百家之學。

　　孔子是儒家的創始人，對於人性的問題，《論語》一書中言之甚少。只有「性相近也，習相遠也」（《論語‧陽貨》）和「夫子之文章，可得而聞也；夫子之言性與天道，不可得而聞也」（《論語‧公冶長》）的記載。從字面上理解，

〔註1〕關於對「性」字及其概念演變的探討，詳見傅斯年：《性命古訓辯證》，桂林：廣西師範大學出版社，2006 年。

孔子似乎認為所有人的本性都是相同或相近的，但是之所以在行為上出現不同的變化和結果，原因在於後天的習慣所導致。後面的一句話出自子貢之口，言說孔子對人性與天道的看法很少提及。從這兩段話中我們無法得知孔子對人性的價值判斷，因此，孔子對於人性問題因為材料的限制我們無法詳細瞭解，但是戰國時代的儒家代表孟子的人性論內容則是非常豐富和具體的，從不同的角度論證了其對人性的看法和價值判斷。

二、孟子的人性論思想

孟子認為人與動物之間具有相同性，即「口之於味也，目之於色也，耳之於聲也，鼻之於臭也，四肢之於安佚也，性也」（《孟子‧盡心下》），口能夠感知味道，眼睛能夠看到事物，耳朵能夠聽到聲音，四肢能夠舒展。五官的不同功能，是人與動物相同的地方。孟子認為人與動物相比二者之間其實差異很小，「人之異於禽獸者幾希」（《孟子‧離婁下》）人與動物的區別孟子認為並不在於以上五官對於外界的作用，而在於人具有道德屬性和道德追求，這才是人之性，也就是人區別於動物的地方所在。孟子與告子對人性的論辯過程中，很能夠合理的說明這個問題。「告子曰：生之謂性。孟子曰：生之謂性也，猶白之謂白與？曰：然。白羽之白也，猶白雪之白；白雪之白，猶白玉之白與？曰：然。然則犬之性猶牛之性，牛之性猶人之性與？」（《孟子‧告上》）告子認為，人先天所具有的稟賦就是人的本性，也即人之性。孟子顯然是不贊同他的觀點，反駁說如果認為人天生所具有的稟賦是人的本性，那麼就會混淆犬之性、牛之性與人之性的差異。從這裡可以看出，孟子與告子其實對「性」的理解是不同的。告子所謂的「性」其實是人與動物相同的地方，而孟子所謂的「性」，其實是人之所以為人的特性所在。

那麼，孟子所認為的人性具體指的是什麼呢？孟子所認為的人性其實指的是人的道德屬性。〔註2〕惻隱、羞惡、辭讓、是非之心是仁義禮智的四端，是人先天所具有的。端的意思類似於萌芽，發而未顯，正是因為萌芽的緣故，因此這些道德情感還需要將其發揚光大。「凡有四端於我者，知皆擴而充之矣。若火之始然，泉之始達。苟能充之，足以保四海；苟不充之，不足以事父母」（《孟子‧公孫丑上》）孟子甚至還舉了生動的例子來進行說明，「所以謂人皆

〔註2〕孟子認為人天然具有「惻隱之心，仁之端也；羞惡之心，義之端也；辭讓之心，禮之端也；是非之心，智之端也」（《孟子‧公孫丑上》）

有不忍人之心者：今人乍見孺子將入於井，皆有怵惕惻隱之心；非所以內交於孺子之父母也，非所以要譽於鄉黨朋友也，非惡其聲而然也。由是觀之，無惻隱之心，非人也；無羞惡之心，非人也；無辭讓之心，非人也；無是非之心，非人也」（《孟子·公孫丑上》）小孩子馬上要掉入井中，任何人都會施以援手，這就是人心中天然具有惻隱之心所致。「孩提之童，無不知愛其親者；及其長也，無不知敬其兄也。親親，仁也。敬長，義也。無他，達之天下也」（《孟子·盡心下》）小孩子很小就知道要對父母兄長孝順，這也是人心之中仁義等先天存在的緣故所致。

正是因為孟子認為人心天生具有惻隱、羞惡、辭讓、是非的仁義禮智四端，因此孟子認為人性天然也就是善的。「人性之善也，猶水之就下也。人無有不善，水無有不下」（《孟子·告子上》）人性善的原因在孟子看來是因為人心具有仁義禮智四端，人心善導致人性善的緣故。「人之有是四端也，猶其有四體也」（《孟子·公孫丑上》）從這裡可以看出孟子其實是即心言性，通過心善論證性善。那麼現實之中許多人做出許多傷天害理的事情，與心善和性善大相徑庭，這又是為什麼呢？孟子認為這是因為善心被蒙蔽的緣故，並不是因為人天生沒有善心。因此孟子認為要提高人的道德修養，只需要找回已經被蒙蔽的善心，即「學問之道無他，求其放心而已矣」（《孟子·告子上》），其原因還是因為孟子認為仁義禮智等道德行為先天存在於人的內心之中。

以上就是孟子的人性論思想的大致情況，從中可以看出孟子發展了孔子的思想。通過心善論證性善，認為人先天具有惻隱、羞惡、辭讓、是非之心，而此四心又是仁義禮智之端。人要做的只是培養和擴充四心，使其發揚光大。但是與孟子的性善論不同，戰國時期儒家的另一代表荀子則提出了性惡論的相反觀點。

第二節　自然人性論

一、性者，本始材樸也

荀子的人性論思想是通過對孟子性善論的批判而展開的，在《性惡》一篇中，從多個角度逐一批判了孟子的性善論。

「孟子曰：今之學者，其性善。曰：是不然。是不及知人之性，而不察乎人之性偽之分者也。凡性者，天之就也，不可學，不可事。禮義者，聖人之所

生也，人之所學而能，所事而成者也。不可學，不可事，而在人者，謂之性；可學而能，可事而成之在人者，謂之偽。是性偽之分也。今人之性，目可以見，耳可以聽；夫可以見之明不離目，可以聽之聰不離耳，目明而耳聰，不可學明矣。」（《荀子·性惡》）荀子認為孟子的人性善思想是對「性」和「偽」的混淆，沒有區分性偽之別。

同時又認為「孟子曰：人之性善。曰：是不然。凡古今天下之所謂善者，正理平治也；所謂惡者，偏險悖亂也：是善惡之分也矣。今誠以人之性固正理平治邪，則有惡用聖王，惡用禮義哉？雖有聖王禮義，將曷加於正理平治也哉？今不然，人之性惡。故古者聖人以人之性惡，以為偏險而不正，悖亂而不治，故為之立君上之埶以臨之，明禮義以化之，起法正以治之，重刑罰以禁之，使天下皆出於治，合於善也。是聖王之治而禮義之化也。今當試去君上之埶，無禮義之化，去法正之治，無刑罰之禁，倚而觀天下民人之相與也。若是，則夫強者害弱而奪之，眾者暴寡而嘩之，天下悖亂而相亡，不待頃矣。用此觀之，然則人之性惡明矣，其善者偽也。」（《荀子·性惡》）認為禮義法度的實施，正是因為人性惡的緣故。如果像孟子所說人性善的話，那也就沒有必要實行禮儀法度。那樣的話，必將導致社會秩序的破壞和混亂。這也可以說明孟子性善論的不能成立性。

除此之外，荀子還認為「今人之性，饑而欲飽，寒而欲暖，勞而欲休，此人之情性也。今人見長而不敢先食者，將有所讓也；勞而不敢求息者，將有所代也。夫子之讓乎父，弟之讓乎兄，子之代乎父，弟之代乎兄，此二行者，皆反於性而悖於情也；然而孝子之道，禮義之文理也。故順情性則不辭讓矣，辭讓則悖於情性矣。用此觀之，人之性惡明矣，其善者偽也。」（《荀子·性惡》）認為人的本性就是對恭敬辭讓的背反，如果順著人的本性去做的話，則不會有孝悌和恭敬。孝悌和恭敬正違反了人的本性，因此人性本身並不是善的，而是惡的。

荀子甚至為了證明他的性惡論的結論，還進行了反證。「凡人之欲為善者，為性惡也。夫薄願厚，惡願美，狹願廣，貧願富，賤願貴，苟無之中者，必求於外。故富而不願財，貴而不願埶，苟有之中者，必不及於外。用此觀之，人之欲為善者，為性惡也。今人之性，固無禮義，故強學而求有之也；性不知禮義，故思慮而求知之也。然則性而已，則人無禮義，不知禮義。人無禮義則亂，不知禮義則悖。然則性而已，則悖亂在己。用此觀之，人之性惡明矣，其

善者偽也。」(《荀子‧性惡》)荀子認為人本身沒有什麼,就要去追求什麼。人性中本沒有禮義,人性本是惡的,所以人才去求善。

以上列舉了荀子對孟子性善論的批判,荀子從不同視角出發,逐一進行批駁,以此證明自己的性惡論主張。孟子的性善論認為人內心先天具有仁義禮智的道德情感,因此心是善的,所以人性也是善的,以此證明他的性善論思想。孟子對「性」的定義是人的道德屬性,認為這是人與動物相區別的地方。那麼針對荀子的性惡論思想,荀子對「性」又是怎樣定義的了?是不是與孟子相同呢?

荀子對「性」的界定是「性者,本始材樸也」(《荀子‧禮論》)「性」在荀子看來就是一種先天具有的性質和本能。這種先天的本能不需要後天的學習就能夠獲得,也就是人先天所具有的。「凡性者,天之就也,不可學,不可事……不可學,不可事,而在人者,謂之性」(《荀子‧性惡》)「生之所以然者謂之性。性之和所生,精合感應,不事而自然謂之性」〔註3〕(《荀子‧正名》)從這裡也可以看出,荀子對「性」的理解與孟子的差異所在。荀子所認為的「性」是人先天所具有的性質和本能,不需要通過後天的學習。如「今人之性,饑而欲飽,寒而欲暖,勞而欲休,此人之情性也」(《荀子‧性惡》)饑餓的話想吃東西,寒冷的話想要保暖,勞累的話想要休息,都是人先天所具有的資質和本能的反應,是人與動物的共同性所在,類似於告子的「生之謂性」。孟子眼中的「性」則是人之所以為人的地方,是不同於動物的差異所在,指的是人本身所具有的道德情感,孟荀二人對「性」的界定是根本不同的,荀子對「性」可以理解為自然人性論。《論語》中對人性的看法語焉不詳,那麼我們要問的是荀子對「性」的看法來自哪裏呢?雖然郭店楚簡之中有「性自命出,命自天降」以及「人之雖有性,心弗取不出」的說法,認為「性自命出,命自天降」的性的最終來源是上天,而其所指的天很大程度上是自然之天,因而這種性的最核心的本質無疑是自然性質的。「人之雖有性,心弗取不出」則認為如果沒有心的介入,性本身是無法外顯的。因此這裡的性其核心很大程度上也是自然人性。問題是郭店楚簡中對性的理解雖然有自然人性論的思想在

〔註3〕關於「不事而自然謂之性」中的「性」字,有的學者認為與上一句「生之所以然者謂之性」中的「性」字內涵和意思並不一樣,詳見廖名春:《荀子新探》,北京:中國人民大學出版社,2014 年,第 64～72 頁;徐復觀:《中國人性論史(先秦卷)》,北京:九州出版社,2014 年,第 209～211 頁。

內，但是都沒有明確提出此一觀點。黃老之學則明確認為「性」就是人先天所具有的資質和才能，荀子的這種自然人性論思想可能更多的受到黃老之學的影響所致。

《老子》之中沒有提到「性」字，但是並不意味著老子並不關心「性」的概念以及人性問題。有的學者認為「老子之所謂德，其實即是後代之所謂性」〔註4〕老子的「德」究竟指示的是不是「性」我們姑且不論。但是屬於黃老文獻的《莊子》外雜篇之中對荀子所說的自然人性論則有大量論述。「性者，生之質也」(《莊子・庚桑楚》)「質」的意思成玄英疏為「質，本也。自然之性者，是稟生之本也」。「性」就是生命的本質和資質而已，其中並沒有後天的人為因素在內。「形體保神，各有儀則，謂之性」(《莊子・天地》)形體和精神各有自己的自然之則，這是人自身和世間萬物相同的地方。這些都類似於荀子的「性者，本始材樸也」(《荀子・禮論》)以及「生之所以然者謂之性」(《荀子・正名》)之中對「性」的界定，都是將「性」看做一種先天的資質和本能。同時還認為「性之動，謂之為，為之偽，謂之失」(《莊子・庚桑楚》)性自身的活動就叫做「為」，「為」的話就會流入「偽」。「偽」就會導致「失」，也就是喪失了人的本性的意思。只有素樸的狀態，才是人的真正本性所在，「素樸而民性得矣」(《莊子・馬蹄》)

與此同時，荀子通過論證人性的「本始材樸」為禮樂對「性」的矯飾和改造留下了空間，認為「性」是可以通過後天人為活動而改變的，也就是荀子眼中的「化性起偽」的工夫，反映了荀子的儒家立場，這在後面談論荀子的「化性起偽」思想時詳細論述。道家的老子卻認為「夫禮者，忠信之薄，而亂之首」(《老子・第三十八章》)，莊子也認為禮樂是對人性的自然狀態的最大戕害，「禮樂遍行，則天下亂矣。彼正而蒙己德，德則不冒。冒則物必失其性也」(《莊子・繕性》)，」認為禮樂是對淳樸自然之人性的人為強制和矯飾。黃老道家卻與老莊相反，對禮樂基本上持肯定的態度。《黃老帛書》當中沒有提到禮字，〔註5〕《管子》四篇卻肯定禮的作用，「虛無無形謂之道。化育萬物謂之德。君臣父子人間之事謂之義。登降揖讓，貴賤有等，親疏之體，謂之

〔註4〕羅安憲：《虛靜與逍遙——道家心性論研究》，北京：人民出版社，2015 年，第 92 頁。

〔註5〕白奚認為《黃帝四經》沒有提到禮字，卻包含有禮的概念。詳見白奚：《稷下學研究——中國古代的思想自由與百家爭鳴》，北京：生活・讀書・新知三聯書店，1998 年，第 127 頁。

禮。簡物小大一道，殺戮禁誅謂之法。」(《管子·心術上》)將「禮」與「道」「德」「義」「法」並列，同時詳細解釋了各自的含義，「義者，謂各處其宜也。禮者，因人之情，緣義之理，而為之節文者也。故禮者謂有理也，理也者，明分以論義之意也。故禮出乎義，義出乎理，理因乎宜者也。法者所以同出，不得不然者也。故殺戮禁誅以一之也，故事督乎法」認為禮出於義，義出於理，理出於道，從理論上論證「禮」的合法性及其功能。同時認為禮樂可以節制人的喜怒和情感欲望，「凡民之生也，必以正平，所以失之者，必以喜樂哀怒。節怒莫若樂，節樂莫若禮，守禮莫若敬。外敬而內靜者，必反其性。」(《管子·心術下》)「凡人之生也，必以平正；所以失之，必以喜怒憂患，是故止怒莫若詩，去憂莫若樂，節樂莫若禮，守禮莫若敬，守敬莫若靜，內靜外敬，能反其性，性將大定。」(《管子·內業》)都認為禮樂有節制人的喜怒的功能，能夠調節人的情感欲望的平和之情。黃老道家對禮樂的肯定態度，與荀子有相似之處，這為荀子借鑒吸收黃老思想提供了可能。

二、對情慾的肯定

　　荀子不僅將「性」界定為「本始材樸也」和「生之所以然者謂之性」，我們在《荀子》一書中還可以發現荀子許多時候將「性」與「情」和「欲」放在一起進行討論。如「今人之性，饑而欲飽，寒而欲暖，勞而欲休，此人之情性也」(《荀子·性惡》)這裡都是將「情性」連用。荀子中對「情」的界定是「性之好、惡、喜、怒、哀、樂謂之情」(《荀子·正名》)「情者，性之質也」(《荀子·正名》)荀子將好、惡、喜、怒、哀、樂界定為「情」，「情」是「性」的本質表現之一，是「性」的外發顯露。對「欲」荀子同樣給予相似的界定，「欲不待可得，所受乎天也」(《荀子·正名》)「欲」與「情」一樣，都是先天所具有的道德情感。「欲者，情之應也」(《荀子·正名》)「欲不可去，性之具也」(《荀子·正名》)對於「欲」而言，是人先天所具有的。不管是普通人以至於天子三公，都具有「欲」。雖然「欲」不可人為的消除，但是卻可以進行有效的節制。「以所欲為可得而求之，情之所必不免也。以為可而道之，知所必出也。故雖為守門，欲不可去，性之具也。雖為天子，欲不可盡。欲雖不可盡，可以近盡也。欲雖不可去，求可節也。所欲雖不可盡，求者猶近盡；欲雖不可去，所求不得，慮者欲節求也。道者、進則近盡，退則節求，天下莫之若也」(《荀子·正名》)針對有的人認為「欲」與治亂二者之間存在著聯繫，荀子也

進行了批駁。「凡語治而待去欲者，無以道欲而困於有欲者也。凡語治而待寡欲者，無以節欲而困於多欲者也。有欲無欲，異類也，生死也，非治亂也。欲之多寡，異類也，情之數也，非治亂也」（《荀子‧正名》）有欲和無欲，多欲和少欲，只是不同的人自身的差異所致，與治亂沒有必然的聯繫。重要的是道欲和節欲，而不是去欲和寡欲。除此之外，荀子還喜歡將「情」與「欲」並稱。如「聖人縱其欲而兼其情」（《荀子‧解蔽》）「養其欲而縱其情」（《荀子‧正名》）等等。

　　從上面的分析可以看出，荀子認為「情」和「欲」都是人先天所具有的自然情感和欲望，是不可以人為消除的。「饑而欲食，寒而欲暖，勞而欲息，好利而惡害，是人之所生而有也，是無待而然者也，是禹桀之所同也」（《荀子‧非相》）荀子將「性」與情慾一併論述，「情」和「欲」應該都屬於「性」的範疇。〔註6〕荀子的「性」概念應該分為不同的層次，「性」的第一層意思應該是指一種先天具有的資質和能力，即「性者，本始材樸也」（《荀子‧禮論》）第二層意思應該指的是以「情」和「欲」為主要內容的生理本能和欲望。〔註7〕荀子同時肯定了「情」和「欲」存在的合理性。先秦儒家雖然都談論「性」「情」和「欲」的問題，但是並沒有明確肯定「情」和「欲」的作用和功能，並且肯定其價值。孟子甚至還提出了「養心莫善於寡欲」的主張，認為過多的欲望對人自身是沒有好處的，與荀子「凡語治而待寡欲者，無以節欲而困於多欲者也」的主張形成鮮明對比。〔註8〕相反，戰國黃老之學則明確肯定了「情」和「欲」的作用和功能，肯定其價值所在，這應該影響了荀子本人

〔註6〕有的學者認為除「情」與「欲」外，荀子的「性」應該還包括「所以知之在人者」之「知」和「所以能之在人者」之「能」，即人所具有的認識能力和實踐能力。詳見廖名春：《荀子新探》，中國人民大學出版社，2014年，第84頁；廖名春：《荀子人性論的再考察》，《吉林大學社會科學學報》1992年第6期，第70～76頁。

〔註7〕徐復觀認為「情者性之質也，這才是他的人性論的本色。性以情為其本質，即是情之外無性；於是情與性，不僅是同質的，並且也是同位的；這便把性的形上的色彩完全去掉了。欲者情之應也的欲，是指目好色等欲望而言；這些欲望都是應情而生，亦即隨情而生的。因此，荀子雖然在概念上把性、情、欲三者加以界定；但在事實上，性、情、欲，是一個東西的三個名稱。」詳見徐復觀：《中國人性論史（先秦卷）》，北京：九州出版社，2014年，第205頁。

〔註8〕郭店楚簡當中有對情慾的肯定，如「情出於性」和「凡人情為可悅也。苟以其情，雖過不惡；不以其情，雖難不貴。苟以其情，雖未之為，斯人信之矣。未言而信，有美情者也。」荀子也可能受其重情思想的影響。

對「情」和「欲」的看法。

　　道家創始人老子對欲望基本上持一種反對和限制的態度,「見素抱樸,少思寡欲」(《老子・十九章》)「罪莫大於可欲,禍莫大於不知足」(《老子・四十六章》),認為應減少欲望,過多的欲望會引起混亂的發生。而戰國黃老之學則發展了老子的思想,肯定生理欲望是人天生就具有的,認為「心欲人人有之」(《尹文子・大道上》)這為荀子思想所吸收。正因為人們天生所具有的生理欲望不可消除,只能加以引導和節制。對於普通百姓而言,引導和節制欲望表現為要順應和爭取民心,因此對於在上的統治者而言就要順從民心和人心,滿足百姓正常的欲望和要求,這樣的話才能實現長治久安的目的,這在黃老帛書中有大量的論述。「俗者順民心也」(《黃老帛書・經法・君正》)「聖人舉事,合於天地,順於明」(《黃老帛書・十六經・前道》),同時要注重民生問題,賦斂有度「毋苛役,節賦斂,毋奪民時」(《黃老帛書・經法・君正》),這也是得民心順民心的措施和手段。《管子》中對此也有相關論述,「政之所興,在順民心。政之所廢,在逆民心。民惡憂勞,我佚樂之。民惡貧賤,我富貴之,民惡危墜,我存安之。民惡滅絕,我生育之」(《管子・牧民》)只有順民心才能獲得國家的長治久安,違反民心則會導致國破家亡的後果。順民心和得民心在古代農業社會很大程度上指的是輕徭薄賦等農業生產措施的相關政策符合百姓的利益和要求。如果政策制定客觀合理的話,也就是滿足了人們的正常情感和欲望。欲望有無和多少並不重要,重要的是怎樣引導和調節欲望,滿足百姓的正常欲望和要求,這才是治亂的關鍵所在。

　　儒家的孔孟雖然也提出欲望是人生而有的,肯定其存在的合理性。但是荀子並沒有如孟子所的「養心莫善於寡欲」,要求一味的減少欲望。而是在肯定欲望存在合理性的基礎上進行引導節制,滿足百姓正常情感欲望的實現。無怪乎荀子對欲望與治亂的關係總結道「凡語治而待去欲者,無以道欲而困於有欲者也。凡語治而待寡欲者,無以節欲而困於多欲者也。有欲無欲,異類也,生死也,非治亂也。欲之多寡,異類也,情之數也,非治亂也」(《荀子・正名》)。去欲和寡欲都是不足取的,重要的是引導節制以滿足正常情感欲望的實現,這才是治亂的關鍵所在。

三、宋鈃「情慾寡淺」說辨析

　　宋鈃,又稱為宋牼、宋榮子、子宋子。戰國時期宋國人。與尹文齊名,同

遊稷下。有的學者認為其屬於黃老道家的代表人物，而有的學者則認為應該屬於墨家學派的代表。它的主要思想觀點包括「接萬物以別宥為始」「情慾寡淺」「禁攻寢兵」以及「見侮不辱」等。《漢書・藝文志》著錄《宋子》十八篇，班固列入小說家。但其書早已亡逸。我們現在研究宋鈃的思想，主要依靠同時代如《莊子》《荀子》《韓非子》等書籍當中對宋鈃本人的論述或者評價來對其思想進行研究。現在學界的基本觀點都將宋鈃的「情慾寡淺」思想理解為人的情感欲望本來是不多的，是很少的。如認為「宋尹所謂『情慾寡淺』是說人的欲望要求本來不多」〔註 9〕「指人的本性慾少，而不是欲多」〔註 10〕「情慾之欲為動詞，言人之情，本欲寡少，不欲貪多也」〔註 11〕「認為人的本性乃是欲寡而不欲多」〔註 12〕筆者認為這樣的理解是不正確的，是受到了荀子思想的誤解所致。有的學者曾經敏銳的指出荀子所謂的「情慾寡淺」與宋鈃本來意義上的「情慾寡淺」意思是不同的。「但荀子述宋子，以『人之情、為欲、為不欲乎』，不以情慾二字連讀。而莊子則以情慾二字連讀，殆各出斷章取義，故不同邪」〔註 13〕「然依此文情慾連詞，在荀書情慾不連，不必同也」〔註 14〕近人劉節先生也曾認為，「荀子把這句話解作『人之情為欲寡』，真是不知從何說起？人的情慾本是難填的深坑，所以要情慾寡淺。否則，『寡』字以下為什麼又加一『淺』字？可見《莊子・天下》篇的話是宋鈃的本意。荀子的辯論，簡直是有意同宋子為難嗎。或者真是對於宋鈃的學說有不解之處。」〔註 15〕但是具體怎樣的不同以及對錯上述學者都沒有詳細的論證過程。因而這裡筆者不才，在繼承前人研究的基礎上提出自己對「情慾寡淺」思想的看法，敬請各位專家學者指正。

〔註 9〕張岱年：《道家文化研究》第二輯，上海：上海古籍出版社，1992 年版，第 323 頁。

〔註 10〕朱伯崑：《中國哲學史論文集》第一輯，濟南：山東人民出版社，1979 年版，第 108 頁。

〔註 11〕張默生：《莊子新釋》，濟南：齊魯書社，1993 年版，第 741 頁。

〔註 12〕白奚：《稷下學研究——中國古代的思想自由與百家爭鳴》，北京：生活・讀書・新知三聯書店，1998 年版，第 197 頁。

〔註 13〕顧實：《莊子・天下篇》講疏。詳見張豐乾：《莊子・天下篇》注疏四種，北京：華夏出版社，2016 年版，第 39 頁。

〔註14〕馬敘倫：《莊子・天下篇》述義。詳見張豐乾：《莊子・天下篇》注疏四種，北京：華夏出版社，2016 年版，第 269 頁。

〔註15〕劉節：《劉節文集》，廣州：中山大學出版社，2011 年版，第 202 頁。

（一）荀子對宋鈃「情慾寡淺」說的理解

先秦諸子都喜好談論關於人性以及人性所涉及的情和欲方面的問題。先秦時期針對人性有不同的理解，如性善論、性惡論、性有善有惡以及性無善無惡論等等。針對對人性的不同理解，學者之間對情和欲的看法也產生了不同。有的學者肯定人的欲望，認為欲是人生來就有也是對於人自身的發展和完善必不可少的，只要將人的欲望控制在一定的範圍以內，也就是做到怎樣能夠較好的節欲和寡欲，欲對於人的正常健康發展也就沒有什麼不好的地方。當然，有的學者據此過分誇大甚至認為人生在世就是要及時行樂，充分享受物質欲望帶來的感官和肉體上的刺激，這也是不對的地方。另一方面，有的學者則認為欲對於人本身來說並沒有什麼積極的意義，甚至認為人世間的所有爭端都是由於人們過分追求和享受物質和情感欲望帶來的惡果。對人的欲望採取一種敵視的態度，甚至與上述過分追求物慾的態度相反，至少從理論上認為人的欲望本身可能就是很少的，是不多的。先秦諸子喜好談論人性和情慾問題，正是在此一時代的大背景之下，宋鈃提出了他獨具特色的「情慾寡淺」思想。

由於宋鈃的著作早已經遺失，理解宋鈃「情慾寡淺」的思想材料現在只有《荀子》一書的隻言片語。《荀子·正論》中提到了荀子論述宋鈃「情慾寡淺」思想的材料，現摘抄如下。「子宋子曰：『人之情，欲寡，而皆以己之情為欲多，是過也。』故率其群徒，辨其談說，明其譬稱，將使人知情慾之寡也。」此段引文不同《荀子》的版本是不同的。這裡王先謙依照王念孫《讀書雜志》中的觀點進行了改正。（筆者對《荀子》一書的引文如無特別說明，均引用中華書局出版的新編諸子集成系列王先謙《荀子集解》一書）王念孫其觀點認為，「人之情」三字連讀，「欲寡」二字連讀，非以「情慾」二字連讀。筆者認為，欲在這裡為動詞，希望或想要的意思。欲，猶願也、思也。《方言》：願、欲，思也。同時王念孫還認為，「而皆以己之情慾為多」，他認為應改為「而皆以己之情為欲多」。筆者也同意王念孫的觀點。欲在這裡也是動詞，希望或想要的意思。王念孫還說《天論》篇的注引這一段話正是寫作「以己之情為欲多」，以此來說明自己觀點的正確。（關於這一段文字的討論，詳見中華書局出版的新編諸子集成系列王先謙《荀子集解》344頁。王先謙最後總結中和本人一樣也同意王念孫的改正和斷句）「人之情，欲寡，而皆以己之情為欲多」，意思為人的情感欲望本來是企求很少的，但是人們都以為自己的情感欲望企

求很多。「將使人知情慾之寡也」，楊倞云「情慾之寡」或為「情之欲寡」也。王念孫也認為「將使人知情慾之寡也」應改為「將使人知情之欲寡也」，贊同楊倞說。筆者也贊同王念孫的觀點。欲在這裡同樣是動詞，意思同上。王天海的《荀子校釋》也同意王念孫的觀點，認為「情慾之寡」應改為「情之欲寡」。因此這一段話就應該改為「子宋子曰：『人之情，欲寡，而皆以己之情為欲多，是過也。』故率其群徒，辨其談說，明其譬稱，將使人知情之欲寡也。」從「人之情，欲寡」以及「將使人知情之欲寡」可以看出，荀子認為宋鈃「情慾寡淺」思想是認為人的情感欲望本來是不多的，是很少的，也就是「情慾固寡」的意思。欲在這裡是動詞，可以理解為上面所說希望想要的意思。接著宋鈃「情慾寡淺」的思想，荀子後面採取批判的態度，「應之曰：然則亦人之情為目不欲綦色，耳不欲綦聲，口不欲綦味，鼻不欲綦臭，形不欲綦佚——此五綦者，亦以人之情為不欲乎？曰：『人之情，欲是已。』曰：若是，則說必不行矣。以人之情為欲，此五綦者而不欲多，譬之，是猶以人之情為欲富貴而不欲貨也，好美而惡西施也。古之人為之不然。以人之情為欲多而不欲寡，故賞以富厚而罰以殺損也。是百王之所同也。故上賢祿天下，次賢祿一國，下賢祿田邑，願愨之民完衣食。今子宋子以是之情為欲寡而不欲多也，然則先王以人之所不欲者賞，而以人之欲者罰邪？亂莫大焉。今子宋子嚴然而好說，聚人徒，立師學，成文典，然而說不免於以至治為至亂也，豈不過甚矣哉！」荀子認為人的情感欲望並不是如宋鈃所理解的。相反，人的情感欲望本身是非常多的。荀子顯然是不同意宋鈃對人們情感欲望「固寡」的看法，也即反對宋鈃的「情慾寡淺」的思想。除此之外，《荀子》一書還在其他地方評價過宋鈃「情慾寡淺」的思想。如《荀子・天論》有「宋子有見於少，無見於多」的論述，認為宋鈃只看到人們情感欲望本來是很少的，是不多的一面，沒有看到人們情感欲望本來是很多的一面。《荀子・解蔽》還提到「宋子蔽於欲而不知得」，在這句話裏，如果僅僅看到「蔽於欲」三字，我們不能夠知道是蔽於欲望本來很少，還是蔽於欲望本來很多。但是結合「而不知得」則可以理解。而是轉折詞，得在這裡意思同於《論語》中「老之，戒之在得」的得，孔穎達解釋為貪得。因此「宋子蔽於欲而不知得」的意思，就是宋鈃只知道人們情感欲望本來很少的一方面，卻不知道人們情感欲望本來是貪得的，也就是情感欲望本來是非常多的。但孔子卻不這麼認為，孔子甚至認為在情感欲望方面，年老體衰的人也概莫例外，所以才有上面「老之時，

戒之在得」的話。《荀子‧正名》還評價宋鈃的「情慾寡淺」思想為「山淵平，情慾寡，芻豢不加甘，大鐘不加樂，此惑於用實以亂名者也。驗之所緣無以同異而觀其孰調，則能禁之矣。」這裡的「情慾寡」應該指的是宋鈃的「情慾寡淺」思想，「惑於用實以亂名者」意為用個別事物的「實」來混淆概念的普遍意義。從荀子所舉的「山淵平」的例子可以看出「惑於用實以亂名者」的內涵。就個別現象而言，有些海拔較低的山也可能與高原上的湖泊一樣高，但這只是個別現象，大部分情況下都是山峰的高度肯定要高於湖泊的。而「情慾寡」同「山淵平」是同樣的意思。也就是說荀子所批評的是宋鈃認為人的欲望本來是不多的「情慾寡淺」思想，可能在某個人身上的確是這樣，但這只是特例，荀子認為大部分人的情況與此相反，情感和欲望是非常多的。因此荀子認為「情慾寡」這種思想同「山淵平」一樣，都是「惑於用實以亂名者」，是不正確和混淆視聽的，事實應該恰好與之相反。這也同上面所舉的荀子所理解的宋鈃「情慾寡淺」思想是一致和相符合的。

　　除了正面對「情慾寡淺」說進行評價之外，在對「欲」本身的看法上，也可以從側面瞭解到荀子本人對宋鈃「情慾寡淺」說的看法和評價。「凡語治而待去欲者，無以道欲而困於有欲者也。凡語治而待寡欲者，無以節欲而困於多欲者也」，意思是有的人認為為治的關鍵在於去除欲望以及減少欲望，這種人是無法節制和引導欲望而被有欲和多欲所困的人。「有欲無欲，異類也，生死也，非治亂也。欲之多寡，異類也，情之數也，非治亂也」，荀子認為為治的關鍵不在於「去欲」和「寡欲」，而在怎樣「道欲」和「節欲」。按上面所說荀子所理解的宋鈃正是提倡「凡語治而待去欲者」和「凡語治而待寡欲者」的人。這裡雖然荀子沒有明確提出這兩種觀點是誰提出以及代表人物是誰，但是通過上面我們的分析可以看出，荀子說這些話顯然是具有針對性，而其矛頭很有可能是針對宋鈃而發的。

　　以上從正反兩方面的分析可以看出，荀子自始至終都認為宋鈃「情慾寡淺」的意思是人的情感欲望本來是不多的，是很少的。所以多次不厭其煩的批評他的觀點。而提出與之相反的觀點。

（二）從「大儉約」及「禁攻寢兵」思想來理解宋鈃「情慾寡淺」說

　　從以上分析我們知道了荀子對宋鈃思想的理解，問題是荀子對宋鈃「情慾寡淺」說的理解是否正確呢？讓我們同樣從《荀子》一書當中其他地方對宋鈃思想的描述來進行分析。《荀子‧非十二子》當中記載墨翟與宋鈃的思想，

「不知壹天下建國家之權稱，上功用，大儉約，而慢差等，曾不足以容辨異，縣君臣；然而其持之有故，其言之成理，足以欺惑愚眾：是墨翟宋鈃也。」其中，「大儉約」三字楊倞注為「大，讀曰太。言以功力為上而過儉約也。」認為墨翟宋鈃二人太過於儉約。筆者認為「大儉約」的意思應該依照王念孫的解釋，「上，與尚同。大，亦尚也，謂尊尚儉約也。楊讀大為太，而以為過儉約，失之。」「大儉約」的意思應該是崇尚儉約的意思，而不是楊倞理解的太過於儉約的意思。因此，宋鈃和墨翟二人都具有崇尚和重視節儉的思想。這也可以從《莊子‧天下》對墨翟的「不侈於後世，不靡於萬物」的論述看出。因此我們可以說宋鈃和墨翟一樣，都具有一種崇尚「大儉約」的節用思想。《荀子‧非十二子》將二人放到一起進行評價，想來不會是沒有原因的，有的學者甚至還認為宋鈃屬於墨家的別派或者支流。這也可以從側面反映出宋鈃思想和墨家思想具有某種相似性。宋鈃和墨翟二人之所以會提出此種節用思想，正是當時的社會之中有許多奢侈浪費事情的存在，各諸侯國的國君窮奢極欲，勞民傷財。儒家學派又提倡所謂的「事死如事生，事亡如事存」的厚葬之風。所有這些，最終導致了荀子所描述的宋鈃和墨翟提出「大儉約」這種節用的思想來反對之。

理解了宋鈃「大儉約」的節用思想的具體內容和產生的社會背景，我們才能更好的理解他的「情慾寡淺」說。根據《莊子‧天下》的記載，宋鈃是「以禁攻寢兵為外，以情慾寡淺為內」，問題的關鍵是「情慾寡淺」思想的具體意思是什麼，在《莊子‧天下》中並沒有提到。而《荀子》一書當中荀子對宋鈃的批判，是現存唯一可以理解宋鈃「情慾寡淺」思想的材料。學界目前也基本遵循荀子的看法，認為宋鈃「情慾寡淺」思想的涵義是人的情感欲望本來不多，是很少的，是「情慾固寡」的意思。但是我們上面已經說過，宋鈃同墨翟一樣，針對現實生活之中人們過於奢侈浪費的現狀，都提倡「大儉約」，即崇尚節儉，反對奢侈浪費的節用思想。重要的是，正是宋鈃崇尚這種「大儉約」的節用思想，所以宋鈃才要提倡「情慾寡淺」的方法具體實行之。也就是要人們從內心深處消減和抑制自己過多的以及不必要的情感欲望。做到只要能夠滿足基本生理要求便應該適可而止，「請欲固置五升之飯足矣」，不要追求不必要和過多的情感欲望，導致奢侈浪費的發生。「情慾寡淺」的欲字在這裡是名詞，是欲望的意思。情慾應該是連讀的，欲字在這裡並不是動詞希望想要的意思。試想一下，如果人們的情感欲望本來就是很少的，是不

多的，是「情慾固寡」的。那麼人們也就沒有可能過分追求不必要的情感欲望，社會上奢侈浪費的事情因此也就不會發生。那樣的話宋鈃同墨翟在《莊子·天下》當中也就沒有必要提倡「大儉約」的節用主張了。正因為人們本身具有過多的情感和欲望，所以宋鈃「情慾寡淺」的本意並不是如荀子和學界目前所理解的，人的情感欲望本來是不多的，是很少的意思。「情慾寡淺」類似於孟子的「養心莫善於寡欲」以及老子的「禍莫大於不知足，咎莫大於欲得」。前提恰恰是宋鈃首先承認人的情感欲望本來是很多的，是欲壑難填的。為了實行他「大儉約」的節用思想，所以他才要提出「情慾寡淺」的思想，從內心深處消滅和抑制人們過多和不必要的情感和物質欲望。

除了聯繫「大儉約」的節用思想來理解「情慾寡淺」思想外，聯繫《莊子·天下》當中宋鈃的「禁攻寢兵」思想也可以來理解宋鈃「情慾寡淺」的思想。宋鈃認為之所以會有諸侯國之間的不斷戰爭，是因為人們有無盡的情感欲望，主要是物質欲望導致的物慾的橫流。諸侯國之間貪戀別國的土地和人民，人們有太多的物質要求和欲望。因此才會發動掠奪戰爭，侵略他國。因此怎樣實現他所主張的「禁攻寢兵」的最終目的呢，宋鈃認為第一步首先要排除主觀上的認識和偏見。個人因為受不同地域和風俗習慣的影響，難免主觀上帶有各種偏見和狹隘的思想。因此首先要去除主觀成見的隔蔽，即做到「接萬物以別宥為始」。「宥」通「囿」，也就是偏見或者成見的意思。在此之上才能更好的以理性的態度認識自己，認識到內心之中哪些欲求是不必要的，是應該抑制的。進而從內心深處盡最大可能的消滅不必要的情感和物質欲望，即做到「情慾寡淺」。與此同時，只有首先去除主觀的成見，也才能夠做到宋鈃所主張的「見侮不辱」思想，認為受到侮辱並不認為是一種恥辱，進而也就不會產生和他人的爭鬥了。如果從內心深處真正做到了「情慾寡淺」和「見侮不辱」，那麼最終自然會達到弭兵的目的，實現「禁攻寢兵」。「情慾寡淺」和「禁攻寢兵」互為因果，「情慾寡淺」是方法和手段，「禁攻寢兵」是最終的目的和結果，「宋鈃為什麼竭力鼓吹他的欲寡說，反對人民多欲、貪欲？是為從『欲寡』引出『息爭』的結論」〔註16〕因此宋鈃才有「以禁攻寢兵為外，以情慾寡淺為內」的主張。從對宋鈃主要思想觀點的理解與相互之間的關係上。我們也可以知道「情慾寡淺」的本意並不是人的情感欲望本來是不多的，

─────────────────

〔註16〕劉蔚華、苗潤田：《稷下學史》，北京：中國廣播電視出版社，1992年版，第139頁。

是很少的，並不是「情慾固寡」的意思。

目前最為全面完整理解宋鈃思想的材料是《莊子·天下》中的描述，筆者認為研究宋鈃思想還要從此段材料出發。「不累於俗，不飾於物，不苟於人，不忮於眾，願天下之安寧以活民命，人我之養，畢足而止，以此白心。古之道術有在於是者，宋鈃、尹文聞其風而悅之。作為華山之冠以自表，接萬物以別宥為始。語心之容，命之曰『心之行』。以聏合歡，以調海內。請欲置之以為主。見侮不辱，救民之鬥，禁攻寢兵，救世之戰。以此周行天下，上說下教。雖天下不取，強聒而不捨者也。故曰：上下見厭而強見也。雖然，其為人太多，其自為太少，曰：『請欲固置五升之飯足矣。』先生恐不得飽，弟子雖饑，不忘天下，日夜不休。曰：『我必得活哉！』圖傲乎救世之士哉！曰：『君子不為苛察，不以身假物。』以為無益於天下者，明之不如己也。以禁攻寢兵為外，以情慾寡淺為內。其小大精粗，其行適至是而止」。對照其他先秦諸子的書籍可知，《天下》所總結的宋鈃思想是非常準確的，《天下》很好的總結了宋鈃的思想內容。這裡也提到了「情慾寡淺」，但是從這大段材料當中絲毫看不到荀子所理解的「情慾寡淺」為人的欲望本來很少，是不多的那種意思。如果真如荀子所理解的那種意思，《天下》之中肯定會有所表達，但是我們並沒有看到。相反，倒是許多地方和墨家思想相接近。

還有的學者認為，需要改變上段材料當中的一些字。「『請欲置之以為主』，與上下文都不聯絡。我的淺見以為『請欲置之』四字是『情慾寡少』的傳寫錯誤。『情』誤為『請』，『少』誤為『之』，是很容易的；『寡』先誤為『真』後又寫作音義相近的字，即『置』也是極自然的事。下文『請欲固置』當為『情固欲寡』的誤文。『情』『寡』的錯誤已經解釋。『固欲』顛倒，也是會有的事。假如容納我的這個假定，那麼，這兩處說不通的文字就成為極明顯的話。『情慾寡少以為主』『見侮不辱』救民之鬥，『禁攻寢兵』救世之戰把尹文、宋鈃的精髓說完。『情固欲寡，五升之飯足矣』也成為一句自明的話。」〔註17〕梁啟超也認為『請』當為『情』字之誤，並以「海內情慾」四字連讀，還有的學者認為「請欲固置」應該為「情慾固寡」，也是認為情字誤為請，寡字誤為置。其他學者如馮友蘭、高亨等也同意改字說。筆者認為，改字說是不能成立的。不管是「請欲置之以為主」還是「請欲固置」都是可以講通，完全符合文意的。「請欲置之以為主」郭象注為「二子請得若此者立以為

〔註17〕唐鉞：《尹文和尹文子》，載《清華大學學報》1926 年第 4 卷第 1 期。

物主也」，成玄英疏為「置立此人以為物主也」。馬其昶云「『置之以為主』置合驪之心以為行道之主也」。王叔岷先生認為「『置之』猶立此，承上文而言，主猶本也，謂請欲立上文所述為本也」〔註18〕從郭成二人的注釋以及馬其昶和王叔岷先生的理解可以看出，這裡的請字和置字都沒有如改字說的學者所理解的誤為情字和寡字。這說明郭成二人所見的本子和今天所見本是一樣的。同理，如果前面不改字的話，後面的「請欲固置」也就沒有必要將請和置改為情和寡。「請欲置之以為主」的「置」意為安置，「之」代指前面說的「心之容」和「心之行」，「心之容」的「容」字意為寬容講。全句的意思為請將這種寬容之心作為主導思想，正是這種寬容之心的存在，迫使他提出了「願天下之安寧以活民命」，拯救百姓於水火之中。「請欲固置五升之飯足矣」的「固」字意為必〔註19〕。「五升之飯」意同今日一升之飯，言飯量少也。只要如此少的飯菜就夠了，哪怕吃不飽也不要緊。即使這樣宋鈃也「不忘天下，日夜不休」真正切身做到了「為人太多，自為太少」。這些思想都是與宋鈃本身相符合的，都與墨家思想相似，無怪乎有的學者認為宋鈃屬於墨家學者了。通過以上的分析，我們認為沒有必要強行改字，隨意改字刪字以及變動字的位置都是閱讀古籍的大忌，改字說顯然是要迎合荀子所理解的宋鈃「情慾寡淺」的思想。即認為人的欲望本來是不多的，是很少的這種思想。

（三）結語

　　從上面對「大儉約」思想以及「禁攻寢兵」思想的分析可以看出，宋鈃「情慾寡淺」思想的本意應該是在承認人們情感欲望過多，以及面對人們不必要的情感欲望的前提下，從內心出發，消滅和抑制過多和不必要的情感和物質欲望，達到滿足基本生理欲望的狀態，即「人我之養，畢足而止」。學界目前認為「情慾寡淺」是人的欲望本來是不多的，是很少的都是受到荀子思想的影響。因為《宋子》一書早已經遺失，要瞭解宋鈃思想只有《荀子》一書當中有對「情慾寡淺」思想的論述。荀子的錯誤理解直接導致了當代學者對其思想的誤解。從對此觀點的分析也可以看出，宋鈃「情慾寡淺」思想的提出同當時的社會背景是分不開的。因此，「情慾寡淺」思想對我們今天物慾橫流的現實社會和加強自我道德修養也具有一定的借鑒意義。

〔註18〕王叔岷：《莊子校詮》，北京：中華書局，2007 年版，第 1324～1325 頁。
〔註19〕王引之：《經傳釋詞》，上海：上海古籍出版社，2014 年版，第 114 頁。

第三節　人之性惡，其善者偽也

一、性惡論思想探析

上一節我們討論了荀子對「性」的定義以及對「情」和「欲」的基本看法。那麼荀子到底對人性有著怎樣的看法呢？在討論荀子人性論思想的時候最為引人注目的便是他的性惡論思想，與孟子的性善論形成鮮明對比。這主要集中在《性惡》一篇中，下面讓我們進行詳細的分析。

荀子在《性惡》一篇中反覆申說「人之性惡」的觀點，如「今人之性，生而有好利焉，順是，故爭奪生而辭讓亡焉；生而有疾惡焉，順是，故殘賊生而忠信亡焉；生而有耳目之欲，有好聲色焉，順是，故淫亂生而禮義文理亡焉。然則從人之性，順人之情，必出於犯分亂理，而歸於暴。故必將有師法之化，禮義之道，然後出於辭讓，合於文理，而歸於治。用此觀之，人之性惡明矣，其善者偽也」（《荀子·性惡》）荀子認為，人生來就具有「好利」「疾惡」以及「耳目之欲」「好聲色」的本性，如果順著這種本性而不加人為節制的話，就會導致「爭奪生而辭讓亡」「殘賊生而忠信亡」以及「淫亂生而禮義文理亡」的後果發生。也就是「故順情性則不辭讓矣，辭讓則悖於情性矣。用此觀之，人之性惡明矣，其善者偽也。」（《荀子·性惡》）從這種「好利」「疾惡」以及「耳目之欲」「好聲色」的本性不加節制自然發展所導致「爭奪生而辭讓亡」「殘賊生而忠信亡」以及「淫亂生而禮義文理亡」的後果著眼，荀子認定人性是惡的，這就是荀子的性惡論的邏輯分析，而人性之中善的來源則是後天所養成的。這種「好利」「疾惡」以及「耳目之欲」「好聲色」的本性其實指的就是人先天具有的情感和欲望。荀子在這裡顯然是承認人類先天具有的情感和欲望存在的合理性，這在我們上面討論荀子對情慾的肯定態度時已經說明，這種對情感欲望的肯定態度極有可能受到黃老之學的影響。那麼我們要問的是，「好利」「疾惡」以及「耳目之欲」「好聲色」的本性自身是善還是惡呢？筆者認為人的這種「好利」「疾惡」以及「耳目之欲」「好聲色」的本性在荀子看來是無所謂善惡的，[註20]只是如果順著這種本性而不加以外在人為節制的話，則會導致惡的發生，而善的養成則

〔註20〕有的學者認為荀子「好利」「疾惡」以及「耳目之欲」「好聲色」的天性本身就是惡的，荀子是先天的性惡論者。詳見廖名春：《荀子新探》，北京：中國人民大學出版社，2014年，第85～86頁。

是後天修為的結果。〔註21〕荀子的思想與孟子先天的道德論思想截然相反，這也成為後世學者批評的集中點。如程頤認為：「荀子極偏駁，只一句性惡，大本已失」（《二程集》）不管「好利」「疾惡」以及「耳目之欲」「好聲色」的本性本身是惡也好，還是「順是」導致的結果是惡也好，可以肯定的是荀子認為人天生就具有「好利」「疾惡」以及「耳目之欲」「好聲色」的這些本性是沒有問題的，這種「好利」「疾惡」以及「耳目之欲」「好聲色」的本性可以理解為人天生的本性就是好利惡害的，就是趨利避害的。對此，孔孟也有相近的論述，如孔子認為「富與貴，是人之所欲也……貧與賤，是人之所惡也」（《論語・里仁》）孟子也有類似的看法，如「富，人之所欲」（《孟子・萬章上》）和「貴，人之所欲」（《孟子・萬章上》）等。孔孟雖然承認人具有這種趨利避害的天性，但是孔孟對此基本上持鄙視的態度。如果認為趨利避害或者好利惡害的本性將導致「爭奪」「殘賊」「淫亂」的發生，這是「人之性惡」的表現。那麼我們要問的是，若人性並不如孟子所言天生性善的話，那麼荀子的人性之中有無最終成善的可能？人性之中若無善的可能性的話，怎樣進行化性起偽的工夫呢？荀子認為要靠外在的禮義作為手段和工具來矯飾人性的惡，使之向善，那麼人類自身有沒有向善和成善所具有的條件和資質呢？難道只是依靠外在禮義的強制性規範嗎？

要回然上面的問題，《性惡》篇中的一段話值得我們仔細研究。「塗之人可以為禹。曷謂也？曰：凡禹之所以為禹者，以其為仁義法正也。然則仁義法正有可知可能之理。然而塗之人也，皆有可以知仁義法正之質，皆有可以能仁義法正之具，然則其可以為禹明矣。今以仁義法正為固無可知可能之理邪？然則唯禹不知仁義法正，不能仁義法正也。將使塗之人固無可以知仁義法正之質，而固無可以能仁義法正之具邪？然則塗之人也，且內不可以知父子之義，外不可以知君臣之正。今不然。塗之人者，皆內可以知父子之義，外可以知君臣之正，然則其可以知之質，可以能之具，其在塗之人明矣。今使

〔註21〕有的學者認為荀子不是性惡論者，而是性樸論者。並認為《性惡》篇不是荀子本人所作，而是荀子後學所作。詳見周熾成：《荀子與韓非子的社會歷史哲學》，廣州：中山大學出版社，2002 年；周熾成：《荀子：性樸論者，非性惡論者》，《光明日報》2007 年 3 月 20 日第 11 版；周熾成：《荀子乃性樸論者，非性惡論者》，《邯鄲學院學報》2012 年第 4 期，第 24～31；林桂臻：《論荀子性樸論的思想體系及其意義》，《現代哲學》2012 年第 6 期，第 106～111 頁。

塗之人者，以其可以知之質，可以能之具，本夫仁義法正之可知可能之理，可能之具，然則其可以為禹明矣。」(《荀子‧性惡》)荀子認為即使路途之上的普通人也可能成為大禹一樣的聖人，荀子之所以會如此認為，是因為兩個方面的原因。一方面是「然則仁義法正有可知可能之理」(《荀子‧性惡》)仁義法正本身可以被人們認知。另一個原因是「然而塗之人也，皆有可以知仁義法正之質，皆有可以能仁義法正之具」(《荀子‧性惡》)，人們具有可以「知之質」和「能之具」〔註22〕，這是人自身所具有的資質和能力。正是上面兩個原因，所以說「然則其可以為禹明矣」(《荀子‧性惡》)但是問題在於，現實中並不是每個人都成為大禹一樣的聖人。有許多人卻成為桀紂一樣的人，這又是怎樣造成的呢？原因就在於「質」和「具」是「可以知」和「可以能」，而不是必然知和必然能，可能性並不等於必然性。正如荀子在同一段話後面所論述的一樣，「故塗之人可以為禹，則然；塗之人能為禹，則未必然也。雖不能為禹，無害可以為禹。足可以遍行天下，然而未嘗有遍行天下者也。夫工匠農賈，未嘗不可以相為事也，然而未嘗能相為事也。用此觀之，然則可以為，未必能也；雖不能，無害可以為。然則能不能之與可不可，其不同遠矣，其不可以相為明矣。」(《荀子‧性惡》)雖然每個人都有可能成為大禹，但是不一定成為大禹。就像足可能走遍天下，但是沒有人能夠走遍全天下一樣。雖然順著人的「好利」「疾惡」以及「耳目之欲」「好聲色」等本性會使人為惡，但是性惡並不是人性的全部內容。人性之中有可能導致成為堯舜的趨向，也有可能導致成為桀紂的趨向，關鍵在於外在條件的引導和制約。

二、化性起偽

性惡並不是人性之中的全部內容，人性之中還具有成為大禹一樣聖人的「質」和「具」。關鍵看對人性進行怎樣的引導，也就是荀子所說的「化性起偽」的工夫。荀子認為，「性也者，吾所不能為也，然而可化也」(《荀子‧性惡》)認為「性」雖然是天生的，但是卻是可以變化和改造的。所有人的「性」都是相同的，「凡人之性者，堯舜之與桀跖，其性一也；君子之與小人，其性一也」(《荀子‧性惡》)那麼「偽」又是什麼呢？「不可學，不可事，而在人

〔註22〕廖名春認為「知之質」和「能之具」也屬於「性」的內容，這層意義上的「性」無所謂善惡。化性起偽中的「性」指的正是此種意義上的「性」，對此我們只是將其觀點說明，不詳加討論。

者，謂之性；可學而能，可事而成之在人者，謂之偽。是性偽之分也。」(《荀子・性惡》)「若夫目好色，耳好聽，口好味，心好利，骨體膚理好愉佚，是皆生於人之情性者也；感而自然，不待事而後生之者也。夫感而不能然，必且待事而後然者，謂之生於偽。是性偽之所生」(《荀子・性惡》)「偽」與「性」恰好相反，「偽」是「可學而能，可事而成」的，那麼怎樣才能「化性起偽」，換句話說怎樣才能改變人的本性使之成聖呢？這需要禮義的作用，「人無禮義則亂，不知禮義則悖。然則性而已，則悖亂在己」(《荀子・性惡》)正是禮義使得人成為堯舜一樣的聖人，「所賤於桀跖小人者，從其性，順其情，安恣孳，以出乎貪利爭奪。故人之性惡明矣，其善者偽也。天非私曾騫孝己而外眾人也，然而曾騫孝己獨厚於孝之實，而全於孝之名者，何也？以綦於禮義故也。天非私齊魯之民而外秦人也，然而於父子之義，夫婦之別，不如齊魯之孝具敬文者，何也？以秦人從情性，安恣孳，慢於禮義故也，豈其性異矣哉」(《荀子・性惡》)

　　那麼禮義又來自哪裏呢？具體來說禮義則是聖人所生。〔註23〕聖人制定禮義來矯飾人的本性，使之趨向於善。「直木不待檃栝而直者，其性直也。枸木必將待檃栝烝矯然後直者，以其性不直也。今人之性惡，必將待聖王之治，禮義之化，然後始出於治，合於善也」(《荀子・性惡》)「凡禮義者，是生於聖人之偽，非故生於人之性也。故陶人埏埴而為器，然則器生於陶人之偽，非故生於人之性也。故工人斲木而成器，然則器生於工人之偽，非故生於人之性也。聖人積思慮，習偽故，以生禮義而起法度，然則禮義法度者，是生於聖人之偽，非故生於人之性也」(《荀子・性惡》)禮義是聖人「積思慮，習偽故」的產物，聖人與普通人雖然本性相同，但是聖人不同於普通人的地方恰恰在於「偽」，而正是因為這個原因，導致聖人能夠「生禮義而起法度」。

　　雖然聖人具有「生禮義」的功能，但是禮義的制定也要符合人的本性，否則也達不到「化性起偽」的功能，這就牽涉到制定禮義的標準以及禮義的作用和功能問題。禮義的作用和功能主要是養欲和明分，〔註24〕前面討論過

〔註23〕如荀子認為「古者聖王以人性惡，以為偏險而不正，悖亂而不治，是以為之起禮義，制法度，以矯飾人之情性而正之，以擾化人之情性而導之也，始皆出於治，合於道者也」(《荀子・性惡》)

〔註24〕我們這裡主要討論禮義的養欲功能，至於禮義的明分功能在後面討論禮法關係一章時詳細討論。荀子認為禮的起源是「禮起於何也？曰：人生而有欲，欲而不得，則不能無求。求而無度量分界，則不能不爭；爭則亂，亂則窮。

荀子肯定人類欲望存在的合理性，認為欲望是先天具有的，不可能消除。欲望與治亂沒有必然的關係，重要的是引導和節制。禮義的一個重要作用便是養欲，即「故禮者養也」（《荀子‧禮論》）〔註25〕禮義的養欲功能表現在各方面，「芻豢稻粱，五味調香，所以養口也；椒蘭芬苾，所以養鼻也；雕琢刻鏤，黼黻文章，所以養目也；鍾鼓管磬，琴瑟竽笙，所以養耳也；疏房檖貌，越席床笫几筵，所以養體也」（《荀子‧禮論》）

對於禮義的養欲功能，在喪禮之中能夠得到最好的表現。「三年之喪，何也？曰：稱情而立文，因以飾群，別親疏貴賤之節，而不可益損也。故曰：無適不易之術也。創巨者其日久，痛甚者其愈遲，三年之喪，稱情而立文，所以為至痛極也。齊衰、苴杖、居廬、食粥、席薪、枕塊，所以為至痛飾也。三年之喪，二十五月而畢，哀痛未盡，思慕未忘，然而禮以是斷之者，豈不以送死有已，復生有節也哉」（《荀子‧禮論》）荀子認為三年之喪的規定符合人的本性，對於父母親人的逝世，任何人內心之中都會感到悲痛。因此，依照「稱情而立文」的標準，三年之喪的規定，以使情文俱盡，能夠最大限度的滿足個人的情感欲望的表達。無怪乎荀子會認為「禮者，謹於治生死者也。生、人之始也，死、人之終也，終始俱善，人道畢矣。故君子敬始而慎終，終始如一，是君子之道，禮義之文也」（《荀子‧禮論》），認為喪禮的制定最能夠表達禮義的養欲功能。

以上討論了荀子通過禮義來「化性起偽」的問題，可以看到禮義的基本作用就是養欲。同時禮義的制定要符合人的本性的需要，要達到「稱情而立文」的效果。黃老之學也肯定「禮」的功能與作用，認為禮義能夠對人性具有節制和調節功能。這在我們論述黃老對「性」的界定問題時已經涉及，此不詳論。這裡要考察的是，荀子認為制禮的原則要符合人的本性，要滿足人的基本欲望和要求的原則在某種程度上類似於黃老之學因循的思想。

「因」的意思主要有兩個，一個是因循的意思，另一個是憑藉的意思。黃老的因循思想包括「因天道」和「因人情」兩個部分，這裡涉及的主要是

先王惡其亂也，故制禮義以分之，以養人之欲，給人之求。使欲必不窮於物，物必不屈於欲。兩者相持而長，是禮之所起也」（《荀子‧禮論》）

〔註25〕「荀子認為，作為度量分界的禮義原則，其實質就是在個人慾望的滿足與社會的和諧有序之間尋找一個平衡點，而沒有抑制某一方的意味。」詳見吳樹勤：《禮學視野中的荀子人學──以「知通統類」為核心》，濟南：齊魯書社，2007年，第152頁。

因循人情的方面。與儒家對人性給予善惡的價值評判不同，黃老認為人的本性是趨利避害，或者是好利惡害的。《黃老帛書》沒有提到人性到底是善或惡的問題，但是其提到「不受祿者，天子弗臣也；祿薄者，弗與犯難。故以人之自為，不以人之為我也」（《黃帝四經・稱》）認為不接受俸祿的人，不能夠讓其作為臣下；接受俸祿很少的人，不可與之面臨困難。因此最重要的是要讓人們替自己打算，而不首先讓其替他人考慮。這其實已經類似於承認人的好利惡害以及趨利避害的本性，只不過沒有明說而已。《管子》四篇中則有「人之可殺，以其惡死也；其可不利，以其好利，怵於好，則忘其所惡；非道也」（《管子・心術上》）人能通過賞罰來進行控制，是因為人好利惡害的本性所導致的。《慎子》之中對因循人性則有更為明確的主張，「天道因則大，化則細。因也者，因人之情也。人莫不自為也，化而使之為我，則莫可得而用矣。是故先王見不受祿者不臣，祿不厚者，不與入難。人不得其所以自為也，則上不取用焉。故用人之自為，不用人之為我，則莫不可得而用矣。此之謂因」（《慎子・因循》）慎子首先從理論上論證因循人性思想的必要性，認為這符合天道的發展，「因」的實質就是對人性的因循。《慎子》認為人的本性都是為自己打算，替自己考慮，也就是趨利避害、好利惡害的。改變人的本性讓其首先考慮他人的利益，則是不可能的事情。因此做事情就要從人的這種好利惡害的本性出發，最大限度的滿足人的這種好利自為的本性，這就是黃老之學所謂的因人情的主張。黃老之學對人的這種趨利避害，好利自為的本性並沒有認定是惡，也就是沒有給予價值判斷。而荀子卻認為人的好利惡害的本性是惡的表現，主張以禮義來改變人的這種趨向惡的本性，「化性起偽」而使之向善，這是荀子與黃老的差異所在。但是荀子又認為在制定禮義的時候，要考慮制禮的原則，禮義的制定要符合人的本性，也就是要達到養欲的目的和「稱情而立文」的效果。制定禮義不能夠不考慮人的本性，不能夠不滿足人的情感欲望的合理表達，這在某種意義上也屬於因循人的本性的表現。不過其與黃老的因循人性具體內容則是不同的，這是要注意的地方。

三、塗之人可以為禹

　　荀子認為「好利」「疾惡」以及「耳目之欲」「好聲色」的本性如果順其自然發展而不給予外在的人為限制的話，則會導致「爭奪」「殘賊」以及「淫亂」

的後果發生。因此，人的本性之中一方面有可能導致惡的發生，另一方面如果通過外在禮義的矯飾功能，則可使其擺脫性惡。除了禮義的「化性起偽」功能外，能達到「化性起偽」功能的還有師法以及環境和習俗的引導。

「故人無師無法而知，則必為盜，勇則必為賊，云能則必為亂，察則必為怪，辯則必為誕；人有師有法，而知則速通，勇則速畏，云能則速成，察則速盡，辯則速論。故有師法者，人之大寶也；無師法者，人之大殃也。人無師法，則隆性矣；有師法，則隆積矣。而師法者，所得乎積，非所受乎性。性不足以獨立而治」（《荀子‧儒效》）人如果有「師法」的作用的話，則會「隆積」，相反沒有「師法」的話，則會「隆性」。荀子認為「化性起偽」最為重要的便是所謂的「積」，也就是通過累積仁義，以期對人性進行改造，使之趨向於善。「故積土而為山，積水而為海，旦暮積謂之歲，至高謂之天，至下謂之地，宇中六指謂之極，塗之人百姓，積善而全盡，謂之聖人。彼求之而後得，為之而後成，積之而後高，盡之而後聖，故聖人也者，人之所積也。人積耨耕而為農夫，積斲削而為工匠，積反貨而為商賈，積禮義而為君子。工匠之子，莫不繼事，而都國之民安習其服，居楚而楚，居越而越，居夏而夏，是非天性也，積靡使然也。」（《荀子‧儒效》）聖人就是對仁義的積累而至，而「積」的結果，在很大程度上依賴於「師法」的影響和作用。因此荀子將老師稱之為「人之大寶也」（《荀子‧儒效》）「夫人雖有性質美而心辯知，必將求賢師而事之，擇良友而友之。得賢師而事之，則所聞者堯舜禹湯之道也；得良友而友之，則所見者忠信敬讓之行也。身日進於仁義而不自知也者，靡使然也。今與不善人處，則所聞者欺誣詐偽也，所見者污漫淫邪貪利之行也，身且加於刑戮而不自知者，靡使然也。傳曰：「不知其子視其友，不知其君視其左右。」靡而已矣！靡而已矣！」（《荀子‧性惡》）這一段對良師益友的論述詳細解釋了其與道德修養二者之間的關係。

另一個對「化性起偽」起關鍵作用的是環境和習俗的影響，用荀子本人的話叫做「注錯習俗」。荀子多次提到其重要性所在。「注錯習俗，所以化性也」（《荀子‧儒效》）「習俗移志，安久移質」（《荀子‧儒效》）等，認為好的風俗習慣會改變人自身的素質，並且舉了生動的例子。「蓬生麻中，不扶而直；白沙在涅，與之俱黑。蘭槐之根是為芷，其漸之滫，君子不近，庶人不服。其質非不美也，所漸者然也。故君子居必擇鄉，遊必就士，所以防邪辟而近中正也」（《荀子‧勸學》）風俗環境對於性格和道德的養成起著關鍵的作用，周

邊的環境對人自身性格和道德的養成起著潛移默化的功能。所謂的近朱者赤，
近墨者黑正是這個道理，孟母三遷的例子更能夠說明這個問題。

　　「化性起偽」是要達到「塗之人可以為禹」的最終目的，雖然人人不必
然成為大禹一樣的聖人，也有可能成為桀紂一般的惡人。這反映了儒家思想
的基本特徵，借助於禮義以及師法和外部環境的改善，以期使人的道德修養
臻於完善，最終成就理想人格的實現。不管「禮義」也好，還是「師法」和
「注錯習俗」也罷，都是儒家提升人的道德修養的重手手段之一。《論語》
之中多次記載孔門弟子向孔子問學的對話，所問內容包括仁、義、孝等不同
方面。孔子針對所問的問題不同以及所問者本人資質不同給予不同的回答。
從中也可看出師本身對道德和學問提升的重要性。這些都說明了荀子雖然在
人性論之中借鑒吸收了黃老的部分思想，但是其論述人性思想的最終目的還
是要成就理想人格，反映了其儒家學派的底色。在追求「塗之人可以為禹」
的過程中，荀子一方面注重「積」，另一方面還注重「學」。如《荀子》首章
即為《勸學》，這也說明其對學的重視程度。「君子曰：學不可以已。青、取
之於藍，而青於藍；冰、水為之，而寒於水。木直中繩，輮以為輪，其曲中
規，雖有槁暴，不復挺者，輮使之然也。故木受繩則直，金就礪則利，君子
博學而日參省乎己，則知明而行無過矣」（《荀子・勸學》）「學」的過程最為
重要的是講究內心的專心一志，「百發失一，不足謂善射；千里蹞步不至，
不足謂善御；倫類不通，仁義不一，不足謂善學。學也者，固學一之也。一
出焉，一入焉，塗巷之人也；其善者少，不善者多，桀紂盜跖也；全之盡之，
然後學者也」（《荀子・勸學》）學的過程就是學習「一」的過程，「一」指的
就是內心的專一不二的意思。「駑馬十駕，功在不捨。鍥而舍之，朽木不折；
鍥而不舍，金石可鏤。螾無爪牙之利，筋骨之強，上食埃土，下飲黃泉，用
心一也。蟹八跪而二螯，非蛇蟺之穴，無可寄託者，用心躁也。是故無冥冥
之志者，無昭昭之明；無惛惛之事者，無赫赫之功。行衢道者不至，事兩君
者不容。目不能兩視而明，耳不能兩聽而聰。螣蛇無足而飛，梧鼠五技而窮。
詩曰：「尸鳩在桑，其子七兮。淑人君子，其儀一兮。其儀一兮，心如結兮。」
故君子結於一也。」，現實之中的例子更是說明用心專一對道德修養的提升
起著重要的作用。這些都說明荀子不愧以儒家正統自居，是先秦時期儒家的
集大成者。

第四節 小結

荀子從對孟子性善論的批判出發，闡明自己對人性的看法。認為「性」是天然具有的資質和才能，不能夠人為的消除。孟子將「性」理解為人之所以為人的依據，指的是人所特有的道德屬性。而荀子則將「性」理解為人與動物的相同之處，這是二者的差異所在。黃老之學以及《莊子》外雜篇之中將「性」理解為「性者，生之質也」，也是將其看做一種與生俱來的資質，不需後天的作為，荀子對「性」的理解可能受其影響所致。同時，荀子對「禮」基本上也持肯定的態度，認為其對人的情感欲望具有引導和節制的作用。

荀子有時也「性」「情」「欲」三者連用，「情」「欲」有的時候其內涵也同於「性」。「情」「欲」也是人先天所具有的情感欲望，也是不待而得的，因此也是無法消除的，重要的是加以人為的節制和引導。荀子基本上對「情」「欲」持肯定的態度。黃老之學也肯定「情」「欲」存在的合理性，認為要得民心或順民心的話，就要最大限度的滿足百姓的生產和生活欲望，這在黃老之學中有大量論述。

在肯定「情」「欲」的基礎上，荀子提出了他獨特的「人之性惡，其善者偽也」的觀點。認為人天生就有「好利」「疾惡」以及「耳目之欲」「好聲色」的本性，也即好利惡害、趨利避害的本性。如果順著這種本性而不加人為節制的話，就會導致「爭奪生而辭讓亡」「殘賊生而忠信亡」以及「淫亂生而禮義文理亡」的後果發生。荀子從這種後果著眼，認為人性是惡而不是善的。這裡的「好利」「疾惡」以及「耳目之欲」「好聲色」的本性指的是人自然的情感欲望，因此荀子的「性」有兩層含義。第一層意思應該是指一種先天具有的資質和能力，即「性者，本始材樸也」（《荀子·禮論》）第二層意思應該指的是以「情」和「欲」為主要內容的生理本能和欲望。而「好利」「疾惡」以及「耳目之欲」「好聲色」的情感欲望本身無所謂善惡。荀子人性惡思想並不是人性論思想的全部內容，人性之中有趨向於惡的可能性，同時還具有趨向於善的可能性。雖然荀子沒有明確提出人性趨向於善的可能性的觀點，但是從「化性起偽」的命題中也可以推導出此一結論。「對於荀子而言，儘管其性是自然而然的，但仍隱含有一定的向善、為善之可能性，因為在他眼裏聖人是能夠對於一般人進行化性起偽的，而化性起偽的前提條件便是人性當中應含有向善、為善的可能，若非如此，聖人教化則無從談起。」

〔註26〕這也為荀子「化性起偽」思想的提出提供了可能性。

荀子認為每個人都有可能成為大禹一樣的聖人，因此要改變人的本性，使之趨向於善。這是「偽」所達成的工夫和效果，具體來說則是通過禮義的作用。而禮義又是聖人所制定的，禮義是聖人「積思慮，習偽故」的產物。聖人與普通人雖然本性相同，但是聖人不同於普通人的地方恰恰在於「偽」，而正是因為這個原因，導致聖人能夠「生禮義而起法度」。禮義的作用主要包括養欲和明分兩個方面。禮義的制定要符合人的本性，滿足其基本的情感欲望，即達到「稱情而立文」的目的，這體現了其養欲的功能，其中喪禮的制定最能體現這一功能。禮義的制定要求滿足人的情感欲望的原則類似於黃老因循人情的主張，但二者因循思想的具體內容則是不同的。二者雖然都認為人的本性是好利惡害的，但是黃老並沒有給予其價值判斷，並不認為這種趨利避害的本性是善或者是惡。只是認為應該順應人們趨利避害的本性從事，滿足其趨利避害的情感和欲望。而荀子則認為趨利避害的本性要通過禮義等手段來矯飾，達到「化性起偽」的目的，這是二者的差異所在。但荀子認為禮義的制定要滿足人的情感欲望的表達，也有因循人情的意思在內。

除了禮義的作用外，師法以及環境和習俗的引導也能達到「化性起偽」的效果。不管是禮義還是師法和注錯習俗，都是儒家提升個人道德修養的重要手段，其最終目的是要達到「塗之人可以為禹」，成就理想人格的實現，這都體現了荀子的儒家思想傳統。荀子認為「化性起偽」最為重要的便是所謂的「積」，也就是通過累積仁義，以期對人性進行改造，使之趨向於善。除了「積」之外，荀子另一方面還注重「學」，其中心內容是在「學」的過程中要專心一志，切勿三心二意，並且舉了許多生動的例子說明，這再一次體現了其儒家的精神。

〔註26〕李友廣：《先秦儒家人性論的演變——以郭店儒簡為考察重點》，西安：陝西人民出版社，2014 年，第 175 頁。

第四章　荀子認識論與黃老之學

第一節　「天官意物」與「心有徵知」

　　認識論問題是先秦諸子都喜好談論的問題，儒道墨法名各家思想都曾涉及。在論述認識論的過程中，勢必牽涉到認識的來源、認識主體與客體、認知方法以及認知目的等眾多問題。荀子借鑒吸收各家思想，對此有詳細的論述。

一、「凡以知人之性」與「可以知物之理」

　　對認識論問題，存在著人的認識是先天所具有的，還是客觀產生的問題。孔子有「生而知之者，上也；學而知之者，次也；困而學之，又其次也；困而不學，民斯為下矣」（《論語・季氏》）的話，認為有生而知之的人，但是孔子卻認為自己是「我非生而知之者，好古，敏以求之者也」（《論語・述而》）認為自己是通過勤奮刻苦的學習才獲得廣博的知識。

　　荀子繼承和發展了孔子「學而知之」的觀點，認為認識來源於個人的親身實踐活動。如在首篇《勸學》就反覆提出「故不登高山，不知天之高也；不臨深溪，不知地之厚也；不聞先王之遺言，不知學問之大也」不親自登上高山，就不知道天的高遠。不親臨深溪，就不知道地的深厚。不親自聆聽先聖的遺言，就不知道學問的廣大。做任何事情都要經過親自的實行，不聽不如耳聞，耳聞不如目見，目見不如瞭解，瞭解不如親自去嘗試。

　　同時，荀子還對認識的主體與客體進行了詳細的論述，「凡以知，人之性

也；可以知，物之理也」(《荀子‧天論》)這裡荀子首先確定了人自身具有認識外界客觀事物的能力，這是人自身所固有的。同時荀子還認為外界客觀事物具有被認識的規律存在，可以被人所認知。在此基礎之上，荀子又提出「所以知之在人者謂之知；知有所合謂之智。所以能之在人者謂之能；能有所合謂之能」(《荀子‧正名》)「所以知之在人者謂之知」指的是人所具有的認識能力，「知有所合」指的是人的認識能力與客觀事物相接處，這就叫做「智」。「所以能之在人者謂之能」指的是人所具有的主觀能動性，「能有所合」指的是主觀能動性與外物相結合，這就叫做「能」。荀子對於主體自身所具有的認知能力以及客體所具有的被認識的性質雖然在一定程度上繼承了儒家的思想，但是在很大程度上也受到黃老之學的影響。

老子對認識事物採取「觀」的態度，「故常無，欲以觀其妙；常有，欲以觀其徼」(《老子‧第一章》)從「常無」和「常有」的角度觀察道本身的發展和變化。同時老子還認為人本身不能存有先入為主的偏見，「前識者，道之華，而愚之始」(《老子‧第三十八章》)「前識」的意思應該理解為「先識」、「先見」，或「先入為主的偏見」[註1]老子認為在認識事物的過程中，主觀首先要排除存有的先入之見，這樣才能正確的認識事物的本來面目。同時，老子還提出「滌除玄鑒，能無疵乎」的觀點，這也是一種獨特的認知方法。王弼的解釋是「玄，物之極也。言能滌除邪飾，至於極覽，能不以物介其明，疵其神乎？」也就是清除內心中的瑕疵，使內心之中不存有任何雜念。同時老子還認為認知的過程就是「為學日益，為道日損」(《老子‧第四十八章》)的過程，要最終獲得道的話就要不斷減少內心的私欲和雜念，與為學恰成對比。莊子在一定程度上繼承了老子的認知方法，其最為顯著地特點就是提出了「心齋」的概念。「回曰：敢問心齋。仲尼曰：若一志，無聽之以耳而聽之以心；無聽之以心而聽之以氣。聽止於耳，心止於符。氣也者，虛而待物者也。唯道集虛。虛者，心齋也」(《莊子‧人間世》)「心齋」的意思類同於老子的「滌除玄鑒」的思想，意思就是清除內心的雜念，以期正確的認識事物而不致迷惑。可以看出，老莊道家對於認識問題都積極從內心著眼，要求保持內心的純潔，排除雜念，這也為荀子提出「虛壹而靜」的觀點奠定了基礎。黃老之學在老莊哲學的基礎上，明確提出「其所知，彼也；其所以知，此也。不修之此，焉能知彼」(《管子‧心術上》)將主客觀明確的進行了區分，認為二者之間不可

〔註 1〕王中江：《道家學說的觀念史研究》，北京：中華書局，2015 年，第 59 頁。

混淆。荀子正是再此基礎之上，提出了「凡以知，人之性也；可以知，物之理也」的觀點，對人之主體與客體進行了詳細的區分。

二、天官與天君

　　區別了認知主體與認知客體，那客觀的外部世界具體是怎樣被人所認識的呢？荀子認為這要經過「天官意物」與「心有徵知」兩個階段。

　　荀子在《天論》中指出，將耳、目、鼻、口等五官稱為天官。認為要認識客觀事物的話，就要用五官去接觸事物。「然則何緣而以同異？曰：緣天官。凡同類同情者，其天官之意物也同。故比方之疑似而通，是所以共其約名以相期也。形體、色理以目異；聲音清濁、調竽、奇聲以耳異；甘、苦、咸、淡、辛、酸、奇味以口異；香、臭、芬、鬱、腥、臊、漏庮、奇臭以鼻異；疾、癢、滄、熱、滑、鈹、輕、重以形體異；說、故、喜、怒、哀、樂、愛、惡、欲以心異。」（《荀子・正名》）例如依靠眼睛可以識別事物的形體、顏色；依靠耳朵可以鑑別不同的聲音；依靠嘴巴可以鑑別不同的味道；依靠鼻子可以鑑別不同的氣味；依靠觸覺可以鑑別不同的感覺等。這都是人生而有之的能力，這些都是所謂的感性經驗。但是感性經驗存在很大的侷限性，「故為蔽：欲為蔽，惡為蔽，始為蔽，終為蔽，遠為蔽，近為蔽，博為蔽，淺為蔽，古為蔽，今為蔽。凡萬物異則莫不相為蔽，此心術之公患也。」（《荀子・解蔽》）各種情況都會造成主觀上的錯誤，為此荀子還舉了許多生動的例子來說明之。如「冥冥而行者，見寢石以為伏虎也，見植林以為後人也：冥冥蔽其明也。醉者越百步之溝，以為蹞步之澮也；俯而出城門，以為小之閨也：酒亂其神也。厭目而視者，視一為兩；掩耳而聽者，聽漠漠而以為哅哅：埶亂其官也。故從山上望牛者若羊，而求羊者不下牽也：遠蔽其大也。從山下望木者，十仞之木若箸，而求箸者不上折也：高蔽其長也。水動而景搖，人不以定美惡：水埶玄也。瞽者仰視而不見星，人不以定有無：用精惑也。有人焉以此時定物，則世之愚者也。彼愚者之定物，以疑決疑，決必不當。夫苟不當，安能無過乎？」（《荀子・解蔽》）黑夜中行走的人，有可能就會將石頭當做老虎，將樹木看做行人。喝醉的人會將百步寬的深溝當做很窄的小溝，從山上遙望山腳下的樹木，看到的東西就好像筷子一樣等等。「夏首之南有人焉；曰涓蜀梁。其為人也，愚而善畏。明月而宵行，俯見其影，以為伏鬼也；仰視其髮，以為立魅也。背而走，比至其家，失氣而死。豈不哀哉！」（《荀子・解蔽》）所有的這

些都是由於各種原因造成的感覺經驗的侷限性所致。同時荀子在這裡比較可貴的是還分析了鬼神產生的原因，「凡人之有鬼也，必以其感忽之間，疑玄之時定之。此人之所以無有而有無之時也，而己以定事」（《荀子·解蔽》）鬼神的存在，一般都是在神志不清的時候才會產生，也就是人的幻覺所致。只有做到左右權衡利弊得失，才能克服思想上的弊端和偏見。〔註2〕

除此之外，荀子還列舉了歷史上「蔽於一曲」的生動勢力。如「昔人君之蔽者，夏桀殷紂是也。桀蔽於末喜斯觀，而不知關龍逢，以惑其心，而亂其行。桀蔽於妲己、飛廉，而不知微子啟，以惑其心，而亂其行。故群臣去忠而事私，百姓怨非而不用，賢良退處而隱逃，此其所以喪九牧之地，而虛宗廟之國也。桀死於鬲山，紂縣於赤斾。身不先知，人又莫之諫，此蔽塞之禍也。」（《荀子·解蔽》）歷史上的生動事例說明如果主觀上限於侷限性的話，嚴重的甚至會導致亡國的結果，夏桀和殷紂就是最好的事例。

那麼怎樣才能克服這種侷限性呢？荀子認為要靠「心有徵知」的作用。與五官相對應，荀子將心稱作天君，「心者，形之君也，而神明之主也」（《荀子·解蔽》）心與五官的地位是不平等的，心要統領五官，「心居中虛，以治五官，夫是之謂天君」（《荀子·天論》）。同時，心與五官相比還具有特殊的功能。心可以發出指令命令天官，而不接受命令。他是主動的，不是被動的。它認為對的就接受，錯的話則反對。荀子認為如果沒有心的參與，也就是沒有理性認識的指導，單純依靠感性認識，並不能獲得真正的知識。「心不使焉，則白黑在前而目不見，雷鼓在側而耳不聞」（《荀子·解蔽》）

雖然心制約五官，天官受到天君的支配。但是荀子認為理性認識又要以感性認識作為基礎，並沒有忽視感性認識的作用和價值。「心有徵知。徵知，則緣耳而知聲可也，緣目而知形可也。然而徵知必將待天官之當簿其類，然後可也。五官簿之而不知，心徵知而無說，則人莫不然謂之不知。此所緣而以同異也。」（《荀子·正名》）「徵知」就是對感性的材料進行加工和處理。荀子認為心具有對感性材料進行選擇、加工和分析的能力。這就是天君的「徵知」的過程，也就是內心理性思維的過程。從這裡也可以看出，荀子認為人

〔註2〕荀子對於克服思想上的疑惑和幻覺有過專門的論述，如「見其可欲也，則必前後慮其可惡也者；見其可利也，則必前後慮其可害也者，而兼權之，孰計之，然後定其欲惡取捨。如是則常不失陷矣。凡人之患，偏傷之也。見其可欲也，則不慮其可惡也者；見其可利也，則不慮其可害也者。是以動則必陷，為則必辱，是偏傷之患也。」（《荀子·不苟》）

要獲得正確的認識首先要依靠眼耳鼻身等感覺器官所得到的感性認識，但是感性認識存在很大的侷限性，因此還需要提升到理想認識。二者是互相聯繫的，並不是互相排斥的狀態。

荀子對於心與五官也就是天官與天君二者之間關係的看法，顯然受到孟子的影響。孟子有「耳目之官不思，而蔽於物；物交物，則引之而已矣。心之官則思，思則得之，不思則不得也。此天之所與我者先立乎其大者，則其小者弗能奪也」的話。認為耳目等器官並不具有思考的能力，只有心才具有思考的能力。並將心稱為大者，耳目稱為小者，應該首先重視心的作用和價值。

黃老之學對心與五官二者之間的關係也有詳細論述。屬於黃老之學的《管子》四篇當中有詳細說明。「心之在體，君之位也；九竅之有職，官之分也。心處其道。九竅循理」（《管子·心術上》）心如同君主一樣，九竅如同大臣一樣。君主處於統領大臣的地位，大臣各司其職，發揮各自的功能。「耳目者。視聽之官也，心而無與於視聽之事，則官得守其分矣」（《管子·心術上》）心對五官處於絕對的支配地位，「我心治，官乃治；我心安，官乃安」（《管子·內業》）如果內心之中充滿各種欲望的話，則會導致耳目的混亂，也即「嗜欲充益，目不見色，耳不聞聲」（《管子·心術上》）

荀子繼承和總結了孟子以及黃老之學的觀點，詳細分子了心與五官二者之間的關係。認為五官所獲得的感性認識要經過內心的處理和鑑別，也就是要經過理性認識的分析。但是理性認識還要以感性認識作為基礎，不能脫離感性認識，二者之間具有密切的聯繫。

三、心與道的關係

上一節論述了心與五官的關係，也即感性認識與理性認識的關係。心對於五官具有支配的地位，心要對各種感性認識進行處理、鑑別和加工。在這個過程之中，要反覆權衡利弊的得失。因此內心之中就要具有一個標準，用荀子本人的話就是「聖人知心術之患，見蔽塞之禍，故無欲、無惡、無始、無終、無近、無遠、無博、無淺、無古、無今，兼陳萬物而中縣衡焉。是故眾異不得相蔽以亂其倫也。」要排除蔽塞之禍的方法，就要做到排除欲惡、重始、遠近、古今等的侷限性和片面性。內心之中始終具有一個「衡」，即標準和尺度。那麼這個所謂的「衡」是什麼呢？就是所謂的「道」。「何謂衡？曰：道。故心不可以不知道；心不知道，則不可道，而可非道。人孰欲得恣，而守其所

不可，以禁其所可？以其不可道之心取人，則必合於不道人，而不合于道人。以其不可道之心與不道人論道人，亂之本也。夫何以知？曰：心知道，然後可道；可道然後守道以禁非道。以其可道之心取人，則合于道人，而不合於不道之人矣。以其可道之心與道人論非道，治之要也。何患不知？故治之要在於知道。」(《荀子・解蔽》)心是不能夠不知「道」的，心如果不知「道」的話，就不會認可「道」，而認可「非道」。憑藉「非道」之心來擇取人的話，所選擇的一定是不符合「道」的人，而不是符合「道」的人。憑藉「非道」與不符合「道」的人談論「道」的話，是混亂的開始。「道」所具有的特點是「夫道者，體常而盡變，一隅不足以舉之」(《荀子・解蔽》)「道」本身具有客觀的標準，從一個方面並不能概括它的全貌。「道者，古今之正權也。離道而內自擇，則不知禍福之所託」《荀子・正名》)「道」是古今得失的判斷依據，如果背離「道」的話而從自己的主觀出發，則會導致認不清事物的真實的面目。

同時，如果掌握「道」的話，則會達到如下的效果。「農精於田，而不可以為田師；賈精於市，而不可以為市師；工精於器，而不可以為器師。有人也，不能此三技，而可使治三官。曰：精於道者也。精於物者也。精於物者以物物，精於道者兼物物。故君子壹於道，而以贊稽物。壹於道則正，以贊稽物則察；以正志行察論，則萬物官矣」(《荀子・解蔽》)掌握具體的技能，如農民精於耕田，但卻不能夠成為田師；商賈精於買賣，但卻不能夠成為市師；工匠精於製作器物，但卻不能夠成為器師。而如果精於「道」的話，雖然不具有以上三種技能，但確可以治理好上述三類人。荀子認為心具有認識「道」的能力，心與「道」二者之間的關係便是「心也者，道之工宰也。道也者，治之經理也」《荀子・正名》)「心」具有認識「道」的能力，能夠對「道」本身進行加工處理，「道」同時又是衡量事物得失的標準和尺度。

除了將「道」賦予權衡即判斷事物的客觀標準的作用外，「荀子還賦予道以形而上的本源與本體的性質。」[註3]他說「大道者，所以變化遂成萬物也」(《荀子・哀公》)，認為道變化生成了世間的萬物。「萬物為道一偏，一物為萬物一偏。愚者為一物一偏」(《荀子・哀公》)認為萬物是道的一個方面，具體事物又是萬物的一個方面。這些論述都試圖給予「道」形而上的解釋，超出了傳統儒家論述「道」不脫離社會歷史文化的背景即「人道」的思想，可以說是對傳統儒家關於「道」的發展和突破。

〔註3〕曹峰編：《出土文獻與儒道關係》，桂林：灕江出版社，2012 年，第 105 頁。

　　從以上對「心」與「道」二者之間關係的分析可以看出，荀子對「心」與「道」觀念的認識受到黃老之學的影響。對於心具有認識客觀事物的作用而言，也就是前面所說老子的「滌除玄鑒」和莊子「心齋」似的認知方法。認為心具有認識事物的能力，主觀上要求去掉內心之中不必要的欲望和雜念，使心處於一種虛靜的狀態。對於需要人來認知的「道」，《管子》四篇當中認為，「道者所以充形也，而人不能固。其往不復，其來不捨謀乎莫聞其音，卒乎乃在於心。冥冥乎不見其形，淫淫乎與我俱生，不見其形，不聞其聲，而序其成謂之道。凡道無所，善心安愛，心靜氣理，道乃可止。彼道不遠，民得以產。彼道不離，民因以知。是故卒乎其如可與索。眇眇乎其如窮無所。彼道之情，惡音與聲。修心靜音，道乃可得。道也者，口之所不能言也，目之所不能視也，耳之所不能聽也，所以修心而正形也。人之所失以死，所得以生也。事之所失以敗，所得以成也。凡道，無根無莖，無葉無榮，萬物以生，萬物以成，命之曰道。」這一段詳細的論述了心與道二者之間的關係問題。「道」充滿了人的身體，而如果人不能保留「道」的話，他就會離開人的形體。謀求它卻聽不到它的聲音，最後仍然停留在人的內心之中。看不到它的形體，聽不到它的聲音，而能成就事物的生成的就是「道」。「道」沒有固定的住所，只要培養良好的內心，心平氣理的話，道便可以駐留心中。這樣的「道」對於普通人來說並不遙遠莫測，這樣的「道」厭惡繁雜的聲音，只有修養內心才可以獲得。這樣的「道」無法用言語說出，無法用眼睛看到，無法用耳朵聽見。人失去它的話就會死亡，得到它的話就會存活。「道」的特徵就是萬物生成和發展的最終依據。這一長段詳細分析了心與道二者之間的關係，荀子通過心來識別和認識「道」，並將「道」作為權衡的思想應該是對此思想進行了借鑒。值得說明的是，「《管子》四篇中出現了「道」與「氣」互釋的情況」〔註4〕認為「夫道者，所以充形也」以及「氣者，身之充也」的話。兩相對照，「道」就是「氣」。同時《管子》四篇還將「道」稱之為「精」，「精也者，氣之精者也」，認為「精」就是氣之中的精華部分。用「氣」來解釋和理解「道」，可以說是稷下黃老之學的特殊貢獻。

　　而荀子將「道」給予形而上的意義，也是受到黃老之學的影響。老子思想之中有「道生萬物」(《老子・第四十二章》)以及「淵兮似萬物之宗」(《老

〔註4〕王威威：《韓非思想研究：以黃老為本》，南京：南京大學出版社，2012年，第 29 頁。

子‧第四章》)的思想,認為「道」生成了萬物。黃老之學的代表作黃老帛書也繼承了老子的思想,「群群□□,窈窈冥冥,為一囷。無晦無明,未有陰陽。陰陽未定,吾未有以名。今始判為兩,分為陰陽,離為四時,剛柔相成,萬物乃生,德虐之行,因以為常。其明者以為法,而微道是行。行法循道,是為牝牡。牝牡相求,會剛與柔。柔剛相成,牝牡若形。下會於地,上會於天。得天之微,若時者時而恒者恒,地因而養之;恃地氣之發也,乃夢者夢而茲者茲,天因而成之。弗因則不成,弗養則不生」認為世間萬物都是由「道」所生,「道」首先生成了陰陽,又生成了四時,最後生成了天地萬物。這些文獻都認為「道」生成了萬物,「道」是世間萬物的本原,荀子應該是借鑒了黃老之學的思想。

雖然荀子給予「道」形而上的意義,並且認為「道」是衡量事物得失曲直的標準,需要通過心的作用來識別,這些都是受到道家黃老之學的影響。但畢竟荀子是儒家的集大成者,以孔子繼承人自居。荀子對「道」的理解在很大程度上還是受到儒家傳統的影響,更多的時候還是將「道」理解為人之道,並不脫離歷史文化和社會發展的背景去談論。荀子認為「道者,非天之道,非地之道,人之所以道也」(《荀子‧儒效》)具體來說人之道就是人類社會發展的規律。[註5] 荀子認為歷史的發展和變化都遵循一定的規律,「百王之無變,足以為道貫」(《荀子‧天論》)如果背離的話,則會導致亡國的危險,「道存則國存,道亡則國亡」(《荀子‧君道》)那麼這種不變的規律具體是什麼呢?也就是「禮義」。「道也者,何也?禮義、辭讓、忠信是也」(《荀子‧強國》)「先王之道,人之隆也,比中而行之,曷謂中?曰:禮義是也」(《荀子‧儒效》)這裡明確認為「道」的具體內容就是「禮義」。荀子甚至認為「禮」是人道的最高標準,「禮者,人道之極也」(《荀子‧禮論》)因此,以「禮義」為核心的「道」也就成為治理國家所遵循的基本原則,「由其道則人得其所好焉,不由其道則必遇其所惡焉」(《荀子‧君子》)《荀子》一書之中基本上每篇都談論「禮」,「禮」的概念可以說是荀子思想的核心。荀子將「道」的核心內容界定為「禮義」,這也是與他的基本思想相一致的。

〔註5〕關於荀子道論思想的詳細論述,詳見鄧小虎:《荀子中「道」的內容的探討》,《邯鄲學院學報》2013年第1期,第74～78頁;張家成:《荀子「道」論探析》,《浙江大學學報》1996年第2期,第33～38頁;張恒:《荀子「道」論發微》,《中山大學研究生學刊》2004年第4期,第1～10頁。

除將「道」的核心思想理解為「禮義」外，荀子的「道」指的還是所謂的君道，「道者，何也？曰：君之所道也。君者，何也？曰：能群也。能群也者，何也？曰：善生養人者也，善班治人者也，善顯設人者也，善藩飾人者也。善生養人者人親之，善班治人者人安之，善顯設人者人樂之，善藩飾人者人榮之。四統者俱，而天下歸之，夫是之謂能群。」（《荀子·君道》）這裡的「道」，指的就是君主治理國家所遵循的原則和方法。君道的核心就是所謂的「善生養人者也，善班治人者也，善顯設人者也，善藩飾人者也」，其具體內容便是「省工賈，眾農夫，禁盜賊，除姦邪：是所以生養之也。天子三公，諸侯一相，大夫擅官，士保職，莫不法度而公：是所以班治之也。論德而定次，量能而授官，皆使人載其事，而各得其所宜，上賢使之為三公，次賢使之為諸侯，下賢使之為士大夫：是所以顯設之也。」（《荀子·君道》）能夠使士農工商各得其養、諸侯大臣各盡其職、根據才能大小各安其位、依據不同身份各享其成，這就是君主的職責所在，也就是所謂君道的「能群」作用。無怪乎徐復觀先生認為中國歷史上所謂的治道「歸根到底便是君道」〔註6〕

從以上荀子將「道」理解為「禮義」以及君道來看，荀子深受儒家思想的影響。雖然有的時候將「道」理解為判斷事物是非得失的標準，並需要通過心去認知。同時還將其看做產生萬物的形而上本體，這些都受到黃老之學的影響。但其對「道」的理解和認知更多還是從社會歷史文化的背景去考慮，這也體現了荀子儒家思想的立場。

四、從馬王堆帛書《五行》看荀子慎獨思想

馬王堆帛書《五行》之中牽涉到對」慎其獨「一詞的理解，目前學界一些學者認為慎獨的本義應該是一種專一一致，無有二心的內心狀態，〔註7〕而鄭玄以及朱熹所認為的個人閒居獨處之時對行為舉止的謹慎克制的解釋是不準確的。並認為《五行》之中「慎其獨」與《禮記·中庸》《禮記·大學》以

〔註6〕李維武編訂：《徐復觀文集（第二卷）》，武漢：湖北人民出版社，2002年，第272頁。

〔註7〕相關研究成果可參看梁濤：《郭店楚簡與「君子慎獨」》，《光明日報》2000年9月15日；李景林：《帛書《五行》慎獨說小議》，《人文雜誌》2003年第6期，第23～27頁；廖明春：《「慎獨」本義新證》，《學術月刊》2004年第8期，第48～53頁；陳來：《「慎獨」與帛書五行思想》，《中國哲學史》2008年第1期，第5～12頁；劉信芳：《簡帛《五行》慎獨及其相關問題》，《湖北師範學院學報》2001年第2期，第37～40頁。

及《禮記・禮器》之中「慎其獨」的意思應該是相同的。雖然有的學者認為《荀子・不苟》之中「慎其獨」的意思也應該與帛書《五行》相同。但是對《荀子・不苟》與帛書《五行》以及《中庸》《大學》《禮器》當中「慎其獨」之間的關注及其論述明顯不夠詳細充分。這一問題牽涉到荀子對心及養心問題，以及荀子與思孟學派二者之間道德修養異同等重要問題的理解。因此，筆者在這裡打算針對上述幾個相關問題提出自己的一些淺見，如有不當還請相關全仁指正。

（一）《中庸》《大學》及《禮器》慎獨傳統說

先秦文獻，出現「慎其獨」語句的有《禮記・中庸》《禮記・大學》以及《禮記・禮器》。讓我們先來考察一下這幾篇之中「慎其獨」的意思。

《禮記・中庸》之中的原話是「天命之謂性，率性之謂道，修道之謂教。道也者，不可須臾離也，可離非道也。是故君子戒慎乎其所不睹，恐懼乎其所不聞。莫見乎隱，莫顯乎微。故君子慎其獨也」。鄭玄的解釋是「慎獨者，慎其閒居之所為。小人於隱者動作言語自以為不見睹，不見聞，則必肆盡其情也。若有占聽之者，是為顯見，甚於眾人之中為之」。鄭玄對慎獨的解釋是「慎其閒居之所為」，認為在閒居獨處之時要謹慎的對待自己的言行舉止。孔穎達的解釋則是「故君子恒常戒於其所不睹之處」，將「慎其獨」也理解為要謹慎戒懼自己的言談舉止和行為，在無人之處君子也要謹慎戒懼，絲毫不能有半點的放肆。鄭玄和孔穎達對慎獨的解釋都是更多的強調在獨處閒居之時，對個人的行為舉止的克制。我們再來看朱熹在《四書章句集注》之中的解釋，「言幽暗之中，細微之事，跡雖未形而幾則已動，人雖不知而己獨知之，則是天下之事無有著見明顯而過於此者。是以君子既常戒慎，而與此尤加謹焉，所以遏人慾於將萌，而不使其潛滋暗長於隱微之中，以至離道之遠也。」認為在幽暗即獨處獨居之時，個人要謹慎對待自己的言行舉止。通過分析我們可以看出鄭玄孔穎達和朱熹三人對《中庸》之中「慎其獨」的理解是相同的，同訓為謹慎，大意是在獨處閒居之時也要謹慎自己的行為舉止。

其次，《禮記・大學》當中關於「慎其獨」的原話是「所謂誠其意者，毋自欺也，如惡惡臭，如好好色，此之謂自謙，故君子必慎其獨也！小人閒居為不善，無所不至，見君子而後厭然，掩其不善，而著其善。人之視己，如見其肺肝然，則何益矣！此謂誠於中，形於外，故君子必慎其獨也」。這裡兩次提到「故君子慎其獨也」，第一個慎獨顯然沒有異議，是對應「誠其意」而言

的。對於第二個慎獨，鄭玄和孔穎達二人沒有任何解釋，想必是因為二人認為已經在《中庸》之中對此句話解釋的已經很詳細，這裡沒有再解釋的必要了。而朱熹的解釋是「閒居，獨處也……此言小人陰為不善，而陽欲掩之，則是非不知善之當為與惡之當去也；但不能實用其力以至此耳。然欲掩其惡而卒不可掩，欲詐為善而卒不可詐，則亦何益之有哉！此君子所以重以為戒，而必謹其獨也」。認為在獨處之時對個人的言行舉止也要謹慎戒懼，和他在《中庸》之中對「慎其獨」的解釋相同。

第三，《禮記・禮器》當中關於「慎其獨」的原話是「禮之以少為貴者，以其內心者也。德產之致也精微，觀天子之物無可以稱其德者，如此則得不以少為貴乎？是故君子慎其獨也。」在這裡，鄭玄對「慎其獨」的解釋是「少其牲物，致誠」值得注意的是，鄭玄這裡講「慎其獨」理解為誠的意思，更多的強調內心的一種狀態，不同於他在《中庸》當中將慎訓為謹慎的意思。孔穎達的解釋是「獨，少也。既外跡應少，故君子用少而極敬慎也」。君子內心要極其的誠敬。孔穎達對「慎其獨」的解釋也是從內心的感受著眼，不同於他在《中庸》當中的解釋。

以上是先秦文獻當中出現的「慎其獨」的例子，從我們的分析可以看出，不管是鄭玄，還是孔穎達和朱熹，其實都是將慎訓為謹慎的意思。對「慎其獨」理解為不管是在獨處閒居還是大庭廣眾之下都要謹慎的對待自己的言行舉止，不能有半點的馬虎懈怠，都是從這個角度進行論述的。雖然鄭玄和孔穎達在《禮記・禮器》之中把「慎其獨」理解為人內心之中的一種專一的狀態，但是這種解釋並沒有引起多少人的注意。尤其是朱熹的注釋，採用鄭玄和孔穎達在《中庸》之中對「慎其獨」的訓示，也就是獨處閒居之時言談舉止的謹慎戒懼，更使得此一說法成為主流觀點，影響後世幾百年。

當然，也有人針對上面的說法提出過異議，如王念孫在《讀書雜志》之中就曾經提出過相反的觀點，「《中庸》之「慎獨」，「慎」字亦當訓為誠，非上文「戒慎」之謂。（「莫見乎隱，莫顯乎微」，即《大學》「十目所視，十手所指」，則「慎獨」不當有二義。陳碩甫云：「《中庸》言慎獨，即是誠身。」）故《禮器》說禮之以少為貴者曰：「是故君子慎其獨也。」鄭注云：「少其牲物，致誠。」是「慎其獨」即誠其獨也。「慎獨」之為「誠獨」，鄭於《禮器》已釋訖，故《中庸》、《大學》注皆不復釋。孔沖遠未達此旨，故訓為謹慎耳。凡經典中「慎」字，與「謹」同義者多，與「誠」同義者少。訓謹訓誠，原無

古今之具，(「慎」之為謹，不煩訓釋。故傳注無文。非「誠」為古義而「謹」為今義也。)唯「慎獨」之「慎」則當訓為誠，故曰：「君子必慎其獨」，又曰「君子必誠其意」。《禮器》、《中庸》、《大學》、《荀子》之「慎獨」，其義一而已矣。」〔註8〕王念孫的意思是認為「慎其獨」的獨字不能訓慎的意思，也就是不能訓為謹慎的意思。鄭玄在《禮器》當中的解釋是正確的。他還提出慎字與謹字有相同的意思，但是除此之外，它還有誠的意思。大部分人不知道它有誠的意思，因此將慎訓為謹慎。他還認為不同文獻如《禮器》、《中庸》《大學》《荀子》當中的慎獨不能有兩個意思，都應該解釋為誠。與此同時，凌廷堪也有相類似的主張，「慎獨指禮而言。禮之以少為貴，《記》文已明言之。然則《學》、《庸》之慎獨，皆禮之內心精微可知也。後儒置《禮器》不觀，而高言慎獨，則與禪家之獨坐觀空何異？由此觀之，不唯明儒之提倡慎獨為認賊作子，即宋儒之診解慎獨亦屬鄭書燕說也。今考古人所謂慎獨者，蓋言禮之內心精微，皆若有威儀臨乎其側，雖不見禮，如或見之，非人所不知、己所獨知也。仲弓問仁，子曰：「出門如見大賓，使民如承大祭。」言正心必先誠意也，即慎獨之謂也」。〔註9〕針對鄭玄，朱熹的觀點，兩人都提出異議，但是長期以來卻沒有引起多少人的關注。

（二）帛書《五行》慎獨新意說

此一問題，一直到上個世紀七十年代馬王堆帛書《五行》的出土，才得到了進一步的澄清。帛書《五行》當中有「鳲鳩在桑，其子七兮。淑人君子，其儀一兮」。能為「一」，然後能為君子。君子慎其獨也」以及「嬰嬰於飛，差池其羽。之子于歸，遠送于野。瞻望弗及，泣涕如雨」。能「差池其羽」，然後能至哀。君子慎其獨也」〔註10〕的話。這裡涉及」慎其獨「的兩句話，對第一句當中」慎其獨「的理解《帛書》傳文中有「能為一然後能為君子。』能為一者，言能以多為一；以多為一也者，言能以夫五為一也。『君子慎其獨。』慎其獨也者，言舍夫五而慎其心之謂也。獨然後一，一也者，夫五為□（疑當補為「一」）心也，然後得之」。這裡面，被稱為君子的前提是能為一，能為一便是以多為一。什麼叫做以多為一呢，便是「能以夫五為一也」，筆者認為「能

〔註8〕（清）王先謙：《荀子集解》，北京：中華書局，1988年，第28～29頁。
〔註9〕（清）凌廷堪：《校禮堂文集》，北京：中華書局，1998年，第144～145頁。
〔註10〕國家文物局古文獻研究室：《馬王堆漢墓帛書〔壹〕》，北京：文物出版社，1980年，第17頁。

以夫五為一也」當中的五，指的是仁義禮智聖五種品德，這五種品德帛書認
為是形於外的，是一種外在的表現形式。要將這種形於外的品德內化為心中
的感受與體驗，這才是「能以夫五為一也」的意思。當然有的學者提出這裡
的五應該是指身體的五官，捨棄身體的五官，也就是小體，而順從內心的感
受，也就是從其大體。不讓五官來擾亂內心的意思。但是筆者並不同意這樣
的說法。再來看《帛書》傳文對另一句「慎其獨」的理解，「差池者，言不在
哀經；不在哀經也，然後能至哀。夫喪，正經修領而哀殺矣。言至內者之不在
外也，是之謂獨。獨也者，舍體也。」這裡的意思是參加葬禮，不要太關注外
在的喪服形勢，要更多的關注內在的心理感受，如果過於關注外在的禮儀形
式的話，悲哀之情便會減少與減弱。更多的關注內在的心理感受，這就叫做
獨。而「獨也者，舍體也」的體其意思筆者認為應該理解為外在的禮儀形式，
不讓外在的禮儀形式迷惑內心的意志與意念。而並不採取有的學者的觀點認
為體指的是仁義禮智聖或者身體的五官。〔註11〕帛書《五行》兩次對慎獨的
理解都是從內心處著眼，強調慎獨是一種將外在情感內化為心中感受與知覺
的心理活動。其實正如有的學者所指出的，〔註12〕朱熹對《中庸》和《大學》
之中慎獨的理解都是不準確的，如對於《中庸》而言，原文是對「戒慎乎其所
不睹，恐懼乎其所不聞」和「莫見乎隱，莫顯乎微」做整體看待，前者指未發
的狀態，而後者指已發的狀態。而朱熹的解釋只強調已發的狀態，幽暗之中
遏人慾於將萌，因此將慎獨理解為獨處獨居之時個人行為的謹慎戒懼。對於
《大學》而言，他是將「小人閒居為不善」作為慎獨的原因，因此將慎獨理解
為獨居獨處之時的謹慎戒懼。但是這裡慎獨的原因其實應該是對「誠於中，
形於外」的反應，而「小人閒居為不善」僅僅是舉的一個例子而已，是為了說
明慎獨的重要性。因此，朱熹和鄭玄在《中庸》以及《大學》之中對「慎其
獨」的理解，都是不準確的。「慎其獨」的本意都應該是內心的一種專一無二
的心理狀態，和帛書《五行》應該相同，並且這印證了《禮器》當中鄭玄對
「慎其獨」從內心著眼解釋的正確性。

　　通過以上分析，可以看出帛書《五行》中「慎其獨」應該同《大學》《中

〔註11〕參看李景林：《帛書《五行》慎獨說小議》，《人文雜誌》2003 年第 6 期，第
　　　　23～27 頁。
〔註12〕參看梁濤：《朱熹對「慎獨」的誤讀及其在經學詮釋中的意義》，《哲學研究》
　　　　2004 年第 3 期，第 48～53 頁。

庸》以及《禮器》篇中的「慎其獨」的思想是一致的，慎應該訓為誠，慎獨也就是誠獨，是誠其意的意思。慎獨應該理解為專一不二，無有二心的內心狀態。強調慎獨是內心的一種道德修養。慎獨因此是達到誠的一種內心的精神狀態，並不是獨處獨居時的個人行為舉止，與獨居閒居沒有任何關係。因而鄭玄以及朱熹從獨處閒居的時候個人的行為舉止訓示」慎其獨」，並且將慎訓為謹，也就是謹慎的意思，是不恰當的。這說明王念孫以及凌廷堪的懷疑是無誤的。

（三）養心莫善於誠

上面通過分析帛書《五行》當中「慎其獨」的含義，進而認為其與《大學》《中庸》《禮器》篇中的「慎其獨」的含義應該相同的，「慎其獨」的意思應該是誠其獨，保持內心的專一，無有二心的精神狀態。並不是朱熹等人所認為的獨處閒居之時對個人行為的焦慮謹慎。我們知道，《中庸》相傳是孔子的孫子子思所做，而子思的思想在戰國時期被孟子所繼承，開創了後世所謂的思孟學派。此學派最大的特點就是對儒家內聖即心性之學的發展，喜談人性以及人心等抽象的哲學問題。而《大學》相傳是孔子的學生曾子的作品。曾子雖然不能算是思孟的代表人物，但是從現存史料當中我們也可以發現曾子也是對心性之學有獨到的體會與研究，如《論語》之中便有這樣的話，「吾日三省吾身，為人謀而不忠乎？與朋友交而不信乎？傳不習乎」「士不可以不弘毅，任重而道遠。仁以為己任，不亦重乎？死而後已，不亦遠乎」，吾日三省吾身說的是一天之中多次進行內心的反省，雖然實際情形不必如此，但是反映出曾子喜歡反思與反省的態度。士不可以不弘毅說的也是將士人身上所具有的使命感和責任感向外傳佈的過程。兩條材料都說明曾子也是非常重視內心道德修養的人。無怪乎子思和曾子的著作《中庸》和《大學》都會出現慎獨的詞語，並且進行反覆的論證。這與他們兩人思想的特點是密切聯繫的。而同樣出現「慎其獨」的《不苟》篇，是否和帛書《五行》《大學》《中庸》以及《禮器》之中慎獨的意思相同，也應該是內心專一無有二心的狀態的意思呢？《荀子·不苟》篇當中出現「慎其獨」的原文是「君子至德，嘿然而喻，未施而親，不怒而威：夫此順命，以慎其獨者也」。按照楊倞的解釋，「慎其獨」的意思是「人所以順命如此者，有慎其獨所致也。慎其獨，謂戒慎乎其所不睹，恐懼乎其所不聞」，這裡，楊倞將「慎其獨」解釋成謹慎戒懼的意思。那麼楊倞的解釋是否正確呢？讓我們來詳細分析這

段文字。《不苟》篇中首先認為，「君子養心莫善於誠，致誠則無它事矣。惟仁之為守，惟義之為行。誠心守仁則形，形則神，神則能化矣。誠心行義則理，理則明，明則能變矣。變化代興，謂之天德。」君子修養內心的最好方法便是誠，達到了誠之後任何事物便不能加害。怎樣達到誠，這就需要內心之中的行仁與守義。只有行仁與守義才能獲得誠，除此之外別無他途。獲得誠便達到天德。這類似於《中庸》之中的「唯天下至誠，為能盡其性；能盡其性，則能盡人之性，能盡人之性，則能盡物之性；能盡物之性，則可以贊天地之化育；可以贊天地之化育，則可以與天地參矣」。在這裡二者都肯定了誠作為內在心理修養的重要性，並且認為通過內在誠的實現能夠影響和改變外在事物的發展和變化。「天不言而人推其高焉，地不言而人推其厚焉，四時不言而百姓期焉。夫此有常，以至其誠者也。君子至德，嘿然而喻，未施而親，不怒而威：夫此順命，以慎其獨者也」。天地四時包括人自身在內的變化發展，都是由於誠的結果，而這也可以被叫做「慎其獨」。在這裡荀子提出了「慎其獨」的主張，從對上句的分析可以看出，荀子「慎其獨」的最終目的是要達到誠的內心狀態，「慎其獨」是達到誠的手段和方法。「善之為道者，不誠則不獨，不獨則不形，不形則雖作於心，見於色，出於言，民猶若未從也；雖從必疑。天地為大矣，不誠則不能化萬物；聖人為知矣，不誠則不能化萬民；父子為親矣，不誠則疏；君上為尊矣，不誠則卑。夫誠者，君子之所守也，而政事之本也，唯所居以其類至。操之則得之，舍之則失之。操而得之則輕，輕則獨行，獨行而不捨，則濟矣。濟而材盡，長遷而不反其初，則化矣。」只有誠才能夠慎獨，只有慎獨才能達到誠。只有慎獨才能夠形見於外。只有達到誠，天地才能夠化育天地萬物，聖人才能夠化育萬民，父子之間才能夠親密無間，君主才能夠得到應有的尊敬與敬畏。因此誠是君子所應該追求的，是為政的根本。這和《中庸》之中「誠則形，形則著，著則明，明則動，動則變，變則化。唯天下至誠為能化」，說的都是一樣的道理。上面的論述大致可以分為這幾個問題：第一，什麼叫做誠。第二，怎樣才能達到誠的內心狀態。第三，達到誠的狀態之後，誠這種內心狀態能夠給天地萬物包括人在內帶來怎樣的變化。荀子再此詳細論證了誠，這裡的論證並不亞於《中庸》之中對誠的論述，認為誠是一切的根本。通過論證誠，進而說明慎獨的必要性和重要性。最終都落實到《中庸》「故至誠無息。不息則久，久則徵。徵則悠遠，悠遠則博厚，博厚則高明」上面來，都體現了對

誠的追求和推崇之情。誠這種專一不二，無有二心的內心狀態，正如荀子本人所說，是一種養心的過程中所體現的內心狀態。因此《不苟》當中「慎其獨」的意思應該與《中庸》相同，而《大學》和帛書《五行》也是從內心著眼來理解「慎其獨」的，意思與《不苟》也應該相同。

　　《不苟》篇與《中庸》之中「慎其獨」的關係密切，都集中論述了誠及其慎獨。可以看出《不苟》篇在很大程度上受到了《中庸》思想的影響。而考慮《不苟》篇的成書年代，它受思孟學派的影響，借用相同的學術術語並且將其思想加以吸收改造體現在自己的著作中，是完全有可能的事情。〔註13〕雖然有的學者認為《不苟》和《中庸》之中誠和「慎其獨」的具體內涵是不相同的，不可混淆。〔註14〕但是二者從內心的角度理解「慎其獨」和誠，是內心一種專一一致的意思則是相同的。此種狀態荀子認為是最好不過的養心過程中達到的內心狀態。荀子的「慎其獨」及其誠，是養心的過程中內心達到的一種精神狀態。那麼，怎樣通達這種狀態呢？或者說達到此種內心狀態又要採取哪些道德修養與方法呢？換句話說，荀子所認為的人的具體道德修養要採取哪些要求和方法，最終才能夠上達到誠或者慎獨的狀態呢？

（四）內心對專一的追求

　　「慎其獨」是從內心處著眼，因此論述慎獨不能不提到荀子對心的理解問題。那麼荀子首先對心又有怎樣的理解呢。荀子首先認為，「耳目鼻口形能各有接而不相能也，夫是之謂天官。心居中虛，以治五官，夫是之謂天君。」心是天君，處於中心位置，它能夠控制五官即天官，使其不受五官的支配。這與帛書《五行》當中對心的理解相似，帛書認為，「耳目鼻口手足六者，心之役也。耳目也者，說（悅）聲色者也。鼻口者，說（悅）枝（臭）味者也。手足者，說（悅）嬾餘者也。【心】也者，說（悅）仁義者也。之數隔（體）者皆有說（悅）也，而六者為心役，何【也】？曰：心貴也。有天下之美聲色於此，不義則不聽弗視也。有天下之美枝（臭）味於【此】，不義則弗求弗食也。居而不間尊長者，不義則弗為之矣，何居？曰幾（豈）不□□□【小】不

〔註13〕參看廖名春《荀子新探》，北京：中國人民大學出版社，2014年，第56~57頁。

〔註14〕參看梁濤：《荀子與〈中庸〉》，《中國社會科學院研究生院學報》2002年第5期，第73~78頁；戴璉璋：《儒家「慎獨」說的解讀》，《中國文哲研究集刊》2003年第23期，第211~234頁。

勝大，賤不勝貴也才（哉）」，與荀子對心的看法完全相同。「心者，形之君也，而神明之主也，出令而無所受令。自禁也，自使也，自奪也，自取也，自行也，自止也。故口可劫而使墨雲，形可劫而使詘申，心不可劫而使易意，是之則受，非之則辭」，心具有判斷事物，不受外物迷惑主宰的能力。帛書同時認為「耳目鼻口手足六者，人【之民，人】隌（體）之小者也。心，人【之君】，人隌（體）之大者也，故曰君也。心曰雖（唯），莫敢不雖（唯）。心曰雖（唯），【耳目】鼻口手足音聲捆（貌）色皆雖（唯），是莫敢不雖（唯）也。若（諾）亦然，進亦然，退亦然。心曰深，【莫】敢不深。心曰淺，莫敢不淺。」可以看出帛書與荀子在對心的看法上有諸多相似之處。正是因為心具有上述不同於五官，支配五官並不受外物役使的獨特功能，為內心的道德修養提供了可能。因此在道德修養方面，荀子首先認為做事情要保持內心的專心致志，切不可三心二意。「心枝則無知，傾則不精，貳則疑惑。以贊稽之，萬物可兼知也。身盡其故則美。類不可兩也，故知者擇一而壹焉。」（《荀子・解蔽》）「凡觀物有疑，中心不定，則外物不清。吾慮不清，未可定然否也」。（《荀子・解蔽》）「專心一志，思索熟察，加日懸久，積善而不息，則通於神明，參與天地矣」，（《荀子・性惡》）「曷謂一？曰執神而固」（《荀子・儒效》）等，這些都說明「慎其獨」或者誠的內心狀態在道德修養方面，要求做事情內心一定要專心致志的道理。如果這樣做的話，最終勢必會達到「慎其獨」，也就是誠這種心理狀態。

如果說上面的論述過於抽象的話，那麼荀子還舉了許多生動的例子來說明「慎其獨」也就是誠這種內心狀態在道德修養上的要求和方法。「故不積頤步，無以致千里；不積小流，無以成江海。騏驥一躍，不能十步；駑馬十駕，功在不捨。鍥而舍之，朽木不折；鍥而不捨，金石可鏤。蚓無爪牙之利，筋骨之強，上食埃土，下飲黃泉，用心一也。蟹八跪而二螯，非蛇蟺之穴，無可寄託者，用心躁也。是故無冥冥之志者，無昭昭之明；無惛惛之事者，無赫赫之功。行衢道者不至，事兩君者不容。目不能兩視而明，耳不能兩聽而聰。螣蛇無足而飛，梧鼠五技而窮。詩曰：「尸鳩在桑，其子七兮。淑人君子，其儀一兮。其儀一兮，心如結兮。」故君子結於一也。」（《荀子・勸學》）荀子分別對舉了騏驥與駑馬，蚓與蟹的例子，說明只要專心一志，旁無二心，駑馬與蚓雖然天資上不如騏驥和蟹，但是最終也會達到甚至超過騏驥和蚓。同時需要注意的是，在這裡，荀子又一次引用了《曹風・尸鳩》之篇來論述做事情專

一進而達到誠的這種心理狀態，這和帛書《五行》引詩來論證「慎其獨」所舉的事例是相同的。

「故蹞步而不休，跛鱉千里；累土而不輟，丘山崇成。厭其源，開其瀆，江河可竭。一進一退，一左一右，六驥不致。彼人之才性之相縣也，豈若跛鱉之與六驥足哉！然而跛鱉致之，六驥不致，是無它故焉，或為之，或不為爾！道雖邇，不行不至；事雖小，不為不成。其為人也多暇日者，其出入不遠矣」。（《荀子·修身》）荀子認為人應該立足於現實，注重實踐，不好高不務遠，從自己的自身情況出發，做好事情的每一步。「百發失一，不足謂善射；千里蹞步不至，不足謂善御；倫類不通，仁義不一，不足謂善學。學也者，固學一之也。一出焉，一入焉，塗巷之人也；其善者少，不善者多，桀紂盜跖也；全之盡之，然後學者也」。（《荀子·勸學》）

以上都是荀子對人的道德修養所提出的建議和要求。我們可以清楚的看到，不管是做事情持之以恆，還是專心致志以及注重實踐，通過這些道德修養與方法最終都能夠通達誠的內心狀態。其實不僅是荀子，儒家內部例如思孟學派，對做事情需專一一致，心無旁騖也有相關論述，如孟子曾說過「今夫弈之為數，小數也。不專心致去則不得也。弈秋，通國之善弈者也。使弈秋誨二人弈。其一人專心致志，惟弈秋之為聽。一人雖聽之，一心以為有鴻鵠將至，思援弓繳而射之。雖與之俱學，弗若之矣。為是其智弗若與？曰：非然也。」（《孟子·告子上》）下棋在孟子看來只是小技能，不足掛齒。如果讓弈秋這個最好的棋手教兩人下棋。一人專心一意，另一人卻只想著鴻鵠降至，援弓射之。那麼，再好的老師也是無法教會他的。這並不是智力高下的緣故，只是用心專一與否的問題。荀子與思孟學派雖然在道德修養方面的具體手段與方法不同，荀子所指的心更多的是一種認知心，而思孟學派則是道德本心。荀子的道德修養方法是化性起偽，而思孟學派則是直指本心，即孟子所謂的盡心、知性、知天的方式和方法。但是二者在內心面對外物需專一一致的認識上，卻具有相似的觀點

（五）結語

從以上的分析可以看出，帛書《五行》應該與傳世文獻《中庸》《大學》《禮器》以及荀子《不苟》篇中「慎其獨」的意思相同，是一種從內心著眼的心理狀態，也可以被稱為誠的內心狀態。這反映了儒家對心的重視與強調。對於誠本身而言，並不是高遠而不可企及的，個人可以通過有意識的道德修

養來達到此種心理狀態。誠的最終獲得可以影響和改變與個人相關的外部環境，即我們通常所說的精誠所至，金石為開。尤其是通過從內心的角度來理解「慎其獨」及其誠的思想，一方面揭示了鄭玄和朱熹對慎獨的錯誤理解，另一方面被後世宋明理學家所繼承，對心學派創立心學本體論，提出獨是本體，慎獨是工夫的主張奠定了基礎。同時也為我們個人進行道德修養提供了借鑒與幫助。

第二節　虛壹而靜

　　荀子認為要通過心的認知作用來瞭解和認識「道」，那麼具體怎樣去做呢？荀子認為要依靠「虛壹而靜」的原則。

一、虛與藏

　　荀子在《解蔽》一章中談到了「虛壹而靜」的方法。〔註15〕荀子所認為的「虛」就是「人生而有知，知而有志；志也者，臧也；然而有所謂虛；不以所已臧害所將受謂之虛。」人生來就有學習和認識知識的能力，學習和認識知識就需要具有記憶的功能。對於已有知識的儲藏和記憶就是「臧」。不因為大腦中原有知識的存在即「藏」的存在而妨礙獲得新的知識，就是所謂的「虛」。在這裡，荀子其實是肯定了人自身具有兼知的能力。

　　老子認為「道」是「視之不見，名曰夷；聽之不聞，名曰希；搏之不得，名曰微」（《老子・第十四章》）「道」是無法用視覺看到，無法用聽覺聽到，無法用觸覺感知到的。因此，只有依靠「心」來認知。老子思想之中有「致虛極」的思想，以及「是以聖人之治，虛其心，實其腹，弱其志，強其骨。常使民無知無欲」（《老子・第三章》）的思想，提出了「虛」的概念。在老子眼中，要認識事物的本來面目，內心就要達到「虛」的境界。可能「虛」的概念在老子之中論述的並不詳細具體，莊子繼承和發展了老子的思想，「虛」的論述更

〔註15〕其具體論述為「心未嘗不臧也，然而有所謂虛；心未嘗不兩也，然而有所謂壹；心未嘗不動也，然而有所謂靜。人生而有知，知而有志；志也者，臧也；然而有所謂虛；不以所已臧害所將受謂之虛。心生而有知，知而有異；異也者，同時兼知之；同時兼知之，兩也；然而有所謂一；不以夫一害此一謂之壹。心臥則夢，偷則自行，使之則謀；故心未嘗不動也；然而有所謂靜；不以夢劇亂知謂之靜。未得道而求道者，謂之虛壹而靜。」（《荀子・解蔽》）

加詳細具體。〔註16〕莊子認為心無所藏的狀態就是「虛」〔註17〕與此同時，黃老之學中的《管子》四篇認為，「虛者，萬物之始也」（《管子・心術上》）認為「虛」就是排除心中的欲望和雜念，只有如此做才能最終獲得「道」。「虛者，無藏也。故曰，去知則奚率求矣，無藏則奚設矣，無求無設，則無慮。無慮則反覆虛矣」（《管子・內業》），「虛其欲，神將入舍。掃除不潔，神乃留處。人皆欲智，而莫索其所以智乎。智乎智乎，投之海外無自奪，求之者不得處之者，夫正人無求之也，故能虛無，虛無無形謂之道。」（《管子・心術上》）認為只有掃除內心之中的欲望，「道」才會進入心中，進而長留其中而不離開。人們都希望自身聰慧，而不求聰慧的原因何在。人們只有內心無欲無求，才會達到「虛」的狀態。黃老帛書之中也有相關論述，如「見知之道，唯虛無有」（《經法・道法》），認識「道」的方法就是「虛無有」「故唯執道者能虛靜公正，乃見正道，乃得名理之誠」（《經法・名理》）通過「虛」而獲得「道」的人便是所謂的聖人，「故唯聖人能察無形，能聽無聲。知虛之實，後能大虛；乃通天地之精，通同而無間，周襲而不盈。服此道者，是謂能精。明者固能察極，知人之所不能知，服人之所不能得。是謂察稽知極」（《黃老帛書・道原》）得道的聖人可以知曉任何事情，無所不知。

　　從以上的分析可以看出，荀子「虛」的概念應該是借鑒了黃老思想。但是其與黃老思想還是有差別的。黃老對於「虛」的概念，認為其是獲得「道」的必要前提。只有內心真正做到「虛無有」，才能夠獲得和體認「道」。這要求內心之中排除以往的一切知識和欲望，這是黃老為修養內心而採取的措施和方法。而荀子則不然，荀子雖然借鑒了黃老「虛」的概念，卻將其做了合理的發展。荀子所謂的「虛」是虛而能藏的意思。在肯定人類獲得已有知識的前提下，還能夠進行獲取和記憶新的知識的能力，這就是所謂的「虛」。與黃老排除一切雜念和欲望的「虛心」修養方法還是具有一定差別的，荀子對合理的欲望並不採取全部否定的態度，「因而他的所謂虛，就不是無藏的虛，而是不以所已藏害所將受的虛」〔註18〕

〔註16〕莊子有「氣也者，虛而待物者也。唯道集虛。虛者，心齋也。」的話（《莊子・人間世》）

〔註17〕王中江認為「虛心的最根本特徵，是要求排除一切私心雜念、偏見和成見，使心不受任何障礙和限制，向大道無限地敞開。」詳見王中江：《道家學說的觀念史研究》，北京：中華書局，2015 年，第 58 頁。

〔註18〕杜國庠：《杜國庠文集》，北京：人民出版社，1962 年，第 144 頁。

二、壹與兩

荀子對「壹」的界定是「心生而有知，知而有異；異也者，同時兼知之；同時兼知之，兩也；然而有所謂一；不以夫一害此一謂之壹」人具有認識事物的能力，不同的事物千差萬別。對於不同的事物，都需要具體的認知和考察。這就是所謂的「兩」。「不以夫一害此一謂之壹」指的是不因為原有的知識妨害接受新的知識的意思，這類似於上面提到的「不以所已臧害所將受」的「虛」的意思。除此之外，「壹」還有一層意思，就是專一不二的意思，這在《荀子》一書當中隨處可見。「故好書者眾矣，而倉頡獨傳者，壹也；好稼者眾矣，而后稷獨傳者，壹也。好樂者眾矣，而夔獨傳者，壹也；好義者眾矣，而舜獨傳者，壹也。倕作弓，浮游作矢，而羿精於射；奚仲作車，乘杜作乘馬，而造父精於御：自古及今，未嘗有兩而能精者也。」歷史上的倉頡、后稷等人，之所以取得成就，都是因為用心專一的結果。荀子甚至還引用道經的話，「人心之危，道心之微。危微之幾，惟明君子而後能知之。故人心譬如盤水，正錯而勿動，則湛濁在下，而清明在上，則足以見鬚眉而察理矣。微風過之，湛濁動乎下，清明亂於上，則不可以得大形之正也。心亦如是矣。故導之以理，養之以清，物莫之傾，則足以定是非決嫌疑矣。小物引之，則其正外易，其心內傾，則不足以決麤理矣」（《荀子·解蔽》）將人心比喻為盤水，如果不觸動的話，則可以照見自己的面容。如果被微風吹動的話，則不可以見到任何事物。只有用心專一，對「道的體認才會達到精微的程度。至於《勸學》和《不苟》等篇更是列舉了許多豐富的事例來說明用心專一的重要性。

《管子》四篇也強調專一對修養內心的重要性所在，如「能搏乎？能一乎？能無卜筮而知吉凶乎？能止乎？能已乎？能勿求諸人而得之己乎？思之思之，又重思之。思之而不通，鬼神將通之，非鬼神之力也，精氣之極也。」（《管子·內業》）「專於意，一於心，耳目端，知遠之證」（《管子·心術下》）「一以無貳，是謂知道。」（《管子·白心》）只要做到內心專一不二，就可以稱之為瞭解「道」。就可以瞭解遠方的事物。《管子》四篇對內心專一的討論，應該同對「虛」的討論一樣，被荀子所借鑒和吸收。但是黃老之學強調要獲得「道」的話，只有做到內心專一，而荀子卻認為內心具有兼知的作用，這是荀子對黃老之學的發展。

三、靜與動

　　荀子對「靜」的定義是「心臥則夢，偷則自行，使之則謀；故心未嘗不動也；然而有所謂靜；不以夢劇亂知謂之靜」(《荀子‧解蔽》) 荀子認為人心無時無刻都處在運動之中，睡覺的時候會做夢，無事的時候會胡思亂想。然而不因為這種種情況而擾亂內心的認識就叫做「靜」。

　　黃老之學對「靜」也有相當多的論述，《黃帝四經》認為要體認「道」的話，只有做到「靜則平，平則寧，寧則素，素則精，精則神。至神之極，見知不惑」(《經法‧論》) 只有首先做到心靜，才能最終達到不迷惑的程度。《管子》四篇認為「動則失位，靜乃自得」(《管子‧心術上》) 如果盲動的話，則不會認識「道」。「心靜氣理，道乃可止」(《管子‧內業》)「形不正，德不來；中不靜，心不治」(《管子‧內業》) 都是認為只有內心平靜如水，「道」才會常駐心中而不離開。與此同時，黃老之學還將虛靜連用。「故唯執道者能虛靜公正，乃見正道，乃得名理之誠」，認為只有得道的人才能真正做到內心虛靜，進而辨別事物的真實情況。但是黃老之學所謂的「靜」，是絕對的「靜」。依循外物的狀態，而不進行主觀隨意的設置，也就是所謂的靜因之道。「因也者，無益無損也」(《管子‧心術上》)「因也者，捨己而以物為法者也」(《管子‧心術上》) 不帶有任何的主觀成見，完全遵循事物自身所具有的性質和狀態來行事和採取行動，「這就是靜因之道，即靜心遵循著道的方法。」〔註19〕這與荀子所謂的動中有靜的思想還是有很大的差距的。

　　荀子認為真正能夠做到「虛壹而靜」的人，就可以達到「作之：則將須道者之虛則人，將事道者之壹則盡，盡將思道者靜則察。知道察，知道行，體道者也。虛壹而靜，謂之大清明。萬物莫形而不見，莫見而不論，莫論而失位。坐於室而見四海，處於今而論久遠。疏觀萬物而知其情，參稽治亂而通其度，經緯天地而材官萬物，制割大理而宇宙裏矣。恢恢廣廣，孰知其極？罩罩廣廣，孰知其德？涫涫紛紛，孰知其形？明參日月，大滿八極，夫是之謂大人。夫惡有蔽矣哉！」坐於屋裏便可以知道四海之外的情況，觀於今便可以知道久遠的事情。可以通曉萬物的實際情況，考查萬物的成敗得失。宇宙間的任何事情都可以掌握和瞭解，這就是達到了「大清明」的境界。雖然這裡不無誇張之處，但是荀子要表達的卻是通過「虛壹而靜」的工夫，內心

〔註19〕高正：《稷下學派論「心」》，《哲學研究》1994 年第 9 期，第 48 頁。

獲得「道」所達到的引人注目的結果。

　　通過考察黃老文獻我們可以知道，「大清明」境界也是借鑒了黃老道家的思想。《管子》四篇認為得道之人「人能正靜，皮膚裕寬，耳目聰明，筋信而骨強，乃能戴大圓，而履大方。鑒於大清，視於大明。敬慎無忒，日新其德；編知天下，窮於四極；敬發其充，是謂內得。」（《管子‧內業》這基本上類似於上面荀子所謂的「大清明」的境界，「鑒於大清，視於大明」應該被荀子所借鑒。

　　從以上的討論可以看出，荀子的「虛壹而靜」思想，是借鑒了黃老道家的思想。同時，又對其進行了發展。荀子的虛與藏、壹與兩以及靜與動並不是互相之間對立的。而是在承認心具有藏、兩和動的條件下肯定其還具有虛、壹和靜的功能，二者之間是互相聯繫的。而黃老之學則完全排斥心的藏、兩和動的作用，這是荀子所不取的。從中也可以看出荀子對黃老之學並不是一味的採用，而是有選擇性的借鑒和吸收。

四、學至於聖而後止

　　荀子的「虛壹而靜」的認識思想，一方面是為了認識和掌握「道」，但最終目的卻是為了達到聖人的境界。首先，荀子論述了知與行的關係。「不聞不若聞之，聞之不若見之，見之不若知之，知之不若行之。學至於行之而止矣。行之，明也；明之為聖人。聖人也者，本仁義，當是非，齊言行，不失豪釐，無他道焉，已乎行之矣。」（《荀子‧儒效》）沒有聽到的不如親自聽到，親自聽到不如親自看到，親自看到不如詳細瞭解到，詳細瞭解到不如親自去實行。只有通過親自去實行才可以說是學習的止境。親自行動的話，則可以稱之為聖人了。從這裡可以看出，荀子認為行高於知，知有待於進一步的深化，「行之，明也；明之，聖人也。」（《荀子‧儒效》）只有親自實行的話認識才能夠上升一個層次，進入到所謂的「明」。「知道：察，知道，行，體道者也」（《荀子‧解蔽》）

　　學習的內容則是「學惡乎始？惡乎終？曰：其數則始乎誦經，終乎讀禮；其義則始乎為士，終乎為聖人。」（《荀子‧勸學》）學習的具體內容就是儒家的經典著作以及禮儀規範，這也是符合儒家思想的。認識的最終目的就是達到聖人的境界，「故學也者，固學止之也。惡乎止之？曰：止諸至足。曷謂至足？曰：聖王。聖也者，盡倫者也；王也者，盡制者也；兩盡者，足以為天下

極矣。故學者以聖王為師，案以聖王之制為法，法其法以求其統類，以務象效其人。向是而務，士也；類是而幾，君子也；知之，聖人也」（《荀子‧解蔽》）學習和認識的最終目的是在境界上達到聖王的標準，聖王就是在倫理和制度兩方面都達到了完美的程度。

荀子「虛壹而靜」的思想，在認識的根本目的上是為了達到聖人的標準，而並不是純粹的對客觀事物本身的認識，這體現了認識論與修養論二者不分的特色。而對五經以及禮義的學習，也體現了荀子儒家的基本立場。荀子對「心」的認知作用的理解以及「虛壹而靜」的思想，雖然借鑒了黃老之學，但其根本立場還是儒家的代表則是無疑的。

第三節　小結

荀子的解蔽思想，對認識主體與客體、認識方法和原則、以及認識的最終目的都進行了詳細的論述，是先秦時期在認識論方面的集大成者。

首先，荀子認為人自身具有認識客觀事物的能力。同時，客觀事物也可以被人所認知。只有主觀意識與客觀事物二者相接觸，才會產生所謂的認識。荀子對認識主體與客體的認識受到黃老之學的影響，黃老之學有「其所知，彼也；其所以知，此也。不修之此，焉能知彼」（《管子‧心術上》）肯定了認識主體與認識客體二者之間的區別和聯繫。這對荀子提出「凡以知，人之性也；可以知，物之理也」（《荀子‧天論》）以及「所以知之在人者謂之知；知有所合謂之智。所以能之在人者謂之能；能有所合謂之能」（《荀子‧正名》）的思想具有啟發作用。

其次，荀子認為要認識客觀事物，具體要經過「天官意物」與「心有徵知」兩個階段。荀子將眼耳鼻舌聲等五官稱之為「天官」，認為五官具有不同的作用和功能。在認識事物的過程中，先要五官來接觸客觀事物，產生所謂的感性認識。但是感性認識並不是正確的認識，會產生種種的弊端和侷限性，因此荀子認為要將感性認識上升到理性認識的高度，也就是所謂的「心有徵知」。

荀子將「心」稱之為「天君」，「天君」對「天官」處於支配的地位，能夠統轄和控制「天官」。荀子認為「心」具有認識和判斷的能力，五官對事物的認識都要經過「心」裁決，也就是說感性認識要上升到理性認識的階段。同

時，荀子並沒有忽視感性認識的作用，這種對心與五官的看法黃老之學也有大量的論述。「心之在體，君之位也；九竅之有職，官之分也。心處其道。九竅循理」(《管子・心術上》)以及「耳目者。視聽之官也，心而無與於視聽之事，則官得守其分矣」(《管子・心術上》)，都是對心與五官二者之間關係的論述，應該為荀子所採納。

同時，荀子還認為要將「道」作為判斷事物曲直的依據，用心去體道和識道。「道」在荀子眼中還具有形上本體的性質。世間萬物都由「道」所產生，對心與道二者之間的關係，荀子也深受黃老之學的影響。黃老認為「心」具有認知客觀事物的能力，老子的「滌除玄鑒」和莊子「心齋」似的認知方法都是認為通過去除「心」之上不必要的欲望和雜念來認識「道」，而生成世間萬物的「道」則更是受到道家老子思想的影響。但是需要注意的是，荀子畢竟以儒家正統自居。其道論思想雖然受到黃老之學的影響，但「道」的主要內容卻是「禮義」，在很大程度上指的是「人之道」，具體內容則指的是社會歷史發展的規律和變化。除此之外，荀子的「道」還指的是君道，也就是君主治理國家的原則和方法，這些都體現了荀子的儒家立場。雖然借鑒吸收黃老之學的思想，但並不改變其儒家思想的本色。

荀子還認為要認識「道」的話，就要遵循「虛壹而靜」的認識方法。荀子「虛」「壹」「靜」的術語都是借鑒了黃老之學的思想，但同時又進行了改造。荀子的「虛」指的是虛而能藏、「壹」指的是壹而能兩、「靜」指的是靜而能動。二者之間都是互相聯繫的，並不像黃老將二者完全對立起來，這是荀子對其發展之處，在「虛壹而靜」的原則下達到的「大清明」境界也是借鑒了黃老之學的術語。荀子在認識論方面闡述了認識主客體、認識方法和原則、以及認識的最終目的等問題，集先秦各家思想為一體，不愧是先秦學術思想的集大成者。

荀子還重視「行」的重要性，認為「學至於行而後止」。但荀子的認識方法的最終目的並不是對客觀事物規律和本質的認識和探索，而最終目的是達到聖人的境界。這阻礙了自然科學方面的發展，也體現了儒家認識論與思想論不分的事實，這對後世中國思想的發展也具有深刻的影響。

第五章　荀子禮學與黃老之學

第一節　禮的產生及價值

荀子從始至終以儒家的繼承人自居，並對儒家其他後學進行批判和貶低。那麼我們要問的是，荀子自身怎樣才能體現其儒家正統繼承人的身份。換句話說，荀子思想的核心是什麼？其思想之中哪些方面最能體現儒家思想的精神？答案無疑是其對「禮」的論述和發展。

一、荀子之前禮的發展

「禮」最早起源於原始部落時代的祭祀儀式。《說文解字》解釋為「所以事神致福」王國維則將「禮」解釋為「此諸字皆象二玉在器之形。古者行禮以玉，故《說文》曰：豊，行禮之器，……盛玉以奉神人之器謂之豊。」〔註1〕這是從字源學上考證禮的起源。從這裡可以看出「禮」最早起源於古人祭祀神靈之事。後來則範圍有所擴大，一切祭祀祖先神靈之時的祭祀儀式都稱為「禮」，夏商兩代因為文獻資料的不足，具體的禮節儀式已不可詳考。孔子之時就有「夏禮吾能言之，杞不足徵也；殷禮吾能言之，宋不足徵也。文獻不足故也。足，則吾能征之矣。」（《論語·八佾》）說明孔子之時夏商兩代的文獻就已經遺失不存。而真正能夠可以詳細考察的則是西周時期的禮儀。西周號稱「禮儀三百，威儀三千」（《禮記·中庸》），一向被後世稱為以禮治國。其最顯著的特點是將親親尊尊的宗法制原則納入禮的制定當中，禮便體現了尊卑

〔註1〕王國維：《觀堂集林》，北京：中華書局，1959 年，第 291 頁。

貴賤的等級制原則。當然，西周的禮治思想是與政治上的宗法制和分封制相一致的。武王周公滅商之後，在政治上實行分封制度。其分封的原則便是依據宗法制所體現的血緣關係的遠近。「親親，尊尊，長長，男女之有別，人道之大者也。」(《禮記·喪服小記》)根據血緣關係的遠近，不同的人承擔不同的政治權利和義務。「親親與尊尊以血緣親族關係的親疏和政治權力結構的高下為座標點，將人與人之間的關係分成尊貴和卑下的等級原則。」〔註2〕因此，在西周時期禮是一切行為的價值依據。

與此同時，禮還具有法的功能。內在的具有賞罰的功能和作用，一切違反禮的行為，都可以理解為也就是違反了法。法並不具有獨立的地位，犯法與否的依據與判斷標準就是是否與禮相衝突，也就是是否與宗法等級制原則相衝突。衝突即犯法，就要受到刑罰的懲處。因此可以說，西周時期是禮外無法。

而到了春秋時期，周天子共主地位被打破，其權威性受到了極大的挑戰。「周室既卑，諸侯失禮於天子。」(《國語·吳語》)宗法制所體現的尊卑貴賤的等級制原則也受到動搖。出現了許多名實不副的現象。晉國執政大夫叔向與齊國執政大夫晏嬰就說過這樣的一段話，「雖吾公室，今亦季世也。戎馬不駕，卿無軍行，公乘無人，卒列無長。庶民罷敝，而宮室滋侈。道董相望，而女富溢尤。民聞公命，如逃寇讎。欒、郤、胥、原、狐、續、慶、伯，降在皁隸。政在家門，民無所依，君日不悛，以樂慆憂。公室之卑，其何日之有？」(《左傳·昭公三年》)這深刻反映了春秋時期社會階層的劇烈變化。不僅周天子的地位岌岌可危，諸侯國之中也發生權力下移的情況。如齊國田氏、魯國三桓以及晉國的韓趙魏等異姓大夫專掌朝政。與此相適應的禮治思想也隨之發生了動搖，例如，春秋時期發生了許多僭越之事，嚴重破壞了宗法制所規定的等級原則。禮越來越具有流於表面話的傾向，而失去了其內在所承載的維繫宗法等級制原則的精神。魯昭公流亡於晉，「自郊勞至於贈賄，無失禮」，女叔齊認為這僅僅「是儀也，不可謂禮。」這僅是流於禮的表面化和儀式化。而恰恰忘卻了禮之中所體現出的核心精神。女叔齊認為禮應該是「禮所以守其國，行其政令，無失其民者也」(《左傳·昭公五年》)強調禮對於國家和社會的政治功能。

〔註2〕高春花：《荀子禮學思想及其現代價值》，北京：人民出版社，2004年，第14頁。

正是針對此種現象的發生，有許多人試圖挽救此種現象的惡化。力圖恢復西周時代的宗法制等級社會。在春秋時期的史料如《左傳》和《國語》之中，記載了大量禮對於國家社會以及個人重要性的說明。認為禮是「天之經也，地之義也，民之行也。」（《左傳・昭公二十五年》）「經國家，定社稷，序民人，利後嗣。」（《左傳・隱公十一年》）「君令臣共，父慈子孝，兄愛弟敬，夫和妻柔，姑慈婦聽，禮也。」（《左傳・昭公二十六年》）等等。正是在此種禮崩樂壞的背景下，儒家創始人孔子為了恢復周代的禮治，汲取了前人對禮的功能和作用等思想的討論，創造性的將「仁」的範疇納入禮之中。

孔子認為禮的體現並不是在其外在儀式當中，他將仁納入禮的規範之中，禮需要體現仁的內在精神。「仁而不仁，如禮何？」（《論語・八佾》），內心如果沒有仁的精神存在的話，只具有徒有其表的禮又有何意義呢？孔子的理想人格是君子，君子必定是內心具有仁的。「為仁由己，而由人乎哉？」（《論語・顏淵》）每個個體生命都有達到仁的境界，由此而獲得仁，這是不需要外在他求的。個體獲得仁之後，還可以將仁推己及人，進而成就理想人格的實現。仁顯然是孔子的核心思想，在《論語》一書之中，他對仁的界定從不相同。孔子的學生曾經評價他的思想為「夫子之道，忠恕而已矣。」（《論語・里仁》）歸結起來大概有兩個層次的意思，一個是「己所不欲，勿施於人」（《論語・衛靈公》），自己內心之中不想或者不願意做的事情，不要強迫他人去做。另一個是「己欲立而立人，己欲達而達人。」（《論語・雍也》）也就是將仁推己及人。〔註3〕可以說，孔子奠定了儒家禮學思潮的基礎，儒家後學孟子和荀子從不同視角發展了孔子的禮學思想，使其更加豐富多彩。

戰國時期儒家代表人物孟子發展了孔子的禮學思想，孟子的思想核心是仁義，並且將其心性化。如他認為「仁義禮智，非由外鑠我也，我固有之。」（《孟子・》），認為仁義禮智四端之心是人所固有的，無需外求。但是孟子提高了仁的地位，卻將禮的地位降低了。在孟子的思想之中，禮的地位要低於仁的地位，禮是從屬於仁的。如在周代無所不包的禮，在孟子思想之中卻與仁義禮智並稱。如「不仁、不智、無禮、無義，人役也。」（《孟子・公孫丑

〔註3〕因此，有的學者評價「孔子的禮學思想體系最重要的特點是納入了仁的範疇，其禮、仁思想的雙重建構及其貫通，決定了儒學內聖外王的價值取向，對仁的強調，強調通過主體德性自覺來達到社會秩序的和諧，要做到內聖，君子是其討論的主要的理想人格。」詳見李桂民：《荀子思想與戰國時期的禮學思潮》，北京：中國社會科學出版社，2012年，第50頁。

上》）「禮之實，節文斯二者是也。」（《孟子・離婁上》）禮在孟子眼中就是對於仁義的節文。這與周代以及孔子思想之中禮的重要地位相比，其地位的下降是顯而易見的。當然，這與孟子自身的思想有關。孟子通過論證認為仁義禮智等道德屬性是生而具有的，進而認為人性是善的。從而將禮也認為是人的道德屬性之一。使禮朝著道德規範的方面發展，禮具有明顯的到道德化傾向。而戰國時期儒家的另一位代表人物荀子卻恰恰相反，將禮更多的朝向外在政治制度方向進行發展。

二、從自然人性論證禮的起源

儒家孔孟都曾詳細辨析人與禽獸之別，孔子曾經說過「鳥獸不可與同群，吾非斯人之徒與而誰與」（《論語・》）的話。孟子更是認為人與禽獸之間雖然差別很小，但是二者之間的區別卻關係甚大。「人之所以異於禽獸者幾希；庶民去之，君子存之」（《孟子・離婁下》）荀子在論證禮之起源之時，首先也是先明確肯定人與禽獸之別的重要性。〔註4〕人與禽獸之間具有許多相同的地方，如飢餓的話就想吃東西、寒冷的話就要穿衣服、勞累的話就要休息等等，這都是人與禽獸之間的共性。那人之為人的特性在哪裏呢，荀子認為是「以其有辨也」那這所謂的「辨」又是什麼呢，荀子認為「辨」即是所謂的禮。「禮者，治辨之極也」（《荀子・禮論》）「辨莫大於分，分莫大於禮」（《荀子・非相》）荀子認為人的特性是禮義。〔註5〕

既然肯定人禽之辨的標準是所謂的禮，禮對於人類自我身份的認同作用便是毋庸置疑的。禮到底是怎樣產生的問題，這與荀子的天人觀和人性論思想具有密切的聯繫。前幾章討論荀子的天人觀和人性論之時說過，〔註6〕荀子天人觀歸根結底認為應「明於天人之分」（《荀子・天論》），截斷了天與人二

〔註4〕對於人禽之辨，荀子有深入細緻的區分。「人之所以為人者何已也？曰：以其有辨也。飢而欲食，寒而欲暖，勞而欲息，好利而惡害，是人之所生而有也，是無待而然者也，是禹桀之所同也。然則人之所以為人者，非特以二足而無毛也，以其有辨也。今夫狌狌形狀亦二足而無毛也，然而君子啜其羹，食其胾。故人之所以為人者，非特以其二足而無毛也，以其有辨也。夫禽獸有父子，而無父子之親，有牝牡而無男女之別。故人道莫不有辨。」（《荀子・非相》）

〔註5〕惠吉星認為「禮義是人的本質，是人區別禽獸脫離自然狀態的根本標誌，如果沒有禮義，也就沒有人類社會，沒有人的存在。」詳見惠吉興：《荀子禮論研究》，《河北學刊》1995年第4期，第48頁。

〔註6〕具體參見第二章以及第三章的相關論述。

者之間的聯繫，肯定天與人二者各有自己的職能和職分，將人從天的迷霧籠罩下解放出來。反對人們對於天的盲目崇拜和恐懼之情。這就與孟子認為的人德出自天德，仁義禮智歸根結底出自天的論證形成鮮明對比。以此為基礎，其人性論也將「性」界定為人與生俱來的情感欲望，與孟子的將「性」界定為仁義禮智的後天道德情感大相徑庭。人與生俱來的情感欲望是先天的，是不可能徹底排除的。「以所欲為可得而求之，情之所必不免也。以為可而道之，知所必出也。故雖為守門，欲不可去，性之具也。雖為天子，欲不可盡。」（《荀子‧正名》）另一方面，人對欲望的追求又是無止境的。但現實卻是有限的物質財富與人類欲望的無限追求之間的矛盾。欲望得不到滿足的話，則會導致種種的爭鬥發生。因此，針對人類無限追求欲望的本能，只能通過外在強制性的手段和措施來加以限制和約束，進而使其朝向符合某種規定的方向發展，而這種手段在荀子看來就是禮。從這裡可以看出，荀子的天人觀和人性論是其禮之起源的基礎。

　　荀子明確提出人類生下來就具有種種的欲望，此種欲望是不能消除的。人類的欲望是欲壑難填的，但現實卻是現存的物質生活並不能滿足所有人的欲望的滿足。這就需要有一個標準來作為劃分的依據，荀子認為這就需要禮作為其依據和標準。〔註7〕「凡語治而待去欲者，無以道欲而困於有欲者也。凡語治而待寡欲者，無以節欲而困於多欲者也。」（《荀子‧正名》）禮的作用就在於「道欲」和「節欲」，在禮的指導之下，欲望能夠得到合理的滿足。荀子甚至還明確提出過「芻豢稻粱，五味調香，所以養口也；椒蘭芬苾，所以養鼻也；雕琢刻鏤，黼黻文章，所以養目也；鍾鼓管磬，琴瑟竽笙，所以養耳也；疏房檖貌，越席床第几筵，所以養體也。故禮者養也」的命題，眼耳鼻舌口五官均能得到禮的調節，哀樂之情也可以通過禮的調節作用而不至失當。禮的養欲功能的集中表達就是「稱情而立文」的作用。禮是出於人之心的，「禮以順人心為本」（《荀子‧大略》）正是禮發於人心，所以其養欲以及調節欲望之滿足與否的功能也應該是其應有之意。從以上的分析看出，荀子禮之起源的內在思路是首先破除天人之間的聯繫，以使得天人分途。進而從先天

〔註7〕用荀子本人的話就是「禮起於何也？曰：人生而有欲，欲而不得，則不能無求。求而無度量分界，則不能不爭；爭則亂，亂則窮。先王惡其亂也，故制禮義以分之，以養人之欲，給人之求。使欲必不窮於物，物必不屈於欲。兩者相持而長，是禮之所起也。」（《荀子‧禮論》）

情感欲望來界定人性，為限制先天人性之中欲望的過度膨脹，因此需要外在規範的制約和引導。此則荀子禮之誕生成為必要，也即荀子禮之誕生的邏輯結構。

三、禮的功能與價值

上節提到，荀子從人類社會的治亂止爭的角度出發，論述禮的起源。禮因此成為外在的行為規範，具有強制性的特徵。同時，禮還具有調節和滿足人之欲望的作用，「在此意義上，荀子認定禮以矯飾和擾化人性，其目標在於養欲。」〔註8〕具體表現就是「養人之欲，給人之求」（《荀子·禮論》）除了養欲的功能之外，禮還具有政治制度以及個人的道德規範的價值。

荀子的禮最為重要的含義指的是政治制度。〔註9〕「國之命在禮」（《荀子·天論》）禮是國家命脈之所在。禮是治理國家的手段和方法，具有權衡和繩墨的作用，類似於國家的指導方針。禮又是富國強兵的保證和成就功名的基礎，「禮者，治辨之極也，強國之本也，威行之道也，功名之總也。」（《荀子·議兵》）荀子還詳細論述了在國家治理當中禮對於社會各階層的作用與價值。在上的統治者制定禮法，在下之人嚴格按照禮法的要求來行事。士農工商諸侯大夫天子皆需要依照禮法的規定行事，為此才能達到封建社會的穩固。

除了政治制度的意思之外，禮還具有道德規範的價值。禮所具有的道德傾向，其實早在春秋時期就已經很常見了，這在《左傳》之中有很多的相關論述。儒家開其端者，應該是孔子將仁納入禮的範疇，以仁作為禮的核心思想的舉措，孟子更是繼承了此一傳統。荀子言禮，雖然「明似較重禮之制度義也」〔註10〕但其論禮也具有道德規範的意思在內。禮就是對於不同的對象給予不同的道德情感，這生動的說明了禮的道德傾向。同時，人生活在社會

〔註8〕陸建華：《荀子禮學研究》，合肥：安徽大學出版社，2004年，第33頁。

〔註9〕荀子還詳細論述了在國家治理當中禮對於社會各階層的作用與價值。「上莫不致愛其下，而制之以禮。上之於下，如保赤子，政令制度，所以接下之人百姓，有不理者如豪末，則雖孤獨鰥寡必不加焉。故下之親上，歡如父母，可殺而不可使不順。君臣上下，貴賤長幼，至於庶人，莫不以是為隆正；然後皆內自省，以謹於分。是百王之所同也，而禮法之樞要也。」（《荀子·王霸》）這裡，在上的統治者制定禮法，在下之人嚴格按照禮法的要求來行事。士農工商諸侯大夫天子皆需依照禮法的規定行事，為此才能達到封建社會的穩固，這裡的禮無疑指的是政治制度的意思。

〔註10〕李賢哲：《荀子禮論之特質探究》，《哲學與文化》1994年第12期，第1107頁。

之中。對於身邊不同的人，自身具有相對不同的身份特徵。針對不同的身份特徵，禮所具有的道德規範也是不同的。〔註11〕最後，荀子還認為禮具有加強個人道德修養的作用，「禮者、所以正身也，師者、所以正禮也。無禮何以正身？」(《荀子·修身》)個人的衣食住行各方面都應該按照禮所規定的要求去做，也就是說要符合禮的規範。

從上面的論述我們可以看出，荀子的禮既具有制度的含義，還具有道德規範的內涵，禮的範圍可以說是無所不包。禮有三個取法的標準和對象：天地、先祖和君師，此即後世所謂的天地君親師。〔註12〕正因為禮取法於此三者，因而使三者之間產生關聯。也就是說禮效法天地之道，以天地之道來論證人間秩序即人間之道的合理性存在，人道要效法天道。〔註13〕人世間的君臣之義、父子之親、兄弟之情、夫妻之愛等倫理綱常，都是如天地一樣，亙古不變的。「有天有地而上下有差，明王始立而處國有制」(《荀子·王制》)由自然天道的現實存在論及人世間等級制度存在的合理性，這頗類似於黃老之學的「推天道以明人事」的致思路徑。如黃老帛書之中有許多相關的論述。「天有死生之時，國有死生之政」(《經法·君正》)「日月星辰之期，四時之度，動靜之立，外內之處，天之稽也。高下不蔽其形，美惡不匿其情，地之稽也。君臣不失其位，士不失其處，任能毋過其所長，去私而立公，人之稽也。」(《經法·四度》)等。人之道要效法天之道的運行規律，「即讓人事活動的形式和內容從自然法則那裡獲得不可動搖的依靠和合理性證明。」〔註14〕荀子對於「禮有三本」的論述與黃老帛書中的例子具有高度的相似性，應該是其受到

〔註11〕最明顯的例子莫過於「請問為人君？曰：以禮分施，均遍而不偏。請問為人臣？曰：以禮侍君，忠順而不懈。請問為人父？曰：寬惠而有禮。請問為人子？曰：敬愛而致文。請問為人兄？曰：慈愛而見友。請問為人弟？曰：敬詘而不苟。請問為人夫？曰：致功而不流，致臨而有辨。請問為人妻？曰：夫有禮則柔從聽侍，夫無禮則恐懼而自竦也。此道也，偏立而亂，俱立而治，其足以稽矣。」(《荀子·君道》)

〔註12〕即「禮有三本：天地者，生之本也；先祖者，類之本也；君師者，治之本也。無天地，惡生？無先祖，惡出？無君師，惡治？三者偏亡，焉無安人。故禮、上事天，下事地，尊先祖，而隆君師。是禮之三本也。」(《荀子·禮論》)

〔註13〕正如陸建華先生所說，「視禮的等級性為天地分別以及天上地下的空間位置的差異的產物；由自然現象推演人間之禮，由人間之禮逆朔其天因地緣，用自然之道比附人世間禮制。」詳見陸建華：《荀子禮學研究》，合肥：安徽大學出版社，2004年，第71頁。

〔註14〕張增田：《黃老治道及其實踐》，廣州：中山大學出版社，2005年，第59頁。

黃老之學影響所留下的痕跡。這體現了荀子借鑒吸收黃老思想，改造儒家禮學思想，為禮尋找形上價值的理論探索。〔註15〕天地萬物的和諧發展，日月星辰的自然運行。江河湖海的奔流不息，自然萬物的繁榮生長。這些自然現象的發展變化都與禮有著密切的關係。在這裡，禮成為貫穿人道與天道的橋樑。禮成為終極性的存在，具有了形而上的意義，類似於道家哲學中「道」的概念。

第二節　禮所具有的新意

上一節提到荀子從自然人性的角度論證禮的起源，更多的強調禮的外在規範性和強制性作用，認為禮的功能在於調節人的欲望。除此之外禮還具有政治制度以及道德規範的意思在內。但是荀子禮制思想的本質卻是其「分」的思想，「整個禮制的架構都不出於別或分的原則。」〔註16〕

一、「明分使群」──對黃老「分」思想的借鑒

荀子對於禮之「分」的論述在其書中相當之多。「力不若牛，走不若馬，而牛馬為用，何也？曰：人能群，彼不能群也。人何以能群？曰：分。分何以能行？曰：義。」（《荀子・王制》）人與動物的最大區別在於「義」的存在。人之所以可以役使牛馬，使因為人能夠「群」的緣故。這裡的「群」的意思類似於現在我們所習稱的「社會」一詞。人能夠過群體生活，具有一定的組織原則，並且組成秩序井然的社會，這就是「群」的含義。那麼人又為什麼能夠組成社會呢？是因為「分」的緣故。那「分」又指的是什麼呢？就是「禮義」也就是說禮的最大功能就是「分」，明確不同身份、地位之人的權利和義務，肯定現實之中等級差別的存在。通過禮使其確定落實和規範化。〔註17〕因此

〔註15〕對於為禮尋找形上價值的理論探索，《荀子・禮論》甚至還有這樣的話，「天地以合，日月以明，四時以序，星辰以行，江河以流，萬物以昌，好惡以節，喜怒以當，以為下則順，以為上則明，萬變不亂，貳之則喪也。禮豈不至矣哉！」（《荀子・禮論》）

〔註16〕張亨：《思文之際論集──儒道思想的現代詮釋》，北京：新星出版社，2006年版，第127頁。

〔註17〕高積順先生認為，「『分』的關鍵是名分，也包括身份、職分、本分、地位等；『分』的要求是區分，確立等級；『分』的內容是依名分而規定的權利之務，使人人各就其位，安守本分，以防上下相爭，保證社會不亂。」詳見高積順：《試論荀子禮法思想的獨特性格》，《管子學刊》1994年第4期，第14～15頁。

荀子認為「辨莫大於分，分莫大於禮」（《荀子·非相》）只有懂得「分」的道理，人類社會才能組建成秩序井然的社會。因此可以說，「明分」是「使群」的前提和基礎。物質財富的現實供應與需求並不構成比例，往往是需求遠遠大於供應。這就需要根據身份的不同來分配現實的物質財富。同時，現實社會之中不管是身份、職業還是才能智慧，所顯示的都是差別所在。因此，需要禮來行使「謹於分」的作用。〔註18〕正是禮對於權力和義務、身份和職能的劃分。使得士農工商都能夠各盡所知，安分守己。

　　雖然儒家也有「勞心者治人，勞力者治於人」的類似「分」的概念，但這顯然是不具體和不詳細的。與荀子對禮之「分」的討論相對應的是黃老之學對「分」的論述。《商君書》之中有《定分》章，「一兔走，百人逐之，非以兔也。夫賣者滿市，而盜不敢取，由名分已定也。故名分未定，堯舜禹湯且皆如焉而逐之；名分已定，貪盜不取。」（《商君書·定分》）兔子在路上的話，所有的人都會去追逐。而市場上有許多兔子，卻沒有人爭奪。這是因為兔子的明分已定的緣故。《呂氏春秋》所記慎到也有類似的思想，「慎子曰：今一兔走，百人逐之。非一兔足為百人分也，由分未定。由未定，堯且屈力，而況眾人乎？積兔滿市，行者不顧。非不欲兔也，分已定矣。分已定，人雖鄙不爭。故治天下及國，在乎定分而已矣。」當然，商鞅和慎到舉此例是為了說明法作為客觀標準的重要性。荀子借鑒了黃老之學對法之定分作用的思想，使禮獲得了法的功能和價值。因此，禮法二者之間產生了聯繫。

　　齊法家代表作《管子》一書之中對定分也有相關的討論。「禮者，因人之情，緣義之理，而為之節文者也。故禮者謂有理也，理也者，明分以諭義之意也。故禮出乎義，義出乎理，理因乎宜者也。」（《管子·心術上》）謂禮的真實本意為「明分以諭義」。對於荀子禮之「謹於分」使士農工商各安其位的作用，《管子》之中也有論述。「聖王之治民也，進則使無由得其所利，退則使無由避其所害，必使反乎安其位，樂其群，務其職，榮其名，而後止矣。」（《管子·法禁》）《管子》之中所指的雖然是法的作用，但是荀子援法入禮，禮法並重，「禮者，法之大分，類之綱紀也。」（《荀子·勸學》）禮是法制定的標準和

〔註18〕荀子認為禮對於士農工商各階層均具有「分」的功能與作用。「農分田而耕，賈分貨而販，百工分事而勸，士大夫分職而聽，建國諸侯之君分土而守，三公總方而議，則天子共己而止矣。出若入若，天下莫不均平，莫不治辨。是百王之所同，而禮法之大分也。」（《荀子·王制》）

原則，因此，《管子》法之「安其位，樂其群，務其職，榮其名」的作用顯然影響了荀子。「分」雖然還具有社會分工的意思，但是其核心思想無疑是等級之分。荀子認為這種由禮所導致的等級制存在是最大的平等，最大的齊，也就是不齊之齊。〔註19〕

荀子認為等級制的存在是客觀必然的，但又認為這種「分」並不是一成不變的。人們可以通過自身的努力來提高自己的等級地位。「賢能不待次而舉，罷不能不待次而廢。」（《荀子‧王制》）具體來說即是能否遵循禮義，並且貫徹終始。雖然荀子「定分」的思想借鑒了黃老之學，但是其對禮義的遵循和重視態度，還是彰顯了儒家思想的本色。

二、齊萬物以為首——慎到與荀子法思想比較研究

慎子，又名慎到。曾遊學齊國稷下學宮，列為上大夫。〔註20〕《漢書‧藝文志》則記錄「慎到四十二篇」現存《慎子》一書七篇，由清人錢熙祚整理而成，還是殘缺不完整的，名之曰守山閣叢書本，應該是比較可信的。慎到思想之中包括儒道法各家思想〔註21〕，其中最為引人注意的是其通過道家思想來論證法家政治，並提出了對法思想的獨到見解。而儒家集大成者荀子「年十五始遊稷下」，三任稷下祭酒，最為老師。荀子本人也深受稷下諸位先生的影響，其思想最大特點就是隆禮重法，援法入禮。禮法思想在荀子思想之中佔有重要的地位，可以說是其思想的核心。正因為法思想在慎荀思想之中的重要地位，因此筆者嘗試從法之義的角度對兩位稷下學者的法思想進行比較

〔註19〕荀子認為「分均則不偏，勢齊則不壹，眾齊則不使。有天有地，而上下有差；明王始立，而處國有制。夫兩貴之不能相事，兩賤之不能相使，是天數也。勢位齊，而欲惡同，物不能澹則必爭；爭則必亂，亂則窮矣。先王惡其亂也，故制禮義以分之，使有貧富貴賤之等，足以相兼臨者，是養天下之本也。書曰：「維齊非齊。」此之謂也。」（《荀子‧王制》）以上這段話可以說是對「不齊之齊」的最好注腳。

〔註20〕據《史記‧孟荀列傳》記載「慎到趙人。田駢、接子齊人、環淵楚人。學黃老道德之術，因發明序其旨意。故慎到著十二論，環淵著上下篇，而田駢、接子各有所論焉。」

〔註21〕學界關於慎到的學派界定，還存有爭議。有的認為其屬於法家重勢派，有的認為其屬於道家學派。還有的學者如裘錫圭先生認為其屬於「道法家」。筆者在這裡認為其屬於道家學派的代表，但是其思想也帶有明顯的法家色彩，屬於由道轉法的過渡階段。也就是通過道家哲理來論證法家政治，即所謂「因道全法」。

研究，揭示其思想之間的異同和對後世法律制定的影響，敬請各位專家批評指正。

（一）慎到法思想的內容及特點

　　要詳細瞭解慎到的法思想，除了現存殘缺不全的《慎子》一書外，還有兩種材料需要特別重視。這兩種材料從總體上概括了慎到思想的全貌，一種是《莊子‧天下》，另一種則是《荀子‧非十二子》。前者主要反映了其道家思想的特點，而後者則反映了其法家思想的特點。從以上所有材料中可以看出，慎到對立法的原則和目的、法的職能和作用以及嚴格執法和法隨世變等問題，都進行了詳細的論述，下面讓我們加以考察。

　　首先，慎到認為人性天生就是自私的。如果不加以外在人為限制的話，自私自利的本性將導致社會混亂的發生。這就為某種外在強制性措施的建立提供了可能，而這在慎到眼中無疑是法的建立。或者如沈清松先生所言，「需要國家公權力的介入，有必要考量這些公定的行為規範及其法則作為社會所需的維繫正義的力量」〔註22〕從這也可以看出，慎到所謂的立法原則，第一就是要符合人性自身，「法非從天下，非從地出，發於人間，合乎人心而已」（《慎子‧逸文》）

　　《莊子‧天下》是將彭蒙、田駢、慎到三人放在一起進行論述，其中反映了慎到立法的原則問題。「公而不黨，易而無私，決然無主，趣物而不兩，不顧於慮，不謀於知，於物無擇，與之俱往。」莊子認為慎到的思想從總體上看是公正而不偏私，不依靠個人的智慧和才能，以法作為評判一切是非的標準。「齊萬物以為首，曰：天能覆之而不能載之，地能載之而不能覆之，大道能包之而不能辯之。知萬物皆有所可，有所不可。故曰：選則不遍，教則不至，道則無遺者矣。」天地都具有一定的侷限性，如果進行主觀決斷的話，則一定會有所侷限。因此就要做到「棄知去己，而緣不得已。泠汰於物，以為道理……椎拍輐斷，與物宛轉；舍是與非，苟可以免。不師知慮，不知前後，魏然而已矣。推而後行，曳而後往。若飄風之還，若羽之旋，若磨石之隧，全而無非，動靜無過，未嘗有罪。是何故夫無知之物，無建己之患，無用知之累，

〔註22〕沈清松：《論慎到政治生活中的公共性》，《哲學與文化》2004 年第 6 期，第 18 頁。沈清松先生從現代公共性的角度重新審視慎到的思想，認為其法思想的建構和提出是因其對政治和社會生活公共性的思考的結果，其觀點頗具啟發。

動靜不離於理,是以終身無譽。」摒棄個人的聰明才智,聽任萬物自身的發展變化,一切以「道」作為評判是非的標準。在這裡雖然論證的是所謂的「道」,但實質上說的卻是法的特點,是為法尋找理論上的支持。「道與具體事物的關係具有兩個特點,一是包容萬物,二是對萬物一視同仁。慎到認為法與道相對應,法也有兩個特點,一方面是包容一切人事,另一方面對不齊的人事一視同仁。」〔註23〕從「道」的高度對法所具有的特點進行論證,這可以說是慎到法思想的獨到之處,也是其與黃老的相同之處。關於這一點,我們在後面詳細討論。

遵循以上立法的原則,慎到對法的職能和作用也進行了詳細的論述。如果君主不按照法的要求來行事的話,完全從一己好惡出發,則會導致政治社會生活的混亂發生。〔註24〕所以,慎到認為,法的最主要的職能和作用就是所謂的立公去私。「公」和「私」的概念應該屬於政治法律概念,「公」指的應該是國家社會穩定的公共秩序,「私」則指的是對國家社會穩定起破壞作用的個人行為。對法的立公去私的作用,慎到對此有更加簡明的論述,「法者,所以齊天下之動,至公大定之制也。故智者不得越法而肆謀,辨者不得越法而肆議,士不得背法而有名,臣不得背法而有功。我喜可抑,我忿可窒,我法不可離也。骨肉可刑,親戚可滅,至法不可闕也」(《慎子・逸文》)正因為法的作用是立公去私,因此制定法之後,就不能再做成私的行為「法之功,莫大於使私不行;君之功,莫大使民不爭。今立法行私,是私與法爭,其亂甚於無法;是賢與君爭,其亂甚於無君」(《慎子・逸文》)如再實行成私的行為,對法的權威性的破壞更是巨大的。

同時,法還具有判斷是非的作用,慎到常將其比喻為權衡和尺寸。在頒布法之後,就要嚴格按照法來從事。「為人君者不多聽,據法倚數以觀得失。無法之言,不聽於耳;無法之勞,不圖於功;無勞之親,不任於官。官不私親,法不遺愛,上下無事,唯法所在。」(《慎子・君臣》)嚴格按照法的規定

〔註23〕劉澤華:《論慎到的勢、法、術思想》,《文史哲》1983年第1期,第13頁。
〔註24〕對此,慎到有詳細的論述。如「君人者,舍法而以身治,則誅賞予奪,從君心出矣。然則受賞者雖當,望多無窮;受罰者雖當,望輕無已。君舍法,而以心裁輕重,則同功殊賞,同罪殊罰矣,怨之所由生也。是以分馬者之用策,分田者之用鈎,非以鈎策為過於人智也。所以去私塞怨也。故曰:大君任而弗躬,則事斷於法矣。法之所加,各以其分,蒙其賞罰而無望於君也。是以怨不生而上下和矣。」(《慎子・君人》)

來從事，決不能做違背法的事情。

還需要加以注意的是，慎到在論述法的過程之中提出了「分」的原則。「分」的原則大體上涉及政治、社會以及經濟生活三個方面。政治上主要涉及的是君主決策過程中所採取的客觀標準問題，也就是嚴格執法問題。其次就是賞罰的客觀標準問題，這兩個方面都需要法的介入，具體來說就是法之分在政治上的作用和應用。經濟上主要涉及的是社會分工問題，由於不同的人具有不同的專長和能力，因此社會上士農工商得以劃分成為必要。「古者工不兼事，士不兼官。工不兼事則事省，事省則易勝；士不兼官則職寡，職寡則易守。故士位可世，工事可常。」(《慎子‧威德》)最後，「分」涉及現代社會中類似於所有權的問題。慎到舉了一個形象的例子說明。「一兔走街，百人追之，貪人具存，人莫之非者，以兔為未定分也。積兔滿市，過而不顧。非不欲兔也，分定之後，雖鄙不爭。」(《慎子‧逸文》)「在此一層次，分指的是特定物的物權或所有權，並進入買賣關係，進行貿易規則。」〔註25〕

最後，慎到還認為法雖然制定，但是隨著社會客觀形勢的變化，法也要隨之進行變化，也就是法隨時變的思想，「他認為法在執行過程中應根據社會現實的發展變化而有所調整變化，不能一成不變。」〔註26〕「故治國無其法則亂，守法而不變則衰。有法而行私，謂之不法。以力役法者，百姓也；以死守法者，有司也；以道變法者，君長也。」(《慎子‧逸文》)慎到認為制定的法律要充分考慮社會現實的發展，不同的社會現實要採取相對應的法律。這也影響了後世法家的韓非，韓非明確提出「世異則事異，事異則備變」(《韓非子‧五蠹》)和「法與時轉則治，治與世宜則有功」(《韓非子‧心度》)的思想。

以上大體上論述了慎到關於立法的原則、法自身的作用和職能、嚴格執法以及以道變法等問題。從中可以看出慎到雖生活於戰國之世，但對法的思考程度之深，同時代很少有能望其項背者。慎到法思想的獨特貢獻在於，其立法的目的以及其所制定的法，基本上出於對政治社會的穩定性和公共性的考慮。如其「分」概念的提出，涉及了政治、經濟和社會不同層面的考察。其根本目的還是使政治社會生活得以和諧有序的運轉，不至因為君主個人的喜

〔註25〕沈清松：《論慎到政治生活中的公共性》，《哲學與文化》2004 年第 6 期，第 17 頁。

〔註26〕趙逵夫：《論慎到的法治思想》，《社會科學戰線》2013 年第 4 期，第 241 頁。

好而導致公共性的破壞和其混亂的發生。這種公共性和客觀性思考的首要出發點是社會群體大眾一般的福祉和利益所在，而不是某一特殊群體的個人利益。這種公共性類似於我們今天常說的公共生活，公共事務等。正如沈清松先生所界定，公共性「是一超越人的主體性、互為主體性，而指向對於社群大眾的公共性、公平性的一般性考量，關切其共同利益和福祉，並訴諸客觀規則以為依循。」〔註 27〕相比之下，韓非之法無疑是為其君主鞏固統治服務的工具，君主超然於法律之上。這也是慎到法思想與韓非之法的區別所在。那麼慎到所標榜的法思想之中體現的公共性和客觀性來源於何處，或者說其法思想的原理和精神以何為指導，也即其法之義如何呢？慎到法思想又與之後的荀子法思想有什麼差異呢？對於這些問題，我們在下文給予一定的思考和回應。

（二）荀子法思想的特點

荀子同慎到一樣，也在稷下講學多年，其思想深受稷下學風的影響。〔註 28〕荀子思想最為引人注目的地方，或者說其核心思想便是禮法思想。「禮法論是荀子法思想的核心。荀子的法思想就是禮法思想。」〔註 29〕因此談論荀子的法思想，也就是談論荀子的禮法思想，二者缺一不可。

總體上來說，荀子對禮法思想的態度時隆禮重法，援法入禮。荀子將禮法並提，《荀子》一書中多次提到「禮法之大分也」（《荀子・王霸》）「禮法之樞要也」（《荀子・王霸》）同時將禮提高到了法的高度。「故非禮，是無法也」（《荀子・修身》）禮法二者之間的關係在荀子思想之中應該這樣來理解：一方面，制定法要以禮作為其制定的標準和原則。可以說如果違背禮所倡導的

〔註 27〕 沈清松：《論慎到政治生活中的公共性》，《哲學與文化》2004 年第 6 期，第 7～8 頁。

〔註 28〕 基於荀子長期在稷下講學，稷下學宮思想氛圍濃厚，儒道墨法名各家思想自由辯論，但其中主要思潮是黃老之學。有的學者據此認為荀子思想深受黃老影響。相關研究成果可參看趙吉惠：《荀況是戰國末期黃老之學的代表》，《哲學研究》1993 年第 5 期，第 21～29 頁；丁原明：《論荀子思想中的黃老傾向》，《管子學刊》1991 年第 3 期，第 23～29 頁；余明光：《荀子思想與「黃老」之學──兼論早期儒學的更新與發展》，《河北學刊》1996 年第 1 期，第 36～42 頁；孫以楷：《荀況與先秦道家》，《學術月刊》1996 年第 8 期，第 19～24 頁；李德永：《道家理論思維對荀子哲學體系的影響》，《道家文化研究》第 1 輯，第 249～264 頁。

〔註 29〕 俞榮根：《儒家法思想通論》，南寧：廣西人民出版社，1998 年，第 401 頁。

原則，就是違法的表現。另一方面，通過法的制定又保證了禮的原則和精神的落實。違法就是違禮，就要受到刑罰的處罰。因此荀子認為禮是「法之大分，類之綱紀」(《荀子‧修身》)但是需要注意的是，荀子雖然禮法並提，但荀子認為「禮義生而製法度」(《荀子‧性惡》)仍然認為禮的地位要高於法，重於法，這也體現了荀子的儒家立場。雖然重法，但仍不改其初衷。

禮所體現的尊卑貴賤的等級制精神主要體現在「分」的職能之中，這裡，荀子借鑒和吸收了慎到「分」的思想。上一節我們討論慎到法思想之中「分」的原則，具體涉及在政治、經濟以及社會生活三個方面。荀子也多次提到「分」的概念，可以說荀子禮的主要功能和本質屬性就是「分」。荀子認為社會之所以能夠和諧而不至於陷入混亂，就是因為存在尊卑貴賤的等級制度。那怎樣才能實現這種等級制度呢？就要發揮禮所具有的「分」的功能。禮的最大作用可以說就是別貴賤，使貴賤、長幼、知愚都能夠各安其職。

更為難能可貴的是，荀子還將法分為不同的層次。如法義、法數以及類的概念等。法義類似於法的原則和原理。法數類似於具體的法律條文。而類則相當於斷案的原則和方法。荀子認為最為重要的是應該掌握法之義，「不知法之義而正法之數者，雖博，臨事必亂。」(《荀子‧君道》)也就是一定要掌握法之中所體現的原理和原則。荀子認為在判案之時應該做到「有法者以法行，無法者以類舉」(《荀子‧王制》)他批評慎到「尚法而無法」，為什麼認為慎到崇尚法律而又沒有法律呢？「慎子蔽於法而不知賢……由法謂之道，盡數矣」，這是因為荀子認為慎到只知道具體的法律條款，而不知道法背後所體現的法之義，也就是法的精神和原則。但是事實上果真如荀子所說，慎到只注重具體法律條文的制定，而不瞭解法律背後的原理和原則，也就是不懂法之義嗎？情況可能未必如此。

（三）荀慎法思想的異同比較

上文提到，荀子多次提到「分」的概念，荀子思想的最大特色是將「分」的概念納入到禮的作用和職能之中，「分」被認為是禮的核心屬性和職能。於此同時，荀子又將禮提高到法的高度。因此在某種程度之上，禮所具有的「分」的作用和職能也成為法的精神的體現。也就是說，法之義的精神和原則其實就是禮所體現的「分」的原則，具體來說就是禮所體現和強調的尊卑、親疏、貴賤、長幼的等級制原則。雖然慎到和荀子所謂的「分」具有某種程度上的相似性，例如「分」在社會分工方面的體現。但是，慎到的「分」概念都是從

法的公共性和客觀性的角度來思考，「分」的作用和職能體現在對政治經濟以及社會公共事務的考慮之上，其根本目的是維護社會公共生活的穩定和諧。而荀子法思想中所體現的「分」的思想卻是如上所說即禮所體現的等級原則。〔註30〕權利觀念完全被宗法血緣制度所規定，一切權利的賦予完全以宗法等級制度作為標準和參照，這是儒家思想的一貫主張，荀子在此完全繼承。〔註31〕可見，在宗法等級制原則指導下的法思想無法產生近代法律所要求的法律面前所有公民一律公平公正的原則。

　　法之義以宗法倫理為基礎，體現儒家尊卑貴賤的等級制精神由荀子始得以發揚光大，對後世影響最為深遠莫過於具體落實到法律的制定之中，也可以說是法律的儒家化。〔註32〕從目前所見最早最完備的《唐律疏議》到後來的《大清律例》，都將這種思想作為其制定法律的原則和根本精神所體現，其中最顯著者莫過於八議制度和以五服制斷案。所謂的八議制度是指八種人犯罪的話可以法外開恩或者減免刑罰，八種犯罪的話可以減免刑罰的人，其範圍包括皇家宗室成員以及外戚家族等。還有就是規模龐大的官僚階層以及他們的家屬成員。而以五服制斷案則指的是家族內部依據血緣親疏的不等，相應的法律獎懲措施的不同。法律儒家化的過程從漢代開始，兩千年來一以貫之。〔註33〕

　　而在法律執行的過程中，禮治所體現和維護的宗法血緣制思想，其最為明顯和具體的表現便是後代斷獄之時所採取的「原情定罪」「論心定罪」以及「親親相隱」的原則。所謂的「原情定罪」「論心定罪」指的是在斷獄之時考

〔註30〕俞榮根先生認為「荀子明確地把分與禮聯繫起來，這無論從禮學角度還是從法思想的角度都有重大的影響。一方面，分被納入了傳統的禮，權利觀念就被消融在親親、尊尊的血緣身份制度中，權利本位的法觀念也就難以獨立發展了；另一方面，分一旦引入禮中，同時也改造了古老的禮，給禮輸入了權利的新義，予以了法的解釋。」詳見俞榮根：《儒家法思想通論》，南寧：廣西人民出版社，1998 年，第 406～407 頁。

〔註31〕用荀子本人的話來說就是「禮也者，貴者敬焉，老者孝焉，長者弟焉，幼者慈焉，賤者惠焉。」(《荀子‧大略》)

〔註32〕用瞿同祖先生的話便是「所謂法律儒家化表面上為明刑弼教，骨子裏則為以禮入法，怎樣將禮的精神和內容竄入法家所擬定的法律裏的問題。換一句話來說，也就是怎樣使同一性的法律成為有差別性的法律的問題。」詳見瞿同祖：《中國法律與中國社會》，北京：中華書局，2010 年，第 378 頁。

〔註33〕美國學者莫里斯等人對此有專門研究。詳見〔美〕莫里斯、布迪著，朱勇譯：《中華帝國的法律》，南京：江蘇人民出版社，2010 年，第 26 頁。

慮犯罪者的主觀動機。如果犯的是死罪和重罪，如果出於無意和過失犯罪的話，也可以從輕判決。如果犯的是輕罪，但是如果是屢犯不改和故意為之的話，也要從重判決。這在《尚書》中的《康誥》和《呂刑》之中即有所反映，說明在周初就已經出現此種思想，即所謂的「志善而違於法者免，志惡而合於法者誅。」（《鹽鐵論・刑德》）荀子之後的封建社會更是將此作為斷案時的最為基本的原則。除此之外，禮治所體現的「親親相隱」原則也是宗法血緣制度在儒家法思想中的具體體現。後世封建社會的法律更是規定犯罪人的直系親屬可以對於犯罪者本人的罪行採取迴避的態度，可以不直接指認犯罪者的罪行。同時家族內的晚輩子女不能夠控告家族內長輩父母等人的罪行。這些都體現了宗法血緣制下親親、尊尊的禮治原則對法律的現實影響。包括荀子在內的先秦儒家就是將維護親疏貴賤的宗法血緣制的「禮」作為法律制定總的標準和原則，一切以「禮」作為評判的標準。「禮」即是政治準則，又是道德規範。法律實行的最終目的就是為了維護「禮「所體現的宗法等級社會的和諧穩定及安寧。

而反觀慎到的法思想，雖然荀慎法思想之中都已經體現出為維護群體之間的共同生活所制定的規則的迫切願望，但重要的是二者法之義的不同。也就是法所體現的精神和原則的不同。慎到顯然超出宗法血緣制度的藩籬，那麼我們要問的是，慎到法思想背後的法之義又是什麼呢？這就是自然法則。〔註34〕人間秩序的制定要效法自然和天地的秩序，「道法」是最高的標準。因此要效法自然法則來制定人世間的所謂成文法，成文法的制定即體現了自然法則的公平公正客觀的至上性原則和精神。馬王堆帛書《黃帝四經》之中也有相關論述，認為法是由「道」所產生的，明確提出「道生法」的哲學命題。道是萬事萬物的最終根源，因此法也由「道」所產生。這裡的「道」和慎到的「道法」其實都類似於西方的自然法觀念。〔註35〕許多學者都認為「黃老學的道法（或道理法、天道法），在某種意義上可以稱之為自然法，因為它包含

〔註34〕對於此自然法則，慎到有詳細的討論。如「古之全大體者，望天地，觀江海，因山谷。日月所照，四時所行，雲布風動。不以智累心，不以私累己。寄治亂於法術，托是非於賞罰，屬輕重於權衡。不逆天理，不傷情性，不吹毛而求小疵，不洗垢而察難知，不引繩之外，不推繩之內，不急法之外，不緩法之內。守成理，因自然。禍福生乎道法，而不出乎愛惡。」（《慎子・逸文》）

〔註35〕關於自然法的觀點，可參看皮文睿的《儒家法學：超越自然法》一文。具體詳見高道蘊、高鴻鈞、賀衛方編：《美國學者論中國法律傳統》，北京：中國政法大學出版社，1994年，第143～185頁。

著自然法則，自然理性自然秩序的一般性意義。」〔註36〕法本身就體現著公共性和客觀性，這其實是「道」或者「道法」自身所具有的公共性和客觀性在具體法律層面的落實，也可以說是自然法則的公共性和客觀性。這種公共性體現在對待所有的人一視同仁，所有人在法律面前一律平等。雖然慎到認為只有君主可以改變法律，但是其也絕不是可以任意妄為。制定法律後，君主也要遵守法律的相關規定。《黃帝四經》之中也有類似的描述，「故執道者，生法而弗敢犯也，法立而弗敢費也。」（《黃帝四經·道法》）同時，其客觀性體現在法的制定成為判斷是非的依據和標準，具有權衡和尺度的功能，這在我們論述慎到法思想時都已經討論過。至此，我們知道了慎到的法思想，其中不管是立法的原則和目的、法的職能和作用還是嚴格執法和法隨世變等問題，都從自然法的原理和原則出發，認為成文法的制定要體現「道」或者「道法」的自然準則，也就是體現其自身所具有的公共性和客觀性。在慎到思想之中，「道」或者「道法」所集中體現的自然法則成為其法思想的原理和精神所在，這是其與荀子以宗法血緣制為基礎所體現的等級制原則的法義思想最大的不同和差異所在。荀子所謂的公平性和公正性正是其所標榜的等級性。或者換句話說，荀子認為等級制所體現的尊卑貴賤的不平等性正是最大的平等和公正。用荀子自己的話那就是「夫兩貴之不能相事，兩賤之不能相使，是天數也。」（《荀子·王制》）

從慎到提倡以法作為評判一切的客觀標準到荀子將禮的精神納入法的制定之中，正體現了先秦時期從禮治到法治發展和變化的一般過程。西周時期號稱以禮治國，禮法是不分的，符合禮的行為方式人們認為就是符合法的。評判事物的依據也是遵循禮所體現的尊卑貴賤的等級制原則，對不同地位的人進行的處罰是不同的。正如《禮記》所記載的一樣，「禮之於正國也，猶權衡之於輕重也，繩墨之於曲直也，規矩之於方圓也。」西周時期的禮法關係如果用一句話來總結的話就是法在禮中，禮外無法。違反禮的行為也就是違反法的行為，禮不僅是國家制度和行政制度，還部分的起到了國家法律的功能和作用。在某種意義上，禮法是等同的關係，法律和道德均隸屬於禮之中。宗法血緣制度下的禮之中，許多要求和措施承擔著法的功能，禮具有法律規範的作用。同時，為了保證禮的不被破壞，對於違反禮的行為，就要實行一

〔註36〕王中江：《黃老學的法哲學原理、公共性和法律共同體理想——為什麼是「道」和「法」的統治》，《天津社會科學》2007 第 4 期，第 137 頁。

定的制裁手段，也就是所謂的「失禮入刑」的原則。倡導禮治的同時，並不意味著對於刑罰的背離，刑罰恰恰是維護禮治的必要手段和措施。先秦儒家倡導禮治，對於刑罰保證維護禮治的作用也極其重視，這可以說繼承了西周「失禮入刑」的傳統。荀子更是認為「治之經，禮與刑，君子以修百姓寧。」(《荀子‧成相》) 更為可貴的是，與法家的輕罪重罰的思想不同，荀子還反對刑過其罪。主張「刑不過罪」(《荀子‧君子》)，這與儒家所提倡的體現禮治思想的「原情定罪」「論心定罪」以及「親親相隱」的斷獄原則具有內在的一致性。

但是大約自春秋之時起，隨著社會政治經濟結構的變化。政治上周天子逐漸失去了共主的地位，各國諸侯根本不把周天子放在眼裏，分封制逐漸瓦解。經濟上生產力發展，私田得到大規模開發，井田制已經不能夠實行下去。傳統以宗法血緣制為基礎的禮治模式已經不能夠有效的控制社會，急需一種新型的治理國家的統治模式。因此，出現了提倡將法從禮之中分離開來，也就是提倡法治的思想。〔註37〕鄭國和晉國都發生了鑄刑書和刑鼎的事件，公布了所謂的成文法。後期法家人物如商鞅和韓非等人更是認為要達到富國強兵的目的，非要進行以法治國不可。他們批評儒家所倡導的禮治思想，認為應該「君臣上下貴賤皆從法」(《管子‧任法》) 應將法律作為治理國家的統治方式，強調法律的作用和功能，改變了西周以來的禮治模式。這在慎到的法思想之中得到了淋漓盡致的呈現。

值得注意的是，從禮治到法治思想的變化，一方面體現了統治模式的轉變。另一方面還反映了法律與道德二者的關係問題。禮所維繫的宗法等級制原則以血緣為基礎，以此來區分和強調尊卑、貴賤、親疏。而黃老道家慎到以及法家商鞅韓非等人卻強烈批判這種以血緣制為基礎的舊道德，制定了一系列與血緣制舊道德相悖的制度。法律與道德的衝突和矛盾，即法治和禮治的分歧，是黃老法思想與儒家法思想的根本差異所在。如血緣制所強調的「親親相隱」的原則，商鞅卻公開鼓勵親屬之間的互相檢舉和告發。還實行所謂的連坐制度等。這一系列舉措都意在打破血緣制所強調和維繫的統治方式，

〔註37〕有的學者認為「禮表現為基於血緣宗法關係而構成的差序格局，它對社會關係進行相對固定化的調整；而法具有確定性和不隨人的身份社會關係而改變的普遍性。法首先以一種標準化的、形式主義的（而不是實質主義的）強制性社會規範來防衛社會的主流價值；其次，它在一定範圍內又是具有平等性的。」詳見黃東海、范忠信：《春秋鑄刑書刑鼎究竟昭示了什麼巨變》，《法學》2008 年第 2 期，第 61 頁。

建立以法律為唯一標準的統治模式。同時還強調法律的地位高於道德，絕對
不可以法外開恩，要嚴格按照法的規定進行處罰。秦國正是實行了商鞅變法，
打破了原有的以血緣制為基礎的舊的統治方式。強調法律作為統治模式的唯
一功能和作用，才統一了六國。但是其卻片面強調法律的絕對作用和功能，
忽視道德的作用，最終導致了二世而亡。荀子也曾注意到秦國的弊端所在，
雖然其認為秦國統一是遲早之事，給予秦國高度的評價。「其固塞險，形埶
便，山林川谷美，天材之利多，是形勝也。入境，觀其風俗，其百姓樸，其
聲樂不流污，其服不佻，甚畏有司而順，古之民也。及都邑官府，其百吏肅
然，莫不恭儉、敦敬、忠信而不楛，古之吏也。入其國，觀其士大夫，出於
其門，入於公門；出於公門，歸於其家，無有私事也；不比周，不朋黨，倜
然莫不明通而公也，古之士大夫也。觀其朝廷，其朝閒，聽決百事不留，恬
然如無治者，古之朝也。故四世有勝，非幸也，數也。是所見也。故曰：佚
而治，約而詳，不煩而功，治之至也，秦類之矣。」(《荀子‧強國》)但是
卻認為秦國的根本問題是「無儒」。「雖然，則有其諰矣。兼是數具者而盡有
之，然而縣之以王者之功名，則倜倜然其不及遠矣！是何也？則其殆無儒邪！
故曰粹而王，駁而霸，無一焉而亡。此亦秦之所短也。」(《荀子‧強國》)
「無儒」正是秦國純任法治，片面強調法律的功能和作用，而忽視以宗法血
緣為基礎的道德作用的體現。法律與道德「兩者雖然各有獨立的領域，卻不
是完全不相干涉；它們潛在的緊密的關聯必須加以正視——這將促使我們重
新考慮禮的功能和法在道德教育方面的作用。」〔註38〕荀子有鑑於此，將以
宗法血緣制為基礎，強調尊卑貴賤原則的禮納入法的制定之中，作為法制定
的標準和原則。開創了援法入禮，隆禮重法的思想。荀子正是看到了禮治與
法治二者不可偏廢，才做出如此的舉措。當然，其最終實現要到漢代經儒生
之手才得以完成。

（四）結語

　　荀子以宗法血緣制度為基礎，將禮所體現的尊卑貴賤的等級制原則作
為其法思想的原理、原則和精神所在。認為最大的公平和公正性即是禮所
展現的不平等的等級制原則，秦漢以後歷代法律的制定都遵循此一原則，

〔註38〕張亨：《思文之際論集——儒道思想的現代詮釋》，北京：新星出版社，2006
　　　　年，第146頁。

得到具體的落實和保障。而慎到的法思想以自然法則為指導，具體來說以「道」或「道法」為體現來論證。「道」或「道法」作為其立法的依據和原則所在，與自然法則相同，體現了至上的公共性和客觀性。因此，人世間的法律制定也要體現「道」或「道法」所展現的公共性和客觀性。所有人在法律面前一律平等，任何人不得違背，君主也毫不例外。同時，法律制定後絕不能隨意改變。要作為判定是非得失的唯一標準和準繩，一切盡斷於法。荀慎法思想所展現的差異，原因是其法思想的精神和原則的不同，也就是法之義的差異所導致。其背後體現了由禮治到法治思想轉變的歷史進程，也體現了法律與道德二者的關係問題。片面強調道德高於法律，的確與今日公民社會所提倡的法律的公平公正原則相牴觸。同樣，片面強調法律高於道德，不考慮案件發生過程中道德情感所起的作用。使法成為冷冰冰的法律條文。如有違反者，即遭到刑罰的處罰，而不考慮其中道德情感的所在，也是不足取的。荀慎法思想的差異及背後所體現的法律與道德二者之間的關係，為我們今日制定法律時怎樣更好的處理法律和道德二者的關係，提供了有意的借鑒意義。

三、荀子術治思想

　　荀子所倡導的禮治思想作為一種政治制度，所體現的是治理國家所依據的手段和方法，也可以理解為治國的依據和準則。除此之外，荀子不僅僅侷限於禮治，在荀子思想體系之中，術作為一種治理國家的手段和方法，也同樣具有重要的地位，並且作為禮治思想的補充。

　　荀子術治思想的內容非常豐富，歸結起來，大致有下列幾類：第一類為修養身心之術。「血氣剛強則柔之以調和，知慮漸深則一之以易良，勇膽猛戾則輔之以道順，齊給便利則節之以動止，狹隘褊小則廓之以廣大，……夫是之謂治氣養心之術也。」（《荀子・修身》）〔註39〕這一類的「術」，基本上和

〔註39〕這一類的「術」還有很多，如「恭敬以先之，忠信以統之，慎謹以行之，端愨以守之，頓窮則從之疾力以申重之。君雖不知，無怨疾之心；功雖甚大，無伐德之色；省求多功，愛敬不倦；如是則常無不順矣。以事君則必通，以為仁則必聖，夫之謂天下之行術。」（《荀子・仲尼》）「學者不道也。故相形不如論心，論心不如擇術；形不勝心，心不勝術；術正而心順之，則形相雖惡而心術善，無害為君子也。形相雖善而心術惡，無害為小人也。君子之謂吉，小人之謂凶。故長短小大，善惡形相，非吉凶也。」（《荀子・非相》）

「心」有密切的關係。體現了荀子對人身修養的重視程度。〔註40〕具體來說就是要通過禮樂來對個人進行教化。對於禮樂的教化作用，荀子也進行了總結。有所謂的「推摠治要之術」和「立樂之術」，也就通過禮樂對人情和人性進行教化，使之符合儒家所規定的君子的理想人格。

與此修養身心之術相對應，荀子對為師與為學也進行了總結。有為師之術和為學之術。「師術有四，而博習不與焉。尊嚴而憚可以為師，耆艾而信可以為師，誦說而不陵不犯可以為師，知微而論可以為師。」（《荀子·致士》）為師和為學也強調要專心致志，思索孰察。這與儒家所規定的道德規範也是相一致的。

除以上修養身心之術外，荀子還有一些與政治生活相關之「術」。如持寵處位，終身不厭之術、擅寵絕患之術以及衡聽、顯幽、重明、退姦、進良之術。「持寵處位，終身不厭之術」「擅寵絕患之術」以及「衡聽、顯幽、重明、退姦、進良之術」都是在現實政治生活中君主和臣下所採取的原則和方法。對君臣二者都提出了一些基本的要求。可見荀子的「術」治思想，不僅強調個人道德修養的提升，還包含政治方法和原則在內。

《論語》之中並沒有關於「術」的討論，孟子使談「術」，如「是乃仁術也」（《孟子·梁惠王上》）「教亦多術也」（《孟子·告子下》）但是其談論「術」的應用範圍非常有限。另外，孟子由於秉持人性善的立場，堅持仁義禮智根於心，堅信人有自覺向善的能力。因此，對於「術」的運用持謹慎的態度，「術不可不慎也」（《孟子·公孫丑下》）荀子以儒家正統自居，其修養身心之術以及為師為學之術都是對儒家思想的繼承和發揮。但是荀子又常年在稷下學宮講學，稷下學宮之中主要思潮即是黃老之學。其與政治生活相關之「術」應該是繼承了黃老思想所致。現存黃老之學對「術」的論述非常之多。如「文德究於輕細，武刃於當罪，王之本也。然而不知王術，不王天下。知王術者，驅騁馳獵而不禽荒，飲食喜樂而不湎康，玩好嬛好而不惑心，俱與天下用兵，費少而有功，戰勝而令行。故福生於內，則國富而民昌。聖人其留，天下其與。不知王術者，驅騁馳獵則禽荒，飲食喜樂而湎康，玩好嬛好則惑心，俱與天下用兵，費多而無功，戰勝而令不行。故福失於內，財去而倉廩空虛，與天

<hr />

〔註40〕有的學者認為「人生修養在荀子之術中占著相當大的比重，而且可以說是荀子之術的根本所在，荀子其他的術都與此術有著十分緊密的聯繫。」詳見朱學恩：《荀子、韓非子「術」思想比較研究》，《求索》2010年第8期，第132頁。

相逆，則國貧而民荒。至聖之人弗留，天下弗與。如此而又不能重士而師有道，則國人之國矣。」(《經法・六分》)認為君主治理國家要文武並施。瞭解「王術」者，國家強盛且百姓生活富足，不會導致國家的滅亡。反之的話就會導致國破家亡的局面出現。與此同時，黃老之學對於君臣二者之間的關係也有論及，其具體內容是君主採取怎樣的手段和方法才能夠更好的駕馭和控制臣下。如「臣事事而君無事，君逸樂而臣任勞」(《慎子・民雜》)「人君自任，而務為善以先下，則是代下負任蒙勞也，臣反逸矣。」(《慎子・民雜》)「以一君而盡贍下則勞，勞則有倦，倦則衰，衰則復反於不贍之道也。」(《慎子・民雜》) 所有這些，都可以歸結為「御臣之術」。荀子的「持寵處位，終身不厭之術」「擅寵絕患之術」以及「進良之術」等，其目的也都是為了更好的處理君臣雙方的關係，同時為君臣雙方提出有效的策略和方法，使二者之間都能夠各盡其職，互利合作，這應該是受到黃老之學影響的表現。同時，黃老之學對於用兵之術也有論及，如「世兵道三：有為利者，有為義者，有行忿者。」(《慎子・軼文》)「諸庫臧（藏）兵之國，皆有兵道。」(《十六經・本伐》)「藏甲之國，必有兵道。」(《慎子・軼文》)而荀子也有論兵之術，「觀敵之變動，後之發，先之至，此用兵之要術也。」(《荀子・議兵》)這都是荀子借鑒吸收了黃老之學。

　　作為儒家的集大成者，荀子提倡禮治思想的同時，還借鑒吸收黃老術治思想作為補充。荀子術治思想以對心的修養和調節為主，是荀子術治思想的核心。這體現了荀子的儒家本色。但同時，因為對君臣二者關係的重視，對於黃老之中關於君臣方面之術，尤其是御臣之術，荀子也有選擇性的加以借鑒。這也是荀子術治思想的內容之一。

四、不齊之齊──慎到與莊子齊物思想比較研究

　　先秦時期提到「齊物」思想的除了莊子《齊物論》之中詳細的論述外，還有稷下學者慎到。慎子，又名慎到。曾遊學齊國稷下學宮，列為上大夫。《史記・孟荀列傳》記載「慎到趙人。田駢、接子齊人、環淵楚人。學黃老道德之術，因發明序其旨意。故慎到著十二論，環淵著上下篇，而田駢、接子各有所論焉」，《漢書・藝文志》則記錄「慎到四十二篇」現存《慎子》一書七篇，今流傳至今的是由清人錢熙祚整理而成，還是殘缺不完整的殘篇，應該是比較可信的。同樣是在莊子《天下》篇之中，莊子評價慎到的思想為「齊萬

物以為首」。但是因為慎到的著作很早就已經遺失，其思想在後世沒有得到應有的重視。莊子為什麼評論慎到的思想為「齊物」，他的「齊物」思想的具體內容如何，其與莊子的「齊物」思想之間又有哪些異同。這些問題之前很少有學者進行研究，筆者不才，在這裡嘗試對慎到和莊子的「齊物」思想進行對比研究，敬請各位專家批評指正。

（一）慎到與莊子「齊物」思想的聯繫

提到慎到「齊物」思想的是《莊子》一書的《天下》篇，在這裡莊子將慎到和彭蒙、田駢放到一起來評價其思想，想必他們思想之間具有一致性。此段文字文意頗難理解，下面讓我們對照《慎子》一書的殘篇以及先秦老莊等其他古籍，來逐句的理解這段話，以期更好的弄清慎到的「齊物」思想。

「公而不當，易而無私」，「當」應做「黨」，成玄英疏為「公正而不阿黨，平易而不偏私。」其文意大致為立公棄私之主張。「決然無主，趣物而不兩」，「然」字《經傳釋詞》謂「然，猶而也。」「不兩」謂與物為一。決斷事物而沒有主觀之見，隨順事物的變化而不三心二意。「不顧於慮，不謀於知，於物無擇，與之俱往。」「知」讀為智。不懷有任何顧慮，也不追求任何知識，對待事物沒有任何主觀的選擇，與它共同的發展。道家老子有「民之難治，以其智多。故以智治國，國之賊；不以智治國，國之福。」的話，《天下》中的這句話也類似於道家的去智與去己說。「古之道術有在於是者，彭蒙、田駢、慎到聞其風而悅之。」，古代的道術有屬於這方面的，彭蒙、田駢、慎到聽到此種風氣就歡喜不已。「齊萬物以為首，曰：天能覆之而不能載之，地能載之而不能覆之，大道能包之而不能辯之。知萬物皆有所可，有所不可。故曰：選則不遍，教則不至，道則無遺者矣。」這裡以「齊萬物以為首」作為慎到思想的首要特徵。意思應為「言對一切事物無貴賤、高下、長短、大小等之分別也。」〔註41〕對於人世間的一切萬物給予平等的看待，下面又從「道」的角度分析「齊物」思想的原因所在。「天能覆之而不能載之，地能載之而不能覆之，大道能包之而不能辯之。知萬物皆有所可，有所不可。故曰：選則不遍，教則不至，道則無遺者矣。」天能夠覆蓋萬物卻不能夠承載萬物，地能夠承載萬物卻不能夠覆蓋萬物。大道能夠包容萬物，卻不能夠辨別萬物。萬物都有它適宜的地方，也有它不適宜的地方。有所選擇則必定不能夠周遍，有所

〔註41〕張默生：《莊子新釋》，濟南：齊魯書社，1993 年，第 744 頁。

施教則必定不能夠全備。只有因循萬物的自然，遵循大道才能夠無有遺漏。反觀莊子《齊物論》之中對「道」的認識與看法，「物固有所然，物固有所可。無物不然，無物不可。故為是舉莛與楹，厲與西施，恢詭譎怪，道通為一。」事間萬物都有它是的地方，也都有它否的地方，沒有事物不是這樣，也沒有事物不是這樣。小草與大樹，醜陋的和漂亮的女人，任何稀奇古怪的事物，從「道」的角度觀察的話，沒有任何的不同，都是同一的。「物無非彼，物無非是。自彼則不見，自知則知之。故曰：彼出於是，是亦因彼。彼是方生之說也。雖然，方生方死，方死方生；方可方不可，方不可方可；因是因非，因非因是。」世間萬物的彼此之分都是相對的，有非就有是，有可就有不可。「天地萬物本來無所謂此，亦無所謂彼；無所謂美，亦無所謂醜……這些紛雜的概念，都是人附加給事物的，附加上去以後，事物反而有被離裂的感覺。」〔註42〕這類似於慎到的「知萬物皆有所可，有所不可」的觀點，世間萬物的是非都是相對而生的，並不是絕對不變的。「故昭氏之鼓琴也；無成與虧，故昭氏之不鼓琴也。昭文之鼓琴也，師曠之枝策也，惠子之據梧也，三子之知幾乎皆其盛者也，故載之末年。唯其好之也以異於彼，其好之也欲以明之。彼非所明而明之，故以堅白之昧終。而其子又以文之綸終，終身無成。若是而可謂成乎，雖我亦成也；若是而不可謂成乎，物與我無成也。」再高超的樂師彈奏出美妙的樂曲。也有遺漏的音符。而這些人卻並不懂得其中的道理，執迷於自身的技藝而津津樂道，並且傳之於後代子孫。長此以往便執迷其中而不能自拔。從以上的分析可以看出，慎到所謂的「道」，與莊子《齊物論》對「道」的認識具有相同之處。認為萬物的是非得失都是相對而生，從「道」的角度觀察都是「通同為一」的。無怪乎莊子認為其對「道」的理解和認識「概乎皆嘗有聞者也」

　　《天下》篇對慎到思想的論述分前後兩個部分，後一部分單獨談論慎到的思想。從中也可以看出，是對前一部分慎到大道思想即隨順萬物的深入論述。「是故慎到棄知去己，而緣不得已。泠汰於物，以為道理。曰：「知不知，將薄知而後鄰傷之者也。」奚髁無任，而笑天下之尚賢也；縱脫無行，而非天下之大聖。」「棄知去己」即捨棄知識，去掉自己的偏見。老子有「絕聖棄智」的思想。「緣不得已」即這是由於不得已而為之所造成的。「泠汰」郭象注為

〔註42〕陳鼓應：《莊子的開放心靈與價值重估——莊子新論》，北京：中華書局，2015年，第 21～22 頁。

「猶聽放也」。薄，迫也，意為強迫。鄰，近也。「奚髁」成玄英疏為不定。「奚髁無任」意即隨物順情，無的任用，物各自得。「縱脫」即放縱不羈。慎到捨棄自己的知識，不為偏見所惑。聽任萬物自身的道理，強迫自己瞭解所不知的事物，就會為知所迫而傷害自己。隨順事物自身的規律，而譏笑天下對賢人的推崇。放縱不羈而菲薄天下的聖人。這裡提到了對於賢能的否定。老子有「不尚賢，使民不爭」的話。現存《慎子》一書之中也有「立君而尊賢，是賢與君爭，其亂甚於無君」的話，反對世人對賢能的推崇，也即反對尚賢。與此可以相對照。

「椎拍輐斷，與物宛轉；舍是與非，苟可以免。不師知慮，不知前後，魏然而已矣。推而後行，曳而後往。若飄風之還，若羽之旋，若磨石之隧，全而無非，動靜無過，未嘗有罪。」「椎拍」，謂以椎拍物，使不合者合也。「輐斷」，郭注為無圭角也。「宛轉」，隨順貌。「隧」，轉動。全句譯為順遂事物，與物變化。捨棄是非，才能夠免除世俗的牽累。不運用智慧，不瞻前顧後，獨立自在罷了。推動的話才能夠前進，拖曳才能夠向前。像風的迴旋，像羽毛的飄動，像磨石的轉動，這樣的話就會不犯錯誤，動靜都沒有任何過錯，就不會有任何罪責。這是形象的說明慎到的棄知去己，一切以外在事物自身的規則作為其出發點和落腳點。不摻雜任何主觀的成見在內。「是何故？夫無知之物，無建己之患，無用知之累，動靜不離於理，是以終身無譽。故曰：「至於若無知之物而已，無用賢聖，夫塊不失道。」「無建己」意為好用私智。「夫塊不失道」，郭注為欲令去知如土塊也。整句話意思為這是什麼原因呢？像那沒有智慧的東西，沒有好用私智的禍患，沒有運用智慧的苦惱，運動變化都不離開事物自身的道理規則，因此終身都沒有稱讚和毀譽。因此說，做到像那無知無識的器物就可以了，用不著賢和聖，像那土塊一樣就不會失去道。這裡是對上一段文字慎到棄知去己的評價。認為慎到的棄知去己所達到的效果，就如同那土塊一樣，沒有任何主觀思想運用其中，無怪乎有的學者在這裡評價慎到的棄知去己為「雖然由此可知是一種強調客觀事物的，但是卻完全抹殺了人的主觀能動的條件。這種思想傾向，顯然是落入了機械決定論中。」〔註43〕後面這一部分都是對慎到棄知去己的形象描寫，但是事實上慎到棄知去己真是如土塊一樣而至「死人之理」嗎？讓我們在下節詳細論述。

〔註43〕王曉波：《先秦法家思想史論》，臺北：聯經出版事業公司，1991年，第241～242頁。

（二）慎到與莊子「齊物」思想的區別

上一節詳細分析了慎到與莊子二人「齊物」思想的相同之處。二者都認為世間萬物如果從「道」的角度著眼的話，都是同一的，即所謂的「道通為一」「夫道未始有封，言未始有常，為是而有畛也。請言其畛：有左有右，有倫有義，有分有辯，有競有爭，此之謂八德。」(《莊子・齊物論》)「道」原本是沒有界限的，語言本是沒有是非的。世間之人從自己的成心出發，為了爭彼此的長短，而人為的畫出許多的界限。這就如同那「狙公賦予」故事中的猴子一樣。早晨四顆晚上三顆果實，與早晨三顆晚上四顆有什麼不同嗎？但這卻是猴子看不到的。人世間的普通人是否也像那猴子一樣呢？這都是成心之見所導致。慎到有鑑於此，提出棄知去己的主張，捨棄主觀的智慧，因循萬物的自然。為此時常受到人們的嘲笑，譏諷其為「慎到之道，非生人之行，而至死人之理。」(《莊子・天下》)認為慎到雖然對「道」的理解與莊子有相同之處，但「未能融會貫通，總括抽象出一個真正的道來，故又指出他們不知道，基本上還是個外行。」〔註44〕

但是筆者認為，這裡人們嘲笑慎到之「道」其實是有誤區的。慎到棄知去己所展現的放棄主觀思慮，完全聽任萬物的主張，雖然給人以沒有思維的土塊之嫌，但這卻不是慎到的真正目的所在。慎到之所以棄知去己的原因是為了引入「法」的概念，以此達到「齊物」之最終目的，這卻是許多人沒有看到的。而這恰恰與慎到對「因循」思想的論述有關。

現存殘篇的《慎子》一書便有《因循》篇傳世。因循思想大體認為自然界本身存在客觀法則，不以人的意志為轉移，主觀智慮的施用只會徒增煩惱。因此要做的就是隨順客觀法則而行事，這也類同於《天下》篇對慎到棄知去己思想的描述，或許這就是人們嘲笑慎到的直接原因所在。與此同時，慎到還人為人性與天道具有相似性。人性天生是趨利避害，因此並不需要如儒家所倡導的，通過禮樂的教化，強制改變使其向善。要做的只是順應這種自然人性而已，「天道因則大，化則細。因也者，因人之情也。人莫不自為也，化而使之為我，則莫可得而用矣。是故先王見不受祿者不臣，祿不厚者，不與入難。人不得其所以自為也，則上不取用焉。故用人之自為，不用人之為我，則莫不可得而用矣。此之謂因。」(《慎子・因循》)這是慎到因循思想在社會人事間的發展。從對自然天道的因循轉而對人性的因循，利用人類好利惡害

〔註44〕曹礎基：《莊子淺注》，北京：中華書局，2000年，第499頁。

的天性對其進行有效的控制和利用。怎樣進行有效的控制呢？即通過賞罰二柄，具體來說也就是「法」的引入。因此可以說，慎到為達到「齊物」之目的所展現的棄知去己表面上顯示的是放棄主觀的思慮智慧，因循自然事物本身的性質，給人以放棄主觀思慮的嫌疑。但其深層目的卻是為了引進「法」的概念。這也是與莊子「齊物」思想的最大不同之處。

從現存《慎子》殘篇也可以看出書中對「法」有大量的論述。詳細集中探討了立法的原因和目的、法的作用與功能等問題。如上一節提到《天下》篇論述慎到「公而不黨，易而無私」，《慎子》殘篇之中即有「故蓍龜，所以立公識也；權衡，所以立公正也；書契，所以立公信也；度量，所以立公審也；法制禮籍，所以立公義也。凡立公，所以棄私也。」（《慎子·威德》）的話，表明立法的目的便是杜絕假公濟私現象的發生。「齊萬物以為首」，怎樣才能夠達到如此的效果呢？便是通過「法」的實行，「法者，所以齊天下之動，至公大定之制也。故智者不得越法而肆謀，辨者不得越法而肆議，士不得背法而有名，臣不得背法而有功。我喜可抑，我忿可窒，我法不可離也。骨肉可刑，親戚可滅，至法不可闕也。」（《慎子·逸文》）」，看來「法」是最為有效的「齊物」的手段和方法。

同時，「法」具有判斷是非曲直的作用和功能。這樣可以避免主觀的好惡和一己之偏見所造成的惡果。「權衡者，不可欺以輕重；有尺寸者，不可欺以長短；有法度者，不可欺以詐偽」（《慎子·逸文》）」沒有「法」存在的話，便沒有客觀統一的標準存在，「君人者，捨法而以身治，則誅賞予奪，從君心出矣。然則受賞者雖當，望多無窮；受罰者雖當，望輕無已。君舍法，而以心裁輕重，則同功殊賞，同罪殊罰矣，怨之所由生也。是以分馬者之用策，分田者之用鉤，非以鉤策為過於人智也。所以去私塞怨也。故曰：大君任法而弗躬，則事斷於法矣。法之所加，各以其分，蒙其賞罰而無望於君也。是以怨不生而上下和矣。」（《慎子·君人》）如此看來，只要頒布恰到好處的「法」，完全可以做到《天下》篇所提到的「無建己之患，無用知之累，動靜不離於理，是以終身無譽」的類似於土塊的理想境界。同時，一切以「法」作為評判的標準，勢必會提出反對賢能的主張。「故騰蛇遊霧，飛龍乘雲，雲罷霧霽，與蚯蚓同，則失其所乘也。故賢而屈於不肖者，權輕也；不肖而服於賢者，位尊也。堯為匹夫，不能使其鄰家。至南面而王，則令行禁止。由此觀之，賢不足以服不肖，而勢位足以屈賢矣。」（《慎子·威德》）堯舜不能成功的原因歸根

結底是因為賢能終究敵不過身有勢位的人。有勢位的人恰恰掌握著「法」的制定和實施。無怪乎《天下》篇提出「髁無任，而笑天下之尚賢也；縱脫無行，而非天下之大聖」的主張，荀子因此指謫慎到「慎子蔽於勢而不知賢。」因此，只有做到「據法倚數以觀得失。無法之言，不聽於耳；無法之勞，不圖於功；無勞之親，不任於官。官不私親，法不遺愛，上下無事，唯法所在。」（《慎子・君臣》），一切以「法」作為出發點和落腳點，才能達到慎到理想之中的境界。那慎到理想境界又是怎樣的呢？「古之全大體者，望天地，觀江海，因山谷。日月所照，四時所行，雲布風動。不以智累心，不以私累己。寄治亂於法術，托是非於賞罰，屬輕重於權衡。不逆天理，不傷情性，不吹毛而求小疵，不洗垢而察難知，不引繩之外，不推繩之內，不急法之外，不緩法之內。守成理，因自然。禍福生乎道法，而不出乎愛惡。榮辱之責在乎己，而不在乎人。故至安之世，法如朝露，純樸不欺，心無結怨，口無煩言。故車馬不弊於遠路，旌旗不亂於大澤，萬民不失命於寇戎，豪傑不著名於圖書。不錄功於盤盂，記年之牒空虛。故曰：利莫長於簡，福莫久於安。」（《慎子・逸文》）這種理想境界的實現是「守成理，因自然」所達到的。在實現的過程中完全可以做到「禍福生乎道法，而不出乎愛惡」「不以智累心，不以私累己」「不逆天理，不傷情性，不吹毛而求小疵，不洗垢而察難知」可以說真正做到了《天下》篇中所說的「棄知去己」。只不過是以「法」作為其實現的工具和手段。

　　而莊子則不然。莊子沒有像慎到一樣引入「法」作為「齊物」的手段和方法。那麼莊子「齊物」思想的方式和方法又是什麼呢？莊子「齊物」思想最為顯著的特點是從內心出發，是「心」的介入。或者也可以理解為從「心」來齊物。〔註45〕正如王博所理解的「齊物的關鍵其實不在於物，而在於心。物是不齊的，但是如果無心於不齊的話，這不齊的物的分別於我又有何意義呢。」〔註46〕《齊物論》開篇便講了顏成子游和南郭子綦的對話，「南郭子綦隱機而坐，仰天而噓，荅焉似喪其耦。顏成子游立侍乎前，曰：何居乎形固可使如槁木，而心固可使如死灰乎？今之隱機者，非昔之隱機者也。子綦曰：偃，不亦善乎而問之也！今者吾喪我，汝知之乎。」（《莊子・齊物論》）現在的我和以

〔註45〕從「心」的角度詳細闡釋莊子「齊物」思想的文章請參看：李耀南：《論從「心」看齊物論》，《哲學研究》2007年第9期。
〔註46〕王博：《莊子哲學》，北京：北京大學出版社，2004年，第75頁。

前的我是不一樣的。為什麼不一樣呢？因為已經做到了「吾喪我」從字面看來，「吾喪我」就是我喪失了我自己。自己怎麼能夠喪失掉自己呢？其實這裡的「吾」和「我」是不一樣的。從「形如槁木」到「心如死灰」，經歷了從身體到內心的變化。身體外貌的變化不是最終的歸宿，這一切的一切最終都要落實到內心之中的變化上來。是內心的一種「我」的狀態達到了另一種「吾」的狀態，或者說是內心摒棄了之前「我」所代表的心理狀態，這才是「吾喪我」的真正內涵。那麼又是怎樣的「我」即怎樣的內心狀態喪失或摒棄，最終達到了「吾」的內心狀態呢？簡言之，「我」所代表的是一種具有是非的成見之心。此種「心」若存在便不能真正平等的看待人世間萬物的本真狀態，也就是其現實存在的差異性和特殊性。便會由於成見之心的作祟，而導致種種的是非之爭。而「吾」所代表的則是一種去掉成心之「心」，也就是莊子所說的「真宰」或「真君」。因此，可以認為《齊物論》之中的「心」包括兩個層面，「一是與『我』相應的心如死灰、「成心」、「日以心鬥」之心，這個『心』是與物為耦之心，也就是分別心；一是同『吾』對應的「真君」、「真宰」，也就是本真之『心』。」〔註47〕現實中存在的各種爭端，都是由於成心的作祟。「夫隨其成心而師之，誰獨且無師乎？奚必知代而自取者有之？愚者與有焉。未成乎心而有是非，是今日適越而昔至也。是以無有為有。無有為有，雖有神禹且不能知，吾獨且奈何哉！」(《莊子‧齊物論》)因此，莊子在《齊物論》中所要做的種種努力，都是要將「我」所代表的成見之心摒棄，破除成心的限制，才可以心不為物役，而達到「吾」所代表的「真心」「真宰」的理想境界。才能夠平等開放的看待現實事物的差異性和特殊性。莊子對「心」的重視，以及對「心」的種種修煉方法，最為集中的便體現在「心齋」之中。破除成心便要求從「心」上來「齊物」，「齊物是破除萬物的一種方式，一種態度。它要使萬物之間的差別煙消雲散，通同為一。如此，則萬物不足以成為心的負擔，因此也不會成為生命的負擔。」〔註48〕「心」通過「齊物」去掉成心，也就是所謂的「不齊之齊」。這是莊子與慎到「齊物」的最大不同。

（三）慎莊「齊物」思想差異的原因

上一節詳細討論了慎到與莊子「齊物」思想的差異之表現。慎到與莊子

〔註47〕李耀南：《論從「心」看齊物論》，《哲學研究》2007 年第 9 期。
〔註48〕王博：《莊子哲學》，北京：北京大學出版社，2004 年，第 89 頁。

在「齊物」的過程之中雖然都主張棄知去己，但慎到的棄知去己最終卻將「法」的概念引入其中。也就是將「法」作為判斷是非的價值尺度。而莊子則回歸到內心本身，通過對成見之心的摒棄，以期達到「道通為一」的最終目的。我們要問的是，同樣是宣稱所謂的「齊物」，在「齊物」的過程之中都主張棄知去己，捨是與非。為什麼二者所採取的手段和方法卻如此的不同，或者說大相逕庭呢？這或許與黃老和莊子對老子道論自身所存在的不同思想特徵的發展和詮釋有關。

慎到與莊子對「道」的理解其實都是對老子之「道」的繼承和發展。眾所周知，「道」是老子思想之中最為基本和重要的概念。在老子思想之中，「道」大體上具有兩方面的意思：一為「道」是萬物的本源，世間萬物都由其所創生。一為「道」是萬物得以發展變化的規則和內在依據。與此相對，老子之「道」還具有一些基本的特徵，如「自然」「無為」以及「柔弱」「守雌」等。這方面的例子也非常之多，如「道法自然」「道常無為而無不為」「天道貴弱」等。正是老子之「道」所展現的不同特徵，為後世從不同角度對其道論進行詮釋留下了豐富的空間。「《老子》五千言中一方面具有道的哲學理解，有回歸自然的隱者情懷，以及在自然中更新人格的理想主義精神。另一方面，又具有替統治者（侯王、治國者）出謀劃策的意向，大談如何在政治、軍事、人生鬥爭中隱蔽自己，保全自己，克敵制勝的謀略。」〔註49〕從政治功利的角度和從自然無為的角度對老子道論思想進行發展，這是老子道論自身特徵所決定的。後世的黃老和莊子二者恰恰從不同角度對其思想進行了詮釋。

針對老子道論自身所具有的不同特徵，為達到「齊物」之目的。從政治功利的角度出發，慎到所代表的黃老之學對老子之「道」最為顯著的發展便是上節提到的「法」的引入，也就是將「道」與「法」相結合。〔註50〕引入「法」的概念，將「道」作為現實之中「法」的理論基礎，使「法」具有大道所具有的無限包容性和價值尺度的作用。如《慎子》一書經常「道法」連

〔註49〕顏世安：《論老子道論的政治謀略意義──兼論老子道論兩種意義的矛盾》，《南京大學學報》1997 年第 4 期。

〔註50〕學界關於慎到的學派界定，還存有爭議。有的認為其屬於法家重勢派，有的認為其屬於道家黃老學派。還有的學者如裘錫圭先生認為其屬於「道法家」。筆者在這裡認為其屬於道家黃老學派的代表，但是其思想也帶有明顯的法家色彩，屬於由道轉法的過渡階段。也就是通過道家哲理來論證法家政治，即所謂「因道全法」。相關研究成果可參看江榮海：《慎到應是黃老思想家──兼論黃老思想與老子、韓非的區別》，《北京大學學報》1989 年第 1 期。

言，正如有的學者所指出的，「黃老學對老子之道更重要的轉化是：它使道家的『道』與法家的『法』實現了聯姻，它將『道』和『法』相提並論，提出了『道生法』的論斷，使『道直觀上就有了自然法的外觀，使『道』成為人間法和成文法的根源和基礎。」〔註51〕這裡所提出的「道生法」的概念出自《黃帝四經》，是最為典型的為「法」尋求哲理依據的嘗試。除此之外，慎到所提倡「齊物」之手段的「法」，也是對老子「道」所具有的「無為」特徵的發展。因為運用法治是最為有效，最為客觀的。他可以最大限度的避免主觀好惡的介入。同時它還可以適用於社會上任何階層的人。「棄道術，舍度量，以求一人之識識天下，誰子之識能足焉？」（《慎子·逸文》）任何人的才能智慧都不足以應付所有的事情，因此君主要做的就是「道法萬全，智慧多失。夫懸衡而知平，設規而知圓，萬全之道也。」（《韓非子·飾邪》）具體表現就是一切聽任於法，唯法是從。這就是所謂的「君無為而臣有為」，「明確把無為與有為作為一對概念協調起來，把無為的理論引導到可操作的方向。」〔註52〕果真這樣的話，君主真正可以「無為」而治，垂拱而治了。因此，慎到「齊物」之引入「法」作為其方法，實是對老子道論所具有的功利性一面的詮釋和發展所使然。

　　與慎到不同，莊子哲學最大的特點，便是對於生命的理解，對「道」的追尋。老子的「道」產生萬物，但對萬物卻是「為而不恃，長而不宰。」（《老子·第五十一章》）對萬物採取順其自然的態度，並不將主觀好惡加之於上。這也體現了「道」的「自然」「無為」的特徵。莊子繼承了「道」此一方面的特徵，將「齊物」引向追求內在心靈的自由。人生在世面臨種種的困惑，怎樣消除此種迷茫，莊子認為這都是內心之中存在成見之心所引起。「大知閒閒，小知間間。大言炎炎，小言詹詹。其寐也魂交，其覺也形開。與接為構，日以心鬥。縵者、窖者、密者。小恐惴惴，大恐縵縵。其發若機栝，其司是非之謂也；其留如詛盟，其守勝之謂也；其殺如秋冬，以言其日消也；其溺之所為之，不可使復之也；其厭也如緘，以言其老洫也；近死之心，莫使復陽也。喜怒哀樂，慮歎變蜇，姚佚啟態——樂出虛，蒸成菌。日夜相代乎前而莫知其所萌。」（《莊子·齊物論》）眾人之語言和相貌種種的表現，都是因為成心或者機心在作怪。因此導致他們並不能夠獲得內心真正的自

〔註51〕王中江：《早期道家「統治術」的轉變（上）》，《哲學動態》2016年第2期。
〔註52〕劉笑敢：《老子之自然與無為概念新詮》，《中國社會科學》1996年第6期。

由，並不能夠悟道和體道，不能夠做到「乘物以遊心」(《莊子·人間世》)
因此，可以說「莊學之主要用心並不在知識之建構，亦不在德性之肯定，而
在消除生命之困頓與茫昧，使人由成心執見的茫昧困頓中自覺超拔，而能齊
物逍遙，養生盡年。」〔註53〕因此，人只有遊心於「道」，在內心之中找到
真正的心靈歸宿，才不會心為物役。而「道」本身就是一種心靈的本真狀態，
它超越了一切是非善惡。「對於道的認識，只能是自我體悟、自我直覺，也
就是自我超越。心靈只有經過自我體認、自我直覺而實現了自我超越，『道』
才能呈現出來。」〔註54〕此說明「道」的呈現與心靈之間的重要關係。正因
為莊子哲學的最終目的並不是對客觀知識的獲得和對道德境界的提高，而是
對於生命的理解，對內心自由的追求，對「道」的追尋。而「道」的體認又
依賴於心靈的作用。因此其「齊物」才會從內心著眼，力求做到「吾喪我」
的轉變。這是莊子哲學最大的特點，也是老子道論對自然的追求和嚮往方面
的繼承和發展。

（四）結語

慎到與莊子都繼承了老子道論所具有的「道通為一」的特徵。同時，針
對老子道論自身存在的不同方向詮釋的空間，以及道論的「自然」「無為」等
特徵所具有的政治功利性的一面，慎到「齊物」思想引入了「法」的概念，作
為其齊同萬物的手段和方法。通過對「道」的論述為「法」尋求哲理上的依
據。使「法」獲得了「道」所具有的包容性和價值尺度的作用。這也可以從慎
到思想之中所具有的非常詳細和系統的「法」思想看出。而莊子則繼承了老
子道論以及「自然」「無為」等特徵對自然的追求和嚮往的一面，從內心著眼，
力求摒棄成見之心。通過對「心」的作用來獲得「齊物」的目的，最終獲得對
「道」的體悟。慎莊二人的「齊物」思想是對老子道論思想不同維度的發展，
體現了道家後學黃老和莊學的不同特點。黃老之學這種與現實政治的緊密結
合，還深刻影響了秦漢時期國家政策的制定。而莊學的這種對內心自由的追
求，對生命意義的探尋，則深刻影響了後世中國知識分子的思想人格以及文
化藝術精神。黃老和莊學的這種思想差異，使道家思想展現出絢麗多彩的光
輝。

〔註53〕高柏園：《莊子內七篇思想研究》，臺北：文津出版社，1992年，第61頁。
〔註54〕蒙培元：《自由與自然——莊子的心靈境界說》，陳鼓應編：《道家文化研究(第
　　　　十輯)》，上海：上海古籍出版社，1996年，第181頁。

第三節　隆禮重法思想

一、援法入禮

　　荀子禮治思想強調「明分使群」，同時還強調術治思想，作為禮治思想的補充。除此之外，荀子禮治思想最為顯著的特徵是引入法的概念，援法入禮，禮法並重。

　　「法」是荀子思想之中僅次於「禮」的哲學概念。《說文》云「法，刑也。」《爾雅・釋詁》云「刑，法也。」據韓德民的統計，「法」在荀子思想之中大概有四個方面的意思。「一是效法遵循模仿的意思；二是指一般意義上的規範制度；三是指政治性國家具體制定的法律規章；還有就是與其他字組成一些合成詞。」〔註55〕儒家孔孟都為「禮」尋求內在心性上的依據，力圖通過禮義教化的作用，使個體通過道德自覺來達到穩定和諧的局面。荀子則關注禮的外在規範的一面，從外部構建社會的秩序和諧。荀子援法入禮根本上可以歸結為以下幾點：

　　第一，禮是法的指導原則。具體來說就是法在制定的時候，要遵循禮所體現的原則和標準。即禮是所謂的法之義和法之理，用荀子的話則是「禮者，法之大分，類之綱紀也。」（《荀子・勸學》）而荀子所謂禮的核心，無非是宗法血緣制下強調尊卑貴賤的等級制原則。傳統觀點認為，禮與法二者處於對立的狀態，互不相容。〔註56〕但是現實卻是禮法並不是相互絕對排斥的，禮法二者具有內在的一致性，二者的本質相同，都具有強制性的特徵。〔註57〕以禮作為法的指導思想，說明法體現了禮的等級制原則。荀子還認為法分為「法之數」和「法之義」。「法之數」指的是具體的法律條文。而「法之義」指法的指導思想和原則，即禮。並認為「不知法之義而正法之數者，雖博，臨事必亂。」牢記具體的法律條文並不是最重要的，最重要的是法律背後所體現的原則，也就是尊卑貴賤的等級制思想。荀子禮之最大的功能即上節討論的

〔註55〕韓德民：《荀子與儒家的社會理想》，濟南：齊魯書社，2001 年，第 241、248　　頁。

〔註56〕正如《大戴禮記》所言，「禮者禁於將然之前，而法者禁於已然之後。」（《大　　戴禮記・禮察》）

〔註57〕正如劉豐所言，「禮作為國家權力，是法的指導原則，具有強制性和普遍性的　　特點，這說明了中國古代的禮和法在本質上是相通的。」詳見劉豐：《先秦禮　　學思想與社會的整合》，北京：中國人民大學出版社，2003 年，第 166 頁。

「明分」思想，「分」體現了荀子禮思想的本質。因此，以禮作為法的指導思想和綱領，法律並不能平等的對待社會上的一切人。其具體表現，便是上一節所舉的後世封建社會依據等級制原則所制定的八議制度等對於統治階層的犯罪減免措施。

禮是法的指導原則，還包括從法的角度來詮釋和解釋禮，使禮具有類似於法律的作用和功能。也即「非禮，是無法也。」（《荀子・修身》）禮作為國家的根本大法而存在，禮就是法，法就是禮。荀子經常禮法並稱，「治之經，禮與刑，君子以修百姓寧。」（《荀子・成相》）禮法二者缺一不可。

荀子援法入禮的第二個方面指的是禮包含刑，具體來說就是「失禮入刑」的原則。也就是說違反禮制的話就要受到刑罰的懲處。但是荀子畢竟是儒家的代表人物，他首先提倡的是先教而後誅的原則，「故不教而誅，則刑繁而邪不勝」（《荀子・富國》）強調先通過禮樂等進行道德上的教化，不能實現的話再通過刑罰進行懲處。荀子還強調「教而不誅」的危害，「教而不誅，則奸民不懲。」（《荀子・富國》）如果只通過教化的手段而沒有刑罰作為後盾的話，則會導致姦邪不絕。對於冥頑不靈，以及屢教不改之人，則要「以善治者待之以禮，以不善治者待之以刑。」（《荀子・王制》）對其決不能姑息。更為重要的是，荀子還認為要刑當其罪。「刑稱罪則治，不稱罪則亂。」（《荀子・君子》）並且反對濫用刑罰。

另外，荀子還認為應該不徇私情。「怒不過奪，喜不過予，是法勝私也。書曰：無有作好，遵王之道。無有作惡，遵王之路。此言君子之能以公義勝私欲也。」（《荀子・修身》）要求官吏要「謹守其數，慎不敢損益」（《荀子・榮辱》）官吏執行法律要「內不可以阿子弟，外不可以隱遠人」荀子甚至還認為「賞不欲僭，刑不欲濫。賞僭則利及小人，刑濫則害及君子。若不幸而過，寧僭勿濫。與其害善，不若利淫。」（《荀子・致士》）

二、禮法並重

荀子援法入禮，以禮作為法的指導原則和依據。同時還強調失禮入刑的原則，違反禮的話就要受到刑罰的制裁。使禮具有等同於法的作用和功能。從中可以看出，荀子對禮法兩種統治方法和手段都給予同樣的重視，認為二者對國家社會的穩定鞏固都具有不可替代的作用。只強調禮治與只強調法治都不足以為治。二者之間能夠互相補充，彌補對方的不足。

　　儒家創始人孔子以及孟子都強調通過提高在上者的個人道德修養來達到政治社會的有序。「上好禮，則民莫敢不服；上好信，則民莫敢不情」（《論語‧子路》）「君仁，莫不仁；君義，莫不義；君正，莫不正。一正而國家定矣。」（《孟子‧離婁上》）所有這些，強調的都是在上者即統治者個人的道德修養對政治社會所起到的移風易俗的作用，也就是孔子所說的「君子之德風，小人之德草。草上之風，必偃。」（《論語‧顏淵》）

　　對統治者個人道德修養的強調，並不意味著對於法的背離。孔子也曾說過，「聽訟，吾猶人也，必也使無訟乎。」（《論語‧顏淵》）雖然強調刑罰不可廢除，但其認為為政的根本還是提高統治者的道德修養。刑罰只不過是不得已而為之手段而已。生當戰國末期的荀子，與孔子所處的社會時代不可同日而語。面對封建大一統的現實，春秋時期的許多國家都已經滅亡，代之而起的是國土面積廣闊的國家。在這樣廣袤的領土之上，怎樣合理有效的進行統治便成為當務之急。與傳統的禮治相比，法治的有效性便立竿見影的顯現出來。但是法治雖然能在短時期內達到效果，其不足之處是容易造成不同階層矛盾的激化。有鑑於此，荀子不僅繼承儒家所一貫提倡的禮治思想。還吸收借鑒法治思想作為禮治思想的補充，隆禮重法，禮法並重。

　　荀子經常講禮法並提，如「隆禮重法則國有常」（《荀子‧君道》）「故學也者，禮法也。」（《荀子‧修身》）荀子認為禮與法都是治理國家所不可缺少的，「治之經，禮與刑，君子以修百姓寧。」（《荀子‧成相》）對於禮與法二者關係論述最為詳細的莫過於《議兵》之中的一段話，「故厚德音以先之，明禮義以道之，致忠信以愛之，尚賢使能以次之，爵服慶賞以申之，時其事，輕其任，以調齊之，長養之，如保赤子。政令以定，風俗以一，有離俗不順其上，則百姓莫不敦惡，莫不毒孽，若祓不祥；然後刑於是起矣。是大刑之所加也，辱孰大焉！將以為利邪？則大刑加焉，身苟不狂惑戇陋，誰睹是而不改也哉！然後百姓曉然皆知循上之法，像上之志，而安樂之。於是有能化善、修身、正行、積禮義、尊道德，百姓莫不貴敬，莫不親譽；然後賞於是起矣。是高爵豐祿之所加也，榮孰大焉！將以為害邪？則高爵豐祿以持養之；生民之屬，孰不願也！雕雕焉縣貴爵重賞於其前，縣明刑大辱於其後，雖欲無化，能乎哉！故民歸之如流水，所存者神，所為者化。」一方面通過仁義禮樂對百姓進行道德教化，同時對於那些大奸大惡之人則實行嚴刑峻法以待之。只用仁義禮樂以及只用嚴刑峻法，都不足以止惡揚善。最好的方法就是二者並施，隆禮

重法，禮法並重。

「禮法融合併不起始於荀子，黃老道家和齊法家都是禮法融合的提倡者。」〔註58〕荀子這種對於法治思想的借鑒，對於禮法思想互相為治，共同作為治國之手段的思想，應是吸取了黃老和法家思想所致。黃老帛書之中認為，「刑德皇皇，日月相望，以明其當。望失其當，環視其殃。天德皇皇，非刑不行；繆繆天刑，非德必傾。刑德相養，逆順若成。」(《十六經·姓爭》)作者認為刑與德即禮與法二者之間並不是互相排斥的，對於治理國家缺一不可。稷下學者慎到曾云「法制、禮籍所以立公義也……定賞分財必由法，行德制中必由禮」(《慎子·逸文》)禮與法二者的作用都是「立公義」，各有其特有的作用與功能，決不可偏廢。同為稷下學者的尹文也曾說過，「故仁者所以博施於物，亦所以生偏私；義者所以立節行，亦所以成華偽；禮者所以行恭謹，亦所以生惰慢；樂者所以和情志，亦所以生淫放；名者所以正尊卑，亦所以生矜篡；法者所以齊眾異，亦所以乖名分；刑者所以威不服，亦所以生陵暴；賞者所以勸忠能，亦所以生鄙爭。凡此八術，無隱於人而常存於世，非自顯於堯、湯之時，非自逃於桀、紂之朝。用得其道，則天下治；用失其道，則天下亂。過此而往，雖彌綸天地，籠絡萬品，治道之外，非群生所餐挹，聖人措而不言也。」(《尹文子·大道上》)認為「仁、義、禮、樂、名、法、刑、賞」八者，前四項屬於禮治的範疇，後四項屬於法治的範疇。所有方面都有其不可替代的作用，但其自身的侷限性也是非常明顯的。因此，治理國家的話就要將此八者有機的結合起來，不可廢置其中的任何一項。

荀子禮法並重的思想一方面受到黃老思想的影響，另一方面則受到法家思想的影響。法家的代表人物商鞅曾說「法者所以愛民也，禮者所以便事也。」(《商君書·更法》)認為禮義廉恥是「國之四維」。「人心之悍，故為之法，法出於禮」(《管子·樞言》)當然，荀子所講的法與法家所講的法具體內涵稍有不同。荀子所講的法主要指的是國家頒布的政令法規，而法家的法主要指的是刑。隆禮重法、禮法並重的治國模式，為後代封建統治階層所借鑒吸收，這也開啟了後世外儒內法（陽儒陰法）的統治模式。漢宣帝曾言「漢家自有制度，本以霸王道雜之，奈何純任德教，用周政乎！」(《漢書·元帝紀》)便

〔註58〕李桂民：《荀子思想與戰國時期的禮學思潮》，北京：中國社會科學出版社，
　　　2012 年，第 148 頁。

是最好的現實說明。〔註59〕

三、禮主法輔

隆禮重法，禮法並重的統治模式並不意味著禮法處於同等重要的地位。荀子雖然吸收借鑒了黃老和法家思想，將法治思想作為禮治思想的補充，彌補其不足。但是在荀子心目中，禮法二者應該是禮主法輔的關係。這體現了荀子儒家學派的立場。

首先，從產生的順序上，荀子認為「聖人積思慮，習偽故，以生禮義而起法度」(《荀子‧性惡》)「聖人化性而起偽，偽起而生禮義，禮義生而制法度」(《荀子‧性惡》) 在此明確提出禮法產生的順序是禮在先，法在後。先產生禮義，然後產生法度。這裡不僅是時間序列的問題，深層次則顯示了禮主法輔的價值判斷。也就是前面說過的禮是法之制定的指導思想和原則所在。先要有體現封建等級制的禮之存在，之後以此為依據，制定體現此思想內涵的法。這便是「生禮義而起法度」的真正含義。

其次，對於王霸之辨的探討，也能夠說明禮法二者的地位。王霸之爭很早就已經被提出討論。「王是以德服人，霸是以力服人，王優於霸，這是儒家的共同認識。」〔註60〕儒家一貫認為理想的政治應該是所謂的王道政治，王道政治的典型特徵就是通過禮義之道的實行來達到天下大治，而霸道則是通過法治的實行來達到天下治理的目的。荀子認為「隆禮尊賢而王，重法愛民則霸」(《荀子‧強國》) 即用禮法來區分王道和霸道。荀子明確提出尊重王道，王霸並用的思想。「仲尼之門，五尺之豎子，言羞稱乎五伯。」(《荀子‧仲尼》)「彼霸者則不然：辟田野，實倉廩，便備用，案謹募選閱材伎之士，然後漸慶賞以先之，嚴刑罰以糾之。存亡繼絕，衛弱禁暴，而無兼併之心，則諸侯親之矣。修友敵之道，以敬接諸侯，則諸侯說之矣。所以親之者，以不並也；並之見，則諸侯疏矣。所以說之者，以友敵也；臣之見，則諸侯離矣。故明其不並

〔註59〕學者白奚認為，「禮法結合的政治模式理論發端於稷下，成熟於稷下，由《黃帝四經》經慎到、尹文、《管子》到荀子，乃是一條連續的線索。荀子援法入禮，吸收了法治思想作為禮治的補充，提出了一套以禮治為主，以法治為輔的治國方略，彌補了傳統儒家的不足。」詳見白奚：《稷下學研究——中國古代的思想自由與百家爭鳴》，北京：生活‧讀書‧新知出版社，1998 年，第 282 頁。

〔註60〕馮友蘭：《中國哲學史新編》，北京：人民出版社，1998 年，第 683 頁。

之行，信其友敵之道，天下無王霸主，則常勝矣。是知霸道者也。」（《荀子‧王制》）霸道就是通過嚴刑峻法，慶賞予奪來積極擴兵備戰，以達到富國強兵之目的。而王道則不然，「彼王者不然：仁眇天下，義眇天下，威眇天下。仁眇天下，故天下莫不親也；義眇天下，故天下莫不貴也；威眇天下，故天下莫敢敵也。以不敵之威，輔服人之道，故不戰而勝，不攻而得，甲兵不勞而天下服，是知王道者也。」（《荀子‧王制》）王道是通過仁義禮樂來達到不戰而使人屈服的效果。王霸之辨以禮法為核心，而荀子明顯是推崇王道，王霸並用的。這也說明了荀子禮主法輔的思想。

最後，荀子認為禮是「治之始」，法是「治之端」法治思考的是通過嚴刑來起到震懾的作用，以此來消滅犯罪行為。如法家代表商鞅主張輕罪重罰，以刑去刑。韓非對此的評價是「公孫鞅之法也重輕罪。重罪者人之所難犯也，而小過者人之所易去也，使人去其所易無離眚所難，此治之道。夫小過不生，大罪不至，是人無罪而亂不生也」（《韓非子‧顯學》）禮治思考的則是怎樣使人心向善，內心歸於禮義的引導，進而從根本上預防犯罪的發生。其實禮治與法制的根本目的都是要求構建等級有序的社會秩序，但是二者的差別在於建立這種秩序所持有的手段和方法的差別。荀子無疑繼承了孔子為政以德的思想，堅持以仁義禮樂的教化為本為先。同時又看到禮治自身的不足之處，繼而吸收了黃老和法家法治的主張，彌補純任德教的不足。但與此同時，「在荀子的心目中，理想的社會依然是明道而均分，時使而誠愛的依道化民的社會，即使荀子言刑罰亦非只在借暴察之功威以使社會強入於序軌，其最終目的仍在禮治，在教化。」〔註61〕「故堅甲利兵不足以為勝，高城深池不足以為固，嚴令繁刑不足以為威。由其道則行，不由其道則廢。」（《荀子‧議兵》）這裡的「道」，顯然指的就是禮，也就是依靠禮治來達到天下大治的目的。這段話也是對荀子禮主法輔思想的最好解釋。

第四節　小結

西周時期禮的範圍包含廣泛，大凡政治、經濟以及文化各方面都屬於禮的所屬範圍。禮的制定以宗法制為依據，強調親親尊尊的等級制原則。同時，

〔註61〕東方朔：《合理性之尋求：荀子思想研究論集》，上海：上海人民出版社，2017年，第 280 頁。

禮還具有法的作用和功能，違反禮的規定即是違反法的表現，就要受到刑罰的懲處。因此，可以說西周時期是禮外無法，違禮就是違法。

春秋已降，隨著周室衰微。禮越來越具有流於表面化的傾向。針對此種局面的惡化，孔子力圖恢復周禮的等級制原則，創造性的將「仁」納入禮之中，認為禮最重要的本質是體現仁的思想。孟子發展了孔子的思想，進一步將禮心性化。荀子則另闢蹊徑，關注禮之外在強制性的一面。首先打破天人聯繫，強調天人分途。從自然欲望的角度界定人性，認為先天人性如不加以外在有效節制，任其自由發展的話則會導致社會秩序的混亂不堪。人類社會物質財富供應的有限性以及人類欲望的無限追求二者之間的矛盾，也需要客觀外在的標準對其進行有效的分配。而此種有效分配的手段以及措施荀子認為則非「禮」莫屬。因此禮之作用的一個方面就是養欲的功能。除此之外，禮還具有政治制度和道德規範的意思在內。同時，荀子還通過自然界的天地之道來論證人間現實等級制度的合理性存在。這種推天道以明人事的思維模式可能是受到黃老之學的影響的表現。

以此為基礎，荀子還賦予禮之新的含義。其中最重要的是「明分使群」概念的提出。禮之最為核心的本質就是「分」，「分」就是明確不同等級和地位之人的權利和義務關係。儒家雖也有勞心勞力的區分，但對「分」的內涵論述較為詳細的當屬黃老之學。荀子的「明分使群」思想應是受黃老影響所致。同時，慎到從自然法則所展現的至上的公共性和客觀性出發，以「道法」或「道」作為主要論證形式。提出現實之中成文法的制定要符合自然法則所具有的公共性和客觀性。荀子則以宗法血緣制為基礎，法之義即法的原理和精神所展現的是禮所強調的尊卑貴賤親疏長幼的等級制原則。兩者法之義所展現的法治與禮治，即法律與道德的關係問題，恰可以為今日法律的制定提供積極的借鑒作用。與此同時，荀子還將術治思想作為禮治思想的補充，其術治思想中屬於政治方面關於君臣二者之間關係的論述，應是受到黃老思想影響的表現。

最後，荀子援法入禮，將禮作為法所制定的標準和原則。同時，禮還包含刑在內。違反禮的話就要受到刑罰的懲處，也就是所謂的失禮入刑的原則。但是荀子畢竟是儒家的代表，他在肯定刑罰作用的前提下，提出了先教而後誅以及刑當其罪的思想，同時反對法家的連坐制度。荀子隆禮重法，禮法並重的治理模式，應該是受到黃老以及法家思想的影響。這種禮法並重的治理

模式為後代封建王朝所沿用，形成後世所謂外儒內法的統治方式。荀子雖禮法並重，但禮法二者的地位卻並不一樣。禮法二者應該是禮主法次的關係。這從禮法的產生順序、王霸之辨以及禮法分別為「治之始」和「治之端」三方面可以看出。

第六章　荀子名學與黃老之學

第一節　戰國名辨之學的發展

一、孔子的名學思想

　　春秋末年，禮崩樂壞。西周時期所制定的禮樂制度已名存實亡。現實之中出現了許多名不副實的現象。如周禮規定只有周天子才能享用八佾共六十四人的舞蹈隊伍，而魯國執政大臣季氏只是卿大夫等級，卻僭用周天子的規格。因此招致孔子的批評，「八佾舞於庭，是可忍也，孰不可忍也？」(《論語·八佾》) 政治上，周天子的共主地位早已經沒有人承認，諸侯國之中則是諸侯的地位下降，卿大夫代之而起，實際掌握了諸侯國國內的實權。比較有代表性的如魯國的三桓，齊國的田氏以及晉國的韓趙魏三家異性大夫。經濟上則是隨著生產力的提高，井田制趨於瓦解。更多的私田被開發，封建土地所有製成為基本的經濟發展模式。可以說，春秋戰國時期是歷史上變化最為激烈動盪的時期。許多事物的實際內涵和他的名稱發生了矛盾，出現了許多名實相怨的現象。而儒家創始人孔子以復興周禮為其一生的志向，「周監於二代，郁郁乎文哉！吾從周。」(《論語·八佾》) 面對復興周禮的理想與禮崩樂壞的現實，孔子認為最為要緊的便是從「正名」入手，通過「正名」以此達到恢復西周的相關等級制度和規範。

　　《論語》中記載子路問政於孔子。有鑒於衛國的內亂，孔子認為最為重

要的是先「正名」，也就是首先明確不同等級之間的名分。〔註1〕孔子如此強調名分的重要，是因為名分的背後體現了不同等級之間的權力關係。只有首先弄清不同等級之間的明分，最終才能使不同等級之人彼此之間不互相僭越。而孔子「正名」思想的具體內容則是「君君，臣臣，父父，子子。」（《論語·顏淵》）也就是說做君主的要有君主的樣子，做臣子的則要有臣子的樣子。不同等級制度下的人要與自身等級制度所規定的言行相符合和相一致，決不能出現跨等級的行為，如果違反的話則要受到刑罰的懲處。可以看出，孔子的名學思想實際上是為其政治思想服務的。其「正名」思想的實質和歸宿都是維護周代的禮制，明確等級制中不同人的權力關係。因此，從先秦儒家創始人孔子開始，其名學的特點便是「將名實關係問題的研究引介到社會政治生活領域，使先秦名學具有明貴賤，分等級的關注社會現實的思想傾向。」〔註2〕這一傳統也影響到了之後的荀子，荀子名學思想雖然具有知識論和邏輯思想的方面，但最終歸宿還是倫理和政治。後面論述荀子名學思想的政治內涵及意義時會詳細提到。

二、名家和《墨辨》的邏輯思想

戰國時期的歷史是諸侯爭霸，大國吞併小國。春秋時期的許多國家相繼滅亡，逐漸形成戰國七雄的局面。隨著社會現實的更加動盪不安，出現了許多之間從沒有出現過的現象，名不符實的現象更為嚴重，這為名學思想的發展提供了客觀條件。從《漢書·藝文志》就可以看出，其著錄的名家有鄧析、尹文、惠施、公孫龍、成公、黃公和毛公等，數量非常之多，這也說明名家之學的發展規模。其中最有代表性的當屬惠施和公孫龍以及墨家後學《墨辨》的思想。「在此以前，諸子的名辨思想與他們的全部學說渾然一體；這三家則不同，思維本身成為專門的研究對象，辯學開始成為一門獨立的學問，並為學術界所公認。蕙施和公孫龍各從不同的方面，對辯學做出了貢獻，而後期

〔註1〕對於此一問題，孔子給予非常重要的關注。「子路曰：衛君待子而為政，子將奚先？子曰：「必也正名乎！子路曰：有是哉，子之迂也！奚其正？子曰：野哉由也！君子於其所不知，蓋闕如也。名不正，則言不順；言不順，則事不成；事不成，則禮樂不興；禮樂不興，則刑罰不中；刑罰不中，則民無所措手足。故君子名之必可言也，言之必可行也。君子於其言，無所苟而已矣。」（《論語·子路》）

〔註2〕崔清田：《名學與辯學》，太原：山西教育出版社，1997年，第44頁。

墨家則集名辨思潮之大成，使辯學具有了較嚴密的理論體系。」〔註3〕

　　惠施，先秦典籍如《莊子》《荀子》《韓非子》《呂氏春秋》等都曾記載他的言行。可惜的是，他的著作沒有流傳至今。只是在《莊子・天下》之中記載了「惠施多方，其書五車，其道舛駁，其言也不中。」（《莊子・天下》）《莊子・天下》篇當中記載了所謂的「歷物十事」，其具體內容為「至大無外，謂之大一；至小無內，謂之小一。無厚，不可積也，其大千里。天與地卑，山與澤平。日方中方睨，物方生方死。大同而與小同異，此之謂'小同異'；萬物畢同畢異，此之謂'大同異'。南方無窮而有窮。今日適越而昔來。連環可解也。我知天之中央，燕之北、越之南是也。泛愛萬物，天地一體也。」（《莊子・天下》）這十個問題之中涉及了事物的相對性和絕對性、同一性和差異性等問題。可以說，惠施的名學思想有其合理性的一面。但是有些命題也流於詭辯的性質。在陳述了惠施的十個命題之後，《莊子・天下》又記載「惠施以此為大，觀於天下而曉辯者，天下之辯者相與樂之。」（《莊子・天下》）也就是惠施接著與辯者討論名實問題，提出了二十幾個問題。並且樂此不疲於其中，「辯者以此與惠施相應，終身無窮」（《莊子・天下》）這二十幾個問題《天下》篇也記載了下來。「卵有毛。雞有三足。郢有天下。犬可以為羊。馬有卵。丁子有尾。火不熱。山出口。輪不蹍地。目不見。指不至，至不絕。龜長於蛇。矩不方，規不可以為圓。鑿不圍枘。飛鳥之景未嘗動也。鏃矢之疾，而有不行、不止之時。狗非犬。黃馬驪牛三。白狗黑。孤駒未嘗有母。一尺之棰，日取其半，萬世不竭。」（《莊子・天下》）這些命題，因為內容過於簡單，我們已經不能夠知道它們的具體內容。這些命題同惠施的「歷物十事」一樣，既有合理性的一面。另一方面也違背了基本普遍的常識，令人難以接受，流於詭辯。

　　名家除惠施外，最著名的當屬公孫龍了。與惠施相比，公孫龍的著作流傳至今，後人整理為《公孫龍子》一書。其中包括《蹤府》《指物論》《堅白論》《名實論》《白馬論》《通變論》六篇。最為著名的當屬《白馬論》當中的「白馬非馬」和《堅白論》當中的離堅白。下面詳細介紹這兩個命題。

　　在一般人的印象當中，白馬肯定屬於馬的範疇。公孫龍卻另闢蹊徑，認為白馬並不屬於馬的範疇。首先，公孫龍論證說，「馬者，所以命形也；白者，

〔註3〕任繼愈主編：《中國哲學發展史（先秦）》，北京：人民出版社，1983年，第478頁。

所以命色也。命色者非名形也。故曰：「白馬非馬」(《公孫龍子‧白馬論》)公孫龍認為馬的內涵指的是外形，白的內涵指的是顏色。白馬包含了形狀和顏色兩種內涵，二者不可混雜，因此得出了「白馬非馬」的結論。其次，從第二個方面論證說，「求馬，黃、黑馬皆可致；求白馬，黃、黑馬不可致。是白馬乃馬也，是所求一也。所求一者，白者不異馬也，所求不異，如黃、黑馬有可有不可，何也？可與不可，其相非明。如黃、黑馬一也，而可以應有馬，而不可以應有白馬，是白馬之非馬。」(《公孫龍子‧白馬論》)白馬的外延狹窄，而馬的外延寬泛。求馬的話白馬黃馬黑馬都可以，而求白馬的話黃馬黑馬則不行。因為馬和白馬的外延不同，所以說「白馬非馬」第三個方面的論證是，「馬固有色，故有白馬。使馬無色，有馬如已耳，安取白馬？故白馬非馬也。白馬者，馬與白也。黑與白，馬也？故曰白馬非馬業。」(《公孫龍子‧白馬論》)馬指的是一切馬所具有的屬性。而白馬指的是白馬和馬兩種屬性。因此馬和白馬的屬性不同，得出「白馬非馬」的結論。

公孫龍除了「白馬非馬」的命題外，還有「離堅白」的命題。如果一塊堅硬且白色的石頭放在人們的眼前，那麼人們可以感覺到它既是堅硬的又是白色的。但是公孫龍認為，「視不得其所堅而得其所白者，無堅也；撫不得其所白而得其所堅者，無白夜。」(《公孫龍子‧堅白論》)人們看到石頭是白色的，卻不能感到它是堅硬的。人們撫摸石頭是堅硬的，卻不能看到它是白色的。白色和堅硬不能同時感受，也就是說白色和堅硬不能同時存在於石頭之中，因此公孫龍認為白和堅兩種屬性是分離的。這裡，公孫龍討論了共性和一般的問題。但卻錯誤的認為共性可以脫離個性而獨立存在，切斷了共性和個性二者之間的有機聯繫。要知道共性所具有的屬性只有在個性之中才能夠體現。

從以上對「白馬非馬」和「離堅白」命題的討論可以看出，這裡涉及了概念的內涵和外延、種屬關係、共性和個性等邏輯問題，可以說公孫龍對中國邏輯思想史的發展做出了卓越的貢獻。當然，公孫龍的邏輯思想也存在很大的侷限性，有的時候也同惠施一樣，流於詭辯的形式，這是應當注意的。

除了名家之外，戰國時期對邏輯思想有重大發展的當屬後期墨家。人們習慣上將《經上》《經下》《經說上》《經說下》《大取》《小取》六篇稱為墨經或《墨辯》。考察後期墨家的邏輯思想，以這六篇作為出發點。

在這六篇之中墨經首先討論了知識的來源、知識的不同種類等問題。其

中涉及邏輯思想最為重要的當屬《小取》篇。當中提到論辯的作用和目的，「夫辯者，將以明是非之分，審治亂之紀，明同異之處，察名實之理，處利害，決嫌疑。」（《墨子・小取》）《墨辨》認為辯論的目的就是明確是非之分，名實之別以及利害得失。再此基礎上，《墨辨》認為辨說的過程大體上可以概括為三個部分，分別為「以名舉實」「以辭抒意」和「以說出故」。「以名舉實」指的是通過具體的名稱概念來弄清楚現實中的實際事物所表達的具體內涵。「以辭抒意」的意思為通過不同的命題弄清楚事物之間的聯繫。「以說出故」意思為最後要通過論證的過程把「辭」所表達的意思表示出來，使之有成立的依據和理由。除此之外，《墨辨》還對辨說的原則和方法等進行了詳細的論述。通過考察得知，荀子名學思想中許多地方都對《墨辨》思想進行了繼承和發展，〔註4〕荀子正是在繼承孔子正名以及吸取名家和《墨辨》思想的基礎上，才提出了他系統的名學思想，為其正名以「正政」的思想奠定了堅實的基礎。

第二節　荀子名學思想的內容

一、制名的目的、依據和原則

　　儒家創始人孔子曾對名實問題有所涉及，但是其名學思想主要目的還是尋求政治上的依據。其對制名的目的、依據和原則等都沒有進行詳細論述。而荀子則不同，其名學思想已經涉及到具體邏輯思想層面的討論，對制名的目的、依據和原則都提出了自己獨到的看法。

　　對於制名的目的，也即「所為有名」的問題，荀子認為有兩個方面的目的，即「明貴賤」和「辨同異」。「異形離心交喻，異物名實玄紐，貴賤不明，同異不別；如是，則志必有不喻之患，而事必有困廢之禍。故知者為之分別制名以指實，上以明貴賤，下以辨同異。貴賤明，同異別，如是則志無不喻之患，事無困廢之禍，此所為有名也。」（《荀子・正名》）荀子認為事間萬物各有不同的名稱，如果分辨不清則會導致社會的混亂。因此，需要制定名來區分事間萬物的不同。制名的目的有兩個，即「明貴賤」和「辨同異」。但二者的地位是不同的。「明貴賤」是主要的目的，體現了荀子名學思想的根本目的

〔註4〕關於荀子名學思想對《墨辨》的發展，詳見陳孟麟：《荀況邏輯思想對墨辨的發展及其侷限》，《中國社會科學》1989年第6期，第129～138頁。

是政治上確定不同等級之間的權力關係，這繼承了孔子正名以正政的思想。下面這句話是對「明貴賤」的目的最好的說明，「故王者之制名，名定而實辨，道行而志通，則慎率民而一焉。故析辭擅作名，以亂正名，使民疑惑，人多辨訟，則謂之大奸。其罪猶為符節度量之罪也。故其民莫敢託為奇辭以亂正名，故其民慤；慤則易使，易使則公。其民莫敢託為奇辭以亂正名，故壹於道法，而謹於循令矣。如是則其跡長矣。跡長功成，治之極也。是謹於守名約之功也。」（《荀子‧正名》）王者制名的目的，就是使普通之人不敢擅自獲取與其自身不相符合的名號。名號的獲得只有掌握制名權的王者才有資格獲取和授予，其他人沒有資格染指。因為名號的背後意味著相應的權力，這也是荀子深受儒家孔子正名思想的影響所致。與「明貴賤」不同的是「辨同異」則意味著荀子名學思想之中所具有的邏輯思想的色彩。這也說明荀子名學思想除根本目的是政治和倫理目的外，其中也包含了知識論的色彩。

至於正名的依據，荀子緊接制名的目的論述到，「然則何緣而以同異？曰：緣天官。凡同類同情者，其天官之意物也同。故比方之疑似而通，是所以共其約名以相期也。形體、色理以目異；聲音清濁、調竽、奇聲以耳異；甘、苦、咸、淡、辛、酸、奇味以口異；香、臭、芬、鬱、腥、臊、漏庮、奇臭以鼻異；疾、癢、凔、熱、滑、鈹、輕、重以形體異；說、故、喜、怒、哀、樂、愛、惡、欲以心異。心有徵知。徵知，則緣耳而知聲可也，緣目而知形可也。然而徵知必將待天官之當簿其類，然後可也。五官簿之而不知，心徵知而無說，則人莫不然謂之不知。此所緣而以同異也。」（《荀子‧正名》）人怎樣才能感知事物呢？荀子認為要依靠五官。相同事物具有相同的性質，那麼任何人的五官所感覺到的也是相同的。眼耳鼻身身能夠感知不同的感覺，所有的人感觸到的都是相同的感覺。但這僅僅類似於感性認識，要正確認識事物的話，最後還要依靠內心的思考、分析、判斷和綜合，上升為所謂的理性認識，進而形成相同的名稱和稱謂。只有從感性認識上升到理性認識，制名的依據才能有所保證。這就是荀子所理解的制名的依據。

最後，制名要遵循哪些原則荀子也進行了詳細的說明。「同則同之，異則異之。單足以喻則單，單不足以喻則兼；單與兼無所相避則共；雖共不為害矣。知異實者之異名也，故使異實者莫不異名也，不可亂也，猶使同實者莫不同名也。」（《荀子‧正名》）就是說事物之間實同則名同，實異則名異。名要如實的反映實，切不可名實混淆，名實違背。取一個名字就可以表達其實

質，則取一個名字。一個名字不足以表達其內涵，則要取兩個名字。

　　荀子還認為，約定俗成也是制名要依據的重要原則。認為對事物的命名起初並沒有一定的依據和原則，而是人們在長期現實生活之中約定俗稱的產物。〔註5〕這裡荀子強調名稱是社會生活的產物，一旦確定下來，就不容易改變。切不可為了標新立異而隨意改變約定俗成之名，以免造成不必要的麻煩。

　　除此之外，荀子認為制名還要遵循「稽實定數」的原則。也就是說要詳細考察事物的實際情況，從現實出發，名一定要符合實際。如有的事物經歷不同的變化，其實只是同一種事物而已。還有的兩種事物外形相同，卻是另種兩種實質不同的事物。這都是需要詳細加以考察和分辨的，依據不同的情況，制定不同的名稱。

二、對相關概念的辨析

（一）期命辨說

　　荀子對概念的推理也做出了詳細的解釋。「實不喻，然後命，命不喻，然後期，期不喻，然後說，說不喻，然後辨。」（《荀子・正名》）「實」指的是事物的實際內容，如果要瞭解事物的詳細內容的話，就要給它進行命名。如果只有一個名字還不能夠很好的瞭解的話，就要用一連串的名組合起來（期）。如果還達不到效果的話，就要指出其中的理由（說）。如果還不能達到目的，最後只能進行辯論和辨說了（辨）。同時，荀子還認為「名也者，所以期累實也。辭也者，兼異實之名以論一意也。辨說也者，不異實名以喻動靜之道也。」（《荀子・正名》）荀子認為「名」是通過分析不同的事物得出的一個結論。「辭」是不同的名所組成的概念的集合，而「辨說」則是對某一事物進行推理和判斷。

　　荀子還具體分析了「辨說」的原因，「凡言不合先王，不順禮義，謂之奸言；雖辯，君子不聽。法先王，順禮義，黨學者，然而不好言，不樂言，則必非誠士也。故君子之於言也，志好之，行安之，樂言之，故君子必辯。凡人莫不好言其所善，而君子為甚。」（《荀子・非相》）荀子認為「辨說」的根本原因就是斥退姦言邪說，宣揚先王之言即儒家的禮義之道。同時，荀子還將「辨

〔註5〕恰如王力先生所言，「名稱並非天然地要跟某一實物相當，只要人們約定某一名稱跟某一事物相當就行了。約定俗稱之後，也就是名實相副了。」詳見王力：《中國語言學史》，太原：山西人民出版社，1981年，第5頁。

說」分為不同的類型,「有小人之辯者,有士君子之辯者,有聖人之辯者:不
先慮,不早謀,發之而當,成文而類,居錯遷徙,應變不窮,是聖人之辯者
也。先慮之,早謀之,斯須之言而足聽,文而致實,博而黨正,是士君子之辯
者也。聽其言則辭辯而無統,用其身則多詐而無功,上不足以順明王,下不
足以和齊百姓,然而口舌之均,應唯則節,足以為奇偉偃卻之屬,夫是之謂
奸人之雄。」(《荀子・非相》)荀子認為最為理想的應當是聖人之辨,但是聖
人之辨很難達到。荀子所追求的現實理想應當是士君子之辨,「辭讓之節得矣,
長少之理順矣;忌諱不稱,祅辭不出。以仁心說,以學心聽,以公心辨。不動
乎眾人之非譽,不治觀者之耳目,不賂貴者之權埶,不利傳辟者之辭。故能
處道而不貳,咄而不奪,利而不流,貴公正而賤鄙爭,是士君子之辨說也。」
(《荀子・正名》)至於小人之辨,荀子認為其對國家沒有任何好處,是應當嚴
厲禁止的。

　　最後荀子論述了辨說的標準以及原則。[註6]「期命也者,辨說之用也。
辨說也者,心之象道也。心也者,道之工宰也。道也者,治之經理也。心合於
道,說合於心,辭合於說。正名而期,質請而喻,辨異而不過,推類而不悖。
聽則合文,辨則盡故。」(《荀子・正名》)荀子認為辨說要以道作為標準,要
符合道的內容。具體來說掌握道的則是心,心要合於道。而荀子所謂道的內
容,則是儒家之道,也就是禮義之謂。

(二)共名和別名

　　荀子的名學思想還涉及對共名和別名的討論。「故萬物雖眾,有時而欲無
舉之,故謂之物;物也者,大共名也。推而共之,共則有共,至於無共然後
止。有時而欲偏舉之,故謂之鳥獸。鳥獸也者,大別名也。推而別之,別則有
別,至於無別然後至。」(《荀子・正名》)這裡的大共名,相當於外延最為寬
泛的概念,荀子在這裡稱之為物。這裡的大別名,相當於外延最小的概念,
荀子以鳥獸待之。可以看出,共名和別名都是相對的,都隨著外延的不斷擴
大以及內涵的不斷增大而變化。例如物是荀子所說的大共名,大共名的物中
包含動物、植物以及昆蟲等不同分類。其中動物之中又包括哺乳動物、爬行
動物以及兩棲動物等不同分類。哺乳動物之中又有老虎獅子狐狸等具體的動

[註6]關於荀子辨說的詳細內容,參看李哲賢:《荀子之名學析論》,臺北:文津出
　　　版社,2005年,第146~164頁。

物。在這一分類之中，動物相對於大共名物來說是別名。但相對於哺乳動物，爬行動物以及兩棲動物來說，又是共名。因此，除了外延最大的大共名物以及內涵最小的老虎獅子狐狸之外，在這個系統中任何概念的分類都是相對的。對比自身外延大的概念來說，其屬於別名。而另一方面，對比自身外延小的概念來說，其又屬於共名。

（三）辨三惑

戰國時期，隨著名辨之學的發展。出現了許多違反普遍常識，不容易被人理解的思想。針對此種情況，荀子分別進行了批判，大致分為三種情況。

「見侮不辱」，「聖人不愛己」，「殺盜非殺人也」，此惑於用名以亂名者也。驗之所為有名，而觀其孰行，則能禁之矣。」（《荀子·正名》）「見侮不辱」是宋鈃的思想，荀子認為「侮」有兩種意思，一種是外侮，「置侮捽搏，挶笞殯腳，斬斷枯磔，籍靡後縛，是辱之由外至者也。」（《荀子·正名》）外辱因為是外力所強加的，因此並不是侮辱。另一種則是自侮，「流淫污漫，犯分亂理，驕暴貪利，是辱之由中出者也」（《荀子·正名》）自辱因為是自身造成的，因此自侮才是真正的侮辱，這裡荀子認為宋鈃混淆了自侮與他侮二者的區別。同時，荀子還認為，「凡人之鬥也，必以其惡之為說，非以其辱之為故也。今俳優、侏儒、狎徒詈侮而不鬥者，是豈鉅知見侮之為不辱哉。然而不鬥者，不惡故也。今人或入其央瀆，竊其豬彘，則援劍戟而逐之，不避死傷。是豈以喪豬為辱也哉！然而不憚鬥者，惡之故也。雖以見侮為辱也，不惡則不鬥；雖知見侮為不辱，惡之則必鬥。然則鬥與不鬥邪，亡於辱之與不辱也，乃在於惡之與不惡也。夫今子宋子不能解人之惡侮，而務說人以勿辱也，豈不過甚矣哉！」（《荀子·正名》）荀子認為俳優、侏儒等一類人受到侮辱而沒有產生爭鬥，並不是他們懂得見侮不辱的道理，而是因為他們受到侮辱並沒有覺得厭惡。還有的人被人偷了飼養的豬，那麼會毫不猶豫的和偷豬的人進行爭鬥，而不怕流血甚至死亡。這不是因為覺得豬的被偷是侮辱，而是厭惡偷豬的行為所致。

「愛人不愛己」則是《墨辨》的思想。「愛人不外己，己在所愛之中，倫列之：愛己，愛人也。」（《墨子·大取》）「己」應當包括在「人」之中，「愛人」就應當包括「愛自己」在內。而「殺盜非殺人也」也是《墨辨》的思想，「盜人，人也，多盜，非多人也；無盜，非無人也。奚以明之？惡多盜，非惡多人也；欲無盜，非欲無人也。世相與共是之。若若是，則雖盜人也，愛盜非

愛人也，不愛盜非不愛人也，殺盜人非殺人也，」(《墨子‧小取》)「人」應當包括「盜」，「殺人」應該包括「殺盜」在內。針對此種「用名以亂名」的情況，荀子認為只要分辨哪種名實是人們認可的，就可以破除此種疑惑。

「山淵平」，「情慾寡」，「芻豢不加甘，大鐘不加樂」，此惑於用實，以亂名者也。驗之所緣以同異，而觀其孰調，則能禁之矣。」(《荀子‧正名》)「山淵平」是惠施的思想，惠施有「山與澤平」的思想。一般來說，山峰肯定要高於湖泊。但是在一些特殊情況，例如海拔較高的地方，湖泊可能要高於山峰。「情慾寡」則是宋鈃的思想，在荀子對此有詳細論述和評價，「子宋子曰：人之情，欲寡，而皆以己之情，為欲多，是過也。故率其群徒，辨其談說，明其譬稱，將使人知情之欲寡也。應之曰：然則亦以人之情為目不欲綦色，耳不欲綦聲，口不欲綦味，鼻不欲綦臭，形不欲綦佚——此五綦者，亦以人之情為不欲乎？曰：人之情，欲是已。曰：若是，則說必不行矣。以人之情為欲，此五綦者而不欲多，譬之，是猶以人之情為欲富貴而不欲貨也，好美而惡西施也。古之人為之不然。以人之情為欲多而不欲寡，故賞以富厚而罰以殺損也。是百王之所同也。故上賢祿天下，次賢祿一國，下賢祿田邑，願愨之民完衣食。今子宋子以是之情為欲寡而不欲多也，然則先王以人之所不欲者賞，而以人之欲者罰邪？亂莫大焉。今子宋子嚴然而好說，聚人徒，立師學，成文典，然而說不免於以至治為至亂也，豈不過甚矣哉！」(《荀子‧正論》)對於大部分人來說，人的情感欲望都是很多的。但是可能也會有很少的人，內心是清心寡欲的。宋鈃據此認為人的本性就是欲寡的。荀子針對此種以偏概全的觀點，進行了強烈的批評。並列舉了古聖先賢賞賜爵位的事例，以此說明人的欲望欲多不欲寡。「有欲無欲，異類也，生死也，非治亂也。欲之多寡，異類也，情之數也，非治亂也。」(《荀子‧正名》)依據宋鈃人之欲寡不欲多的觀點，有的人認為去欲和寡欲是治亂的關鍵所在。人們要做的就是去掉和減少欲望，才能達到社會和國家的安定。荀子卻認為欲望是天生就有的，重要的是引導和調節，欲望的多少並不是治亂的關鍵所在。任何人都不能徹底的去掉欲望，「故雖為守門，欲不可去，性之具也。雖為天子，欲不可盡。欲雖不可盡，可以近盡也。欲雖不可去，求可節也。所欲雖不可盡，求者猶近盡；欲雖不可去，所求不得，慮者欲節求也。」(《荀子‧正名》)合理的欲望並不對穩定及和諧產生任何破壞作用。

對於「芻豢不加甘，大鐘不加樂」來說，美食和華麗的服飾都是人們所

愛戴的，但是對一些特殊之人例如清心寡欲的人來說，的確是更喜歡粗茶布衣。荀子認為這三類的錯誤都是犯了以偏概全的毛病，荀子認為對於這類錯誤直接用感官去感受和接觸，就可以破除此種迷惑了。

「非而謁楹」，「有牛馬非馬也，」此惑於用名以亂實者也。驗之名約，以其所受，悖其所辭，則能禁之矣。（《荀子・正名》）這兩條都出於《墨辨》，前一條內容不得而知。後一條見於《經上》，「故曰「牛馬非牛也」，未可，「牛馬牛也」，未可。則或可或不可，而曰「牛馬牛也未可」亦不可。且牛不二，馬不二，而牛馬二。則牛不非牛，馬不非馬，而牛馬非牛非馬，無難。」意思大概為有一個由牛和馬組成的牛馬群，這裡面既有牛，又有馬。如果說這是牛馬群就既沒有牛，也沒有馬的話，那就是犯了以全概偏的錯誤。荀子認為針對此種措施，指出其違背了約定俗成的稱謂原則，就可以破除此種疑惑。荀子認為，對於語言上的混亂，無非出於以上三種情況，「凡邪說辟言之離正道而擅作者，無不類於三惑者矣」。（《荀子・正名》）而這三類錯誤，馮友蘭先生的話概括的最為精準，「用邏輯的話說，這三種類型就是，偷換概念，以偏概括全，以全否認偏。」〔註7〕

第三節　荀子名學與黃老的關係及其儒家本色

一、荀子名學思想的政治內涵及意義

荀子是先秦時期學術思想的集大成者。在邏輯思想上荀子繼承發展了孔子的正名思想，同時還借鑒吸收了名家以及後期墨家的思想。荀子關於名實思想的論述主要集中於《正名》篇中。〔註8〕目前大多數學者對於荀子名學思想的研究僅僅侷限於其邏輯思想方面的闡發，〔註9〕而對於名學思想之中倫理與政

〔註7〕馮友蘭：《中國哲學史新編》，北京：人民出版社，1998年，第736頁。
〔註8〕有的學者指出，「荀子的正名理論包含兩者，就方法論而言，其正名理論接近於邏輯學；就其思想內涵而言，正名理論近於倫理與政治。」詳見孟凱：《求真與致善──荀子正名理論新探》，《管子學刊》2011年第2期，第25頁。
〔註9〕關於荀子正名思想之中邏輯方面的研究，著作頗豐。具體參看李哲賢：《荀子之名學析論》，臺北：文津出版社，2005年；汪奠基：《荀子的邏輯思想》，《哲學研究》1958年第1期；陳孟麟：《荀況邏輯思想對《墨辨》的發展及其侷限》，《中國社會科學》1989第6期，第129～138頁；劉培育：《荀子名辨思想四題》，《哲學研究》1983第12期，第54～59頁；孫中原：《儒家智者的邏輯──析荀子正名論》，《孔子研究》2004第3期，第，49～59頁。

治方面的內涵及意義則關注不足。同時還應看到的是，荀子名學思想之中倫理與政治的一面除繼承儒家傳統正名以正政的思想外，受戰國黃老形名思想的影響尤深。筆者希望在繼承前賢研究的基礎上，嘗試對荀子名學思想的政治內涵和意義及與黃老形名之間的關係進行研究，敬請專家學者批評指正。

（一）荀子名學思想的政治內涵

對於名實混亂以及正名思想，早在孔子之時就已經被提出討論。孔子認為對於國家政事而言，最為重要的是「必也正名乎！」即明確劃分不同等級之間的權力與義務的關係。孔子生當周文衰敗之際，西周所實行的禮樂制度已不復存在。而禮樂制度背後所承載的更為重要的是與此相適應的等級權力。因此，在政治生活中，最為重要的是明確不同階層之人所享有的不同的政治權力。此即孔子所謂的「君君，臣臣，父父，子子。」（《論語·子路》）使不同階層之人各安其位，各盡其職，彼此之間沒有僭越思想的產生。而這勢必要通過劃分不同的等級名號所規定和落實。因此，可以認為「孔子論政，以正名為本。其正名之目的則完全以倫理政治之要求為依歸。」〔註10〕荀子繼承孔子正名以正政的思想，這裡需要特別說明的是，荀子在正名的原則和方法等方面，的確提出了一些涉及純粹邏輯方面的知識和概念。例如共名與別名的分類和辨三惑等。有些甚至超出了之前的名家和墨家後學，這是非常難能可貴的。但這些只是為了實現其正名以正政思想所帶來的客觀效果，並不是其主要和真正的意圖所在。其名學思想的最終歸宿同孔子一樣，都是要落實到倫理與政治方面。下面筆者打算從制名的目的、制名的角色以及為實現制名的目的所採取的方法和手段三個方面來論述荀子正名以正政的思想，指出其最終的政治和倫理歸宿對於制名的目的，荀子明確提出其最終目的並不是與名辨之學爭一高下，其最終目的是維持社會的長治久安。荀子在這裡認為名實的混亂是非常嚴重的問題。這不僅僅關涉語言和邏輯的問題，背後反映出的是社會政治方面的問題。〔註11〕正名所帶來的政治效果便是秩序井然、

〔註10〕李哲賢：《荀子之名學析論》，臺北：文津出版社，2005年，第209頁。

〔註11〕其具體內容為「故析辭擅作名，以亂正名，使民疑惑，人多辨訟，則謂之大奸。其罪猶為符節度量之罪也。故其民莫敢託為奇辭以亂正名，故其民愨；愨則易使，易使則公。其民莫敢託為奇辭以亂正名，故壹於道法，而謹於循令矣。如是則其跡長矣。跡長功成，治之極也。是謹於守名約之功也。今聖王沒，名守慢，奇辭起，名實亂，是非之形不明，則雖守法之吏，誦數之儒，亦皆亂也。」（《荀子·正名》）

等級分明和分工明確。君主只有在良好有序的政治環境中才能實現社會的長治久安。而所有這些結果的實現最為基本的便是要從正名開始，即明確劃分不同等級的權力分配和範圍。荀子制名的最終目的其實歸根結底就是「上以明貴賤，下以辨同異」(《荀子・正名》)「異形離心交喻，異物名實玄紐，貴賤不明，同異不別；如是，則志必有不喻之患，而事必有困廢之禍。故知者為之分別制名以指實，上以明貴賤，下以辨同異。貴賤明，同異別，如是則志無不喻之患，事無困廢之禍，此所為有名也。」(《荀子・正名》)「制名」的目的是「指實」，而這裡的「實」其真正內涵並不是弄清楚事物自身在邏輯上和語言上的最終本質和涵義，而指的是明確劃分個人的政治和倫理的價值。即使在正名的過程之中不可避免的涉及純粹邏輯思想的探討，也並不需要將主要方面用之於此。「君子之言，涉然而精，俛然而類，差差然而齊。彼正其名，當其辭，以務白其志義者也。」(《荀子・正名》)過於追求純粹邏輯上的探討，在荀子看來應受到嚴厲的譴責。

　　荀子不僅在制名的目的上最終導向於政治和倫理，其制名的角色以及為保障制名的實現所採取的手段也同樣如此。一方面荀子雖然承認制名要繼承以往歷史上流傳下來的語言傳統，同時還要考慮約定俗稱的原則。但是誰真正根本上掌握制名的權力呢？荀子認為只有「王者」才有資格。「故王者之制名，名定而實辨，道行而志通，則慎率民而一焉」(《荀子・正名》)「若有王者起，必將有循於舊名，有作於新名」(《荀子・正名》)只有「王者」掌握最終的制名權，通過其自身的政治權力推行符合其統治的名，以此來達到政治社會生活的有序化和等級化。很顯然，荀子所說的王者顯然指的是現實中的君王。那其依靠什麼將其制定的名得以順利推行和鞏固呢，也就是其保障制名實現的途徑和方法又是什麼呢？無非是禮和法等強制性手段和措施。「凡邪說辟言之離正道而擅作者，無不類於三惑者矣。故明君知其分而不與辨也。」(《荀子・正名》)只有在王綱敗壞，「王者」沒有禮法等強制性措施作為保障其制名權的情況下，才不得已與姦邪之人從事名實的爭辯。最終以此實現「邪說不能亂，百家無所竄」的目的。(《荀子・正名》)

　　當然，在荀子看來，其制名實現的方法除了依靠禮法獲等外在強制力的保證外，還有就是通過內在的正心來正名。這主要涉及《正名》篇後半部分對於道、心和欲的論述〔註12〕「有欲無欲，異類也，生死也，非治亂也。欲

〔註12〕有關《正名》篇後半部分的研究，傳統認為與荀子的正名思想無關。因此很

之多寡，異類也，情之數也，非治亂也。欲不待可得，而求者從所可。欲不待可得，所受乎天也；求者從所可，所受乎心也。所受乎天之一欲，制於所受乎心之多，固難類所受乎天也。人之所欲生甚矣，人之惡死甚矣；然而人有從生成死者，非不欲生而欲死也，不可以生而可以死也。」（《荀子·正名》）在這裡荀子認為欲望是天生存在的，任何人不能消除欲望本身。而治亂的關鍵並不在於欲望的多寡，而在於對於欲望的調節是否得當。具體的話則需要心的調節作用，「故欲過之而動不及，心止之也。心之所可中理，則欲雖多，奚傷於治？欲不及而動過之，心使之也。心之所可失理，則欲雖寡，奚止於亂？故治亂在於心之所可，亡於情之所欲。」（《荀子·正名》）也就是說心如果能夠很好的引導和調節欲望的話，那麼人們就不會受到名家等詭辯思想的誤導。但是心的調節作用最終需要道為準則，而荀子的道恰恰指的就是儒家所提倡的「禮義」，「道也者，何也？禮義、辭讓、忠信是也。」（《荀子·強國》）「禮者人道之極也」（《荀子·禮論》）〔註13〕也就是說，荀子所倡導的正心以正名的方法，其實現的手段歸根結底是要人們依據儒家傳統所提倡的禮義道德作為出發點。以儒家的禮義道德作為評判是非的標準，來判斷奸言和奇辭的與否。這同以外在禮法作為制名實現的保障一樣，最終都以政治和倫理為依歸。〔註14〕

　　以上分析了荀子名學思想的政治內涵，指出其制名的目的、制名的角色以及為實現制名所採取的方法和手段三個方面都以政治和倫理為最終歸宿。從這裡也可以看出，荀子名學思想的最終目的並不是建立有系統的思想體系

少受到學者的關注。但有的學者卻認為《正名》後半部分對道、心和欲的論述與禮法相對應，從內外兩方面闡釋了制名的具體實現方法。具體參看曹峰：《中國古代「名」的政治思想研究》，上海：上海古籍出版社，2017 年，第115～135 頁；陳波：《荀子的名稱理論：詮釋與比較》，《社會科學戰線》2008年第 12 期，第 27～37。

〔註13〕韓德民的理解非常準確，「歷史雖有古今先後的不同，但貫穿其中的道卻是始終如一的。這種人道的實質，荀子認為就是社會人倫，就是禮義道德，就是百王一貫的王道。」詳見韓德民：《荀子與儒家的社會理想》，濟南：齊魯書社，2001 年，第 320 頁。

〔註14〕正如陳波所言，「一個是外在的方面，君主憑藉王權的力量，制定正確的名稱並予以推行，理順社會秩序，達到天下大治；另一個是內在的方面，君子通過正心、修身，心依憑道的指引，趨利避害，選擇適當的欲，使其得到滿足，由此造成君子的理想人格。也可以說，君子通過正心來正名。」詳見陳波：《荀子的名稱理論：詮釋與比較》，《社會科學戰線》2008 年 12 期，第 32 頁。

及理論，而是為其正名以正政思想服務的。

（二）荀子名學思想的政治意義

荀子制名的目的、角色以及為實現制名所採取的方法和手段最終都以政治和倫理為歸宿，也就是借助王者的政治權力來規範語言的問題。那麼我們要問的是，荀子通過外在的強制性措施禮法以及內在儒家禮義道德來強制推行和規範化的名，其最終要達到怎樣的現實效果呢？答案就是要建立明分的等級制社會。而明分恰恰又與對概念的詳細劃分緊密相連。

荀子對概念的分類可謂是發展了名家和墨辨的思想，在此基礎上有了更深入的發展。例如其對共名和別名以及大共名和大別名的劃分，舉例來說，花是一個別名。而具體的花如牡丹、玫瑰則是分屬於花這一別名之下，因此可以被稱為大別名，也就是外延最小的個別概念。而花則包含在植物當中，因為植物並不僅僅包含花在內，還有草木等，植物則屬於共名概念。與植物同等概念的則是動物鳥類昆蟲等，這些全都可以最終概括為物，物也就是所謂的大共名，也就是外延最大的最普遍的概念。這些討論都是對於名詞和概念的邏輯分析，從中可見荀子對概念的劃分的確是精闢入理。荀子認為概念的明確劃分是不容許有半點錯誤的，不同的概念一定要給予不同的名稱。但我們一定不能忘記的是，荀子的概念劃分雖然涉及一些具體的邏輯思想的討論，但是其與制名的目的、角色一樣，最終都以政治和倫理歸宿為目的。荀子自己承認，對於概念的詳細劃分是「王者」成就基業的開始，「故期命辨說也者，用之大文也，而王業之始也。」（《荀子·正名》）概念的詳細劃分是為其政治倫理上的明分思想服務的，是為其提供理論上的依據。〔註15〕別名大別名以及共名大共名等邏輯概念的詳細討論背後所反應的是對於社會成員依據不同的身份所劃定的不同的等級地位。通過概念的詳細劃分任何事物包括人在內都可以各歸其位，不相混淆。而政治生活之中依據分的原則，同樣可以起到相類似的作用。

〔註15〕正如有的學者所指出的，「荀子認為世界上所有人和物都可以完整的，清楚地納入到一個地位、等級分明並且各得其宜的巨大的系統中，而君主正居於系統的頂點。正如內山俊彥所指出的那樣區別共別之方法，將事物及其名稱從普遍到特殊按垂直方向加以立體化的思考方法，和人類世界有分、自然世界有序列的思考方法，正好相似。因此，名的分類法為荀子的群分論提供了思想和理性的依據。」詳見曹峰：《中國古代「名」的政治思想研究》，上海：上海古籍出版社，2017年，第129頁。

《荀子》一書對明分的討論非常之多，如「無分者人之大害也，有分者天下之本利也」（《荀子・富國》）「人道莫不有辨，辨莫大於分」（《荀子・王制》）其認為分對於社會的穩定和秩序化具有重要的意義，「分則和，和則一，一則多力，多力則強，強則勝物。宮室可得而居也，故序四時，裁萬物，兼利天下，無它故焉，得之分義也。」（《荀子・王制》）「離居不相待則窮，群而無分則爭。窮者患也，爭者禍也。救患除禍，則莫若明分使群矣。」（《荀子・富國》）政治和現實生活之所以能夠實現有序化和條理化，最為重要的就是明分的舉措使然。這和荀子對概念的劃分使萬物都能夠進行有序歸位，可說是具有相似的形式。而「王者」恰恰位於分所劃歸的等級制金字塔的頂端，是分得以實現的重要保證，「而人君者，所以官分之樞要也。」（《荀子・富國》）荀子所認為的掌握制名權的角色和分得以實現的保障，其最後歸宿都是「王者」，也就是通過王者借助政治權力來推行其所制定的名和實現明分的舉措。人君為推行明分的話具體又有哪些外在措施和手段呢？依靠的無非和制名一樣，都是法和儒家一貫所推行的禮義道德，「聽政之大分：以善至者待之以禮，以不善至者待之以刑。」（《荀子・王制》）「分莫大於禮」（《荀子・非相》）這正和前面討論的為實現制名的成功所採取的手段如嚴刑以及從內部正心以正名具有異曲同工的形式。這就是荀子在《正名》篇中不厭其煩的對共名和別名等邏輯概念進行辨別與批判的真正意圖，其目的和政治意義就是要為其政治倫理思想尋找客觀依據，就是要建立其「明分使群」的現實社會。〔註16〕

（三）荀子名學思想與黃老形名的關係

儒家自孔子便認為正名的目的是對於政治和倫理的澄清和解釋，將正名的目的與現實政治緊密結合，也就是所謂正名以正政的思想。荀子繼承孔子的精神，也是從政治與倫理著眼，辨說的目的也是為此宗旨服務，此即「後王之成名，不可不察也。」（《荀子・正名》）但荀子生當戰國末期，吸收借鑒各家學說之長，學識之豐富和深厚是不必待言的。據史料記載，荀子「三任稷下祭酒，最為老師」，也就是說荀子曾在齊國稷下學宮講學著述長達幾十

〔註16〕 曹峰認為，「在《正名》篇中，正名雖然沒有直接和分的思想掛上鉤，但筆者以為，在其背後，分的思想之影響依然是存在的。『辨同異』『明貴賤』之正名的目標就是要建立一個上下有別、等級分明、分工明確井然有序的理想社會。」詳見曹峰：《中國古代「名」的政治思想研究》，上海：上海古籍出版社，2017 年，第 130 頁。

年。稷下學宮是戰國時期學術思想的中心，各家思想兼容並包，而其中主要思潮即為黃老之學。我們考察黃老之學可以知曉，其對形名思想的論述非常之豐富。二者之間在思想上應該是互相吸取對方之長，為己所用。

對於荀子名學思想的政治內涵，我們是從制名的目的、制名的角色以及為實現制名的目的所採取的方法和手段三個方面來討論的。通過考察黃老之學我們可以發現，二者具有很大的相似性。只不過黃老之學是通過對形名的論述，表達其正名的思想的，也是將名引領到政治上去。公認的黃老之學的代表作《黃帝四經》首先列舉各種君臣易位，名實不符的現象，「凡觀國，有六逆：其子父，其臣主，雖強大不王。其謀臣在外位者，其國不安，其主不悟，則社稷殘。其主失位則國無本，臣不失處則下有根，國憂而存；主失位則國荒，臣失處則令不行，此之謂頹國。主暴則生殺不當，臣亂則賢不肖並立，此謂危國。主兩則失其明，男女爭威，國有亂兵，此謂亡國。嫡子父，命曰上怫，群臣離志；大臣主，命曰雍塞：在強國削，在中國破，在小國亡。主失位，臣不失處，命曰外根，將與禍鄰：在強國憂，在中國危，在小國削；主失位，臣失處，命曰無本，上下無根，國將大損：在強破，在中國亡，在小國滅。主暴臣亂，命曰大荒，外戎內戎，天將降殃：國無大小，有者滅亡。主兩，男女分威，命曰大麇，國中有師：在強國破，在中國亡，在小國滅。」（《經法·六分》）「君臣易位謂之逆，賢不肖並立謂之亂，動靜不時謂之逆，生殺不當謂之暴。逆則失本，亂則失職，逆則失天，暴則失人。失本則損，失職則侵，失天則饑，失人則疾。」（《經法·四度》）這種種現象，輕則導致主權下移。重則導致君臣易位，國破家亡。那麼怎樣才能避免此種禍患的發生呢？那就是通過形名的建立，「上信無事，則萬物周遍。分之以其名，而萬民不爭；授之以其名，而萬物自治。」（《道原》）當務之急是依據事物自身之形，來制定與事物自身之形相符合的名，然後以此名來檢驗核實具體的活動是否與其形相一致。過猶不及都是名不副實的表現，通過名實的相一致來達到現實政治生活的有序。〔註17〕可見，形名的建立是刻不容緩的。通過形名的推

〔註17〕荊雨認為，「天下萬物都是有形名來作為自己存在的標誌與顯示的，作為天地整體中的國家、政治行為和事件必須有確定的形名；另一方面，作為執政者必須賦予政治行為和事件以形名，使人間社會政治世界的事物具有確定性，由此而建立國家政治制度，形成國家的政治秩序。」詳見荊雨：《自然與政治之間——帛書《黃帝四經》政治哲學研究》，長春：東北師範大學出版社，2007年，第120頁。

行，明確君臣之間的不同分工。以此達到上下不相干預，職責分明的政治秩序。從中看出，其建立的最終目的就是要維持尊卑上下、等級明確的秩序和環境。這在根本上和荀子是一致的。

而對於形名建立的角色來說，《黃帝四經》雖然沒有明確提出是現實之中的「王者」，但是從「執道者」的角度來看，其通過審核形名，循名責實的方法來達到現實政治的規範化和有序化。使各級之間界限分明，不相僭越。那麼這個角色的建立者決不能是普通人，非人君莫屬。同時在為確保形名的順利施行所採取的措施方面，黃老也以法作為強制推行的手段和方法。〔註18〕也就是說形名在具體政治生活中的表現便是法的引入，將法做為判斷是非的曲直，「法者，引得失以繩，而明曲直者也。」（《經法・道法》）「事如直木，多如倉粟。鬥石已具，尺寸已陳，則無所逃其神。度量已具，則治而制之矣。」（《稱》）這裡的「鬥石」「尺寸」指的都是法，法就如「鬥石」「尺寸」一樣是判斷事物的外在標準。而荀子恰恰也將法看做如「鬥石」「尺寸」一樣，作為判斷淫詞和邪說與否的標準，二者的看法是相同的。

最後，對於荀子制名思想的政治意義，前面提到就是要建立明分的等級制社會，還提到其對概念的詳細劃分和討論背後所展現的明分思想。而與荀子同為稷下先生，深受黃老影響的慎到也有類似於荀子的明分思想，「一兔走街，百人追之，貪人具存，人莫之非者，以兔為未定分也。積兔滿市，過而不顧。非不欲兔也，分定之後，雖鄙不爭。」（《慎子・逸文》）大街上的兔子許多人捉，市場上的卻沒人理會，這是因為後者名分定的緣故。這裡強調的是對於事物和個人所具有的權力和職責的劃分，與荀子明分思想相類似。也就是說，「透過授名定分的手段，去排定事物的條理和秩序，讓每一件事物在各自的名分下，擁有了自己的位，定了位，一切的紛爭自然消失，一切的干預也顯然多餘。如此，便可達到不治而自治，不理而自理的效果。」〔註19〕從此也可以看出，荀子與慎到明分思想是互相影響和借鑒的。二者對名的討論

〔註18〕郭梨華認為「形名展現在人文制度中就是名位的安置、是非黑白的確立，換言之，是指向價值的確立，這一價值對於執道者而言，就是用天當，於道自身而言是道紀，而對於人文制度的實行，則是法的確立，法就是是非曲直的判準。」詳見郭梨華：《經法中「形名」思想探源》，《安徽大學學報》1998 年第 3 期，第 25 頁。

〔註19〕陳麗桂：《戰國時期的黃老思想》，臺北：聯經出版事業股份有限公司，1991年，第 75 頁。

最終歸宿都是倫理與政治，都是要建立等級分明，上下有差的現實社會。

　　從以上的分析可以得知，黃老之學對於名學的論述，以形名的具體形式進行闡發。其制名的目的、角色以及為確保形名的順利施行所採取的手段，也就是正名的政治內涵與荀子是完全相同的。其正名的政治意義與荀子也是相同的，二者都以倫理和政治為最後歸宿。因此，荀子與黃老在名學思想上可以說是相互影響和借鑒，吸取對方之長，為己所用。

（四）結語

　　荀子名學思想的政治內涵之中制名的目的是「明貴賤」，制名的角色是「王者」。確保制名所採取的手段是通過外在強制性的法以及通過內在儒家的禮義道德來正心以正名，其名學思想的政治意義則是要建立一個等級分明的現實社會。雖然其中有對邏輯思想如概念的詳細劃分和研究，但是其背後體現了明分的思想存在。是為其現實的等級制社會尋求理論上的說明。最終歸宿都是以政治和倫理為目的。而黃老對名學思想的討論以形名為主要形式所展開，政治內涵中制名的目的、角色以及所採取的手段三方面與荀子是完全相同的。其名學思想的政治意義與荀子也是相同的，都是要建立一個上下分明的現實社會。因此，可以說荀子與黃老二者相互影響，借鑒和吸收對方之長，在客觀上為先秦名學的發展推進了堅實的一步。

二、荀子名學的儒家本色

　　荀子名學思想之中雖然涉及知識論和邏輯思想的因素，論述了制名的目的、原則和依據等問題，但歸根結底還是以儒家思想作為其理論的出發點和歸宿。這可以從多方面看出。

　　首先，荀子名學思想以概念論作為主要的論述重點，而對判斷和推理則基本沒有過多的涉及，這應該與其對名學的根本態度有關。如他認為「彼正其名，當其辭，以務白其志義者也。彼名辭也者，志義之使也，足以相通，則舍之矣。苟之，姦也。故名足以指實，辭足以見極，則捨之矣。外是者，謂之訒，是君子之所棄，而愚者拾以為己寶。」（《荀子·正名》對事物的具體內容，只要弄清楚其基本思想就足夠了，不需要做進一步的闡釋和推論。荀子本人對名學的態度，繼承了孔子正名以正政的思想。根本上並不是要建立有系統的邏輯思想體系，而是為維護等級政治的秩序和倫理服務。只要此目標達到的話，則不需要做進一步的探討。「他是為了明禮而談正名的，為正名而

談邏輯的。」〔註20〕這也反映在他本人對名家和《墨辨》的態度上，如他認為名家思想為「不法先王，不是禮義，而好治怪說，玩琦辭，甚察而不惠，辯而無用，多事而寡功，不可以為治綱紀；然而其持之有故，其言之成理，足以欺惑愚眾，是惠施鄧析也。」（《荀子·非十二子》）「堅白、同異之分隔也，是聰耳之所不能聽也，明目之所不能見也，辯士之所不能言也，雖有聖人之知，未能僂指也。不知無害為君子，知之無損為小人。工匠不知，無害為巧；君子不知，無害為治。王公好之則亂法，百姓好之則亂事。而狂惑戇陋之人，乃始率其群徒，辯其談說，明其辟稱，老身長子，不知惡也。夫是之謂上愚，曾不如相雞狗之可以為名也。」（《荀子·儒效》）認為名家學說不效法先王遺言，不遵循儒家禮義之道。而好玩弄語言上的遊戲，顛倒是非，惑亂人心。對治世沒有任何的益處，只會徒增混亂，蠱惑百姓。上面我們分析過，名家思想雖然有流於詭辯的一面，但是其中的確還有許多寶貴的邏輯思想，這是荀子沒有看到也不會承認的。他本人要做的就是「上則法舜禹之制，下則法仲尼子弓之義，以務息十二子之說。」（《荀子·非十二子》）以儒家思想為正統，使其他思想以此為依歸。對所謂的奸言邪說，應採取的態度就是「無稽之言，不見之行，不聞之謀，君子慎之。」（《荀子·正名》）這歸根結底還是與他恪守儒家傳統政治倫理思想有關。正是這種狹隘的思想，使荀子始終未能脫離政治和倫理的藩籬，未能發展出純粹的知識論和邏輯思想。

其次，荀子認為最終掌握制名權的只有現實中的時君世主，「故王者之制名，名定而實辨，道行而志通，則慎率民而一焉。」（《荀子·正名》）理想的時代是不需要辨說的，因為名實相符，不需要做任何的解釋和說明。需要正名的話，恰恰說明現實之中名實不符的發生。「今聖王沒，天下亂，奸言起，君子無埶以臨之，無刑以禁之，故辨說也。」（《荀子·正名》）那現實之中的君主以什麼依據作為評判正名的標準呢？荀子認為就是儒家所提倡的禮。「凡言不合先王，不順禮義，謂之奸言。」（《荀子·非相》）「若夫非分是非，非治曲直，非辨治亂，非治人道，雖能之無益於人，不能無損於人；案直將治怪說，玩奇辭，以相撓滑也；案強鉗而利口，厚顏而忍詬，無正而恣睢，妄辨而幾利；不好辭讓，不敬禮節，而好相推擠：此亂世奸人之說也，則天下之治說者，方多然矣。傳曰：析辭而為察，言物而為辨，君子賤之。博聞強志，不合

〔註20〕陳孟麟：《荀況邏輯思想對墨辨的發展及其侷限》，《中國社會科學》1989 年第 6 期，第 137 頁。

王制，君子賤之。此之謂也。」(《荀子‧解蔽》總之，不符合禮義之謂的言行都屬於奸言邪說。對此都要以嚴刑待之，「故明君臨之以埶，道之以道，申之以命，章之以論，禁之以刑。」(《荀子‧正名》)正是這種以禮作為評判價值尺度的標準，阻礙了荀子名學思想的進一步發展。

第四節　小結

　　儒家自創始人孔子提出正名以正政的主張，自始至終以倫理和政治作為其名學思想的落腳點和最終歸宿。而名家惠施、公孫龍以及《墨辨》思想則與此截然不同，其自始至終以知識論作為出發點。其最終目的也是力圖建立頗具系統的邏輯思想體系。

　　荀子一方面繼承儒家孔子正名思想的傳統，另一方面發展和批判了名家和《墨辨》的邏輯思想。其認為制名的目的為「明貴賤」和「辨同異」兩個方面，其中「明貴賤」為首要方面。這是因為荀子繼承孔子正名以正政的思想，其名學思想的最終目的是澄清不同等級之間的權力關係，以此保證政治秩序的穩定。當然，其名學思想在客觀上也具有知識論的色彩，這即是其「辨同異」的方面。荀子制名的依據為依靠眼耳鼻舌身的功能，通過不同感官對不同事物得出的感受來進行分析，得出所謂的感性認識。在此基礎上，通過心的分析判斷和綜合能力，使感性認識上升為理想認識，進而得出正確的判斷。最後，對於制名的原則，荀子認為大體上要依據三個方面。第一個方面為實同則名同，實異則名異，實先名後。第二個方面為遵循約定俗成的原則。起初命名並沒有一定的原則，命名之後便是所謂的善名，對此善名切不可隨意更改。這反映了荀子認為命名要符合社會現實的實際需要。第三個方面為遵循「稽實定數」的原則。也就是說名一定要符合實的內容，要分辨不同的實，切不可名實混亂。

　　除此之外，荀子對相關名學概念也進行了詳細論述。如荀子認為對一事物進行詳細描述，就要對它給予一個恰當的，符合其實際的名。如果一個名字還不足以完整表達其內容，就要用多個名字來進行命名。還不能夠達到目的，就要對其進行詳細的說明，最後不得已只能進行所謂的辯論。對於辨說的原因，荀子認為就是要禁止奸言邪說，宣揚先王之道。這裡的先王之道，其實質只能是儒家的思想內容，這也是繼承了孔子的思想所致。而辨說要以

道作為評判的依據，這裡的道也指的是儒家的禮義之道。

對於概念的內涵和外延，荀子也有所涉及，這便是其對共名和別名的討論。除卻外延最大的大共名和內涵最小的大別名外，任何事物自身的共名和別名都是相對的。依據其內涵和外延的增大和縮小而變化。荀子認為，名家和《墨辨》的錯誤歸根結底有三個方面。分別為「用名以亂名」「用實以亂名」和「用名以亂實」，並列舉了這三個方面的典型代表，針對不同的方面提出了不同的解決方法。這三個方面用現代漢語解釋的話就是犯了邏輯上的偷換概念、以偏概全和以全概偏的錯誤。

荀子制名的目的、制名的角色以及為實現制名的目的所採取的方法和手段，最終都是以政治和倫理作為其歸宿。其一方面繼承儒家孔子正名以正政的傳統，另一方面也受到黃老之學的影響。黃老代表作《黃帝四經》對名學的思想以形名作為主要論述形式，其制名的目的、制名的角色以及為實現制名的目的所採取的方法和手段也都是以政治和倫理作為其最終目的，同時深受黃老影響的慎到思想之中與荀子也有很多相近的地方。這些都表明荀子與黃老之學二者相互借鑒和吸收。荀子對名學以及他對名家和《墨辨》的根本態度，以及他所認為的是否正名的標準，都體現了他儒家思想的本色。

餘　論

　　戰國時代是一個動盪不安的時代。經濟結構、社會秩序以及道德倫理與之前相比都經歷了極大的轉變。在這樣的一個時代，矛盾和問題都是無比的艱巨。一家思想或言說無論如何不足以應付此種現實的困難。但正是這樣一個政治上紛亂的局面，為學術的繁榮提供了客觀的環境，為諸子百家的出現提供了良好的契機。戰國時代的社會現實無疑是富國強兵進而實現統一的大業。因此提倡仁義道德的儒學並不是最得到青睞的思想學說，這從孔孟荀三位儒家代表人物生平的際遇即可看出。這之中生平經歷殊為豐富的荀子在齊國稷下常年講學，為實現爭霸富強的齊國所創辦的稷下學宮匯聚了戰國中後期許多知名的學者，這些學者在此講學著述。其寬鬆自由的學術環境和氛圍對荀子借鑒吸收百家思想產生了極大的影響。

　　荀子以儒家正統自居，以弘揚儒學為根本出發點和立足點。但同時決不囿於一己之見，以開放的心態包容百家學說以彌補儒家思想的不足。稷下學宮之中儒道墨法名各家思想互相辨說，其主要思潮即為黃老之學。黃老之學以老子道家思想為宗，同時借鑒吸收儒墨法名等各家思想，其本身就彌補了各家思想自身所存在的不足和缺陷。而常年的稷下生活的經歷使荀子吸收借鑒黃老之學是完全可能的事情，具體的考察也可以看出荀子身上的黃老色彩。如在天人觀方面，孔孟的天人觀中的天大部分指的是主宰之天和道德之天。荀子借鑒吸收了黃老自然主義天道觀，在其論述中大部分都將天看成是自然之天。同時荀子還借鑒黃老氣本源論思想，認為世間萬物都由氣所構成。其「天行有常」的思想也是對黃老「天地有恆常」思想的借鑒。在人性論方面，孟子認為人性指的是與動物不同的道德屬性。荀子不同於孟子對人性

的界定，吸收借鑒了黃老自然人性論的思想，認為人性是人與動物共同的自然屬性。同時批評了稷下人物宋鈃，並對情慾持肯定態度。在認識論方面，對心與道的關係，天君、天官以及虛、壹、靜等術語都是對黃老思想的借鑒，同時再此基礎上有所改造和發展。禮學思想方面，借鑒黃老「分」的思想，認為禮的首要作用就是明分使群。同時看到禮學思想的不足，引入術治思想作為補充，並吸收黃老禮法並重的思想。在名學思想上，荀子與黃老二者互相影響。其名學思想的政治內涵及意義都以政治和倫理為最終歸宿和目的。當然，荀子的借鑒吸收是有選擇性的。從始至終荀子沒有捨棄儒家傳人的理想和抱負。〔註1〕正是因為荀子融合百家的思想，為儒學提供了新鮮的血液。儒學也正是因為吸收借鑒了其他學派思想，才為其適應新的環境提供了可能。

荀子能夠以開放包容的心態，學習和瞭解其他學派的思想。並在此基礎之上有選擇的吸收，這是一般人無法做到的。可以說，荀子在儒家兩千多年的發展史上，其地位決不在孔孟之下。而現實卻恰恰相反，荀子在兩千多年的歷史之中卻沒有得到應有的地位和評價。雖然在漢代有過短暫的尊榮，但是尤其在宋代之後其地位卻一落千丈。從唐代韓愈開始，人為的將荀子排除出儒家的道統之外。如其在《原道》一文中認為堯舜禹湯的儒家先王之道歷經孔孟之後便已經斷絕，這顯然將荀子排除出儒家正統孔孟之外。同時在《讀荀》篇中其又評價荀子的思想為「聖人之道不傳於世，周之衰，好事者各以其說干時君，紛紛藉藉相亂，六經與百家之說錯雜，然老師大儒猶在。火於秦，黃老於漢，其存而醇者，孟軻氏而止耳，揚雄氏而止耳。及得荀氏書，於是又知有荀氏者也。考其辭，時若不粹；要其歸，與孔子異者鮮矣。抑猶在軻雄之間乎？孔子刪詩書，筆削春秋，合於道者著之，離於道者黜去之，故詩書春秋無疵。余欲削荀氏之不合者，附於聖人之籍，亦孔子之志歟？孟氏醇乎醇者也。荀與揚大醇而小疵。」認為同孟子相比，荀子的思想並沒有完整的繼承儒家孔子的思想學說，不足以堪稱儒家的代表。孟子是「醇乎醇者」，荀子卻是「大醇而小疵」宋代二程朱熹等人為了抗擊佛老，構建儒家的道統，更是極力貶低荀子的思想。如二程認為「荀子極偏駁，只一句性惡，大本已

〔註1〕正如有的學者所言，「無論是在儒家學統還是在道統上，荀子都稱得上是一個儒家卓越的傳人和創新者，是處在戰國諸子紛亂、諸侯紛爭大背景之下，能夠立場明確的對抗法家和批評秦政、毫不動搖的維護和弘揚儒家學術思想和社會政治理想的重鎮。」詳見王中江：《儒家的精神之道和社會角色》，北京：中華書局，2015年，第63頁。

失」朱熹則認為「荀卿全是申韓，觀《成相》一篇可見」宋明理學的代表人物
對荀子的看法，從總體上反映了宋儒對荀子的態度。後來《孟子》一書更是
在宋代升為十三經之一，並且作為科舉考試的教材。孟荀二者之間的身份和
地位越來越大，不可同日而語。

　　客觀的說，宋代以後尊孟抑荀情況的出現，是對荀子極大的不公。考察
荀子的生平即可看出，荀子是繼孔孟之後先秦儒家發展史上極其重要和不可
替代的人物。荀子同孔孟一樣，都對儒學做出了自己應有的貢獻。不能因為
後人的一己之見，而否定這種現實的功績。甚至可以認為，如果沒有荀子在
戰國後期大力弘揚儒家思想，會通以黃老之學為代表的百家學說來彌補儒學
的不足和缺陷，進而使其更加適應現實的需要。可能便不會出現漢代以後儒
家的獨尊，更不會使儒家思想成為兩千多年來中國文化的主流思想和價值觀
念。荀子的這些開創之功和嘗試，都應有其客觀真實的評價和肯定，絕不能
因為後世主觀人為的需要而對其歷史貢獻進行抹殺和貶低。

　　荀子對黃老思想的借鑒和吸收，也可以理解為儒道思想的結合，這在西
漢初年表現的尤為明顯。西漢初年的許多人如陸賈、賈誼以及韓嬰等，雖然
其思想以儒家思想為基礎，但如細加分析便可看出其中具有明顯的黃老之學
的色彩。〔註2〕

　　陸賈是西漢初年著名的政治家，曾經為劉邦論述秦亡漢興的歷史教訓，
著成《新語》一書。此書以儒家思想為基礎，其中亦有不少黃老思想。如「道
莫大於無為，行莫大於謹敬。」（《新語·無為》）「君子握道而治，據德而行……
虛無寂寞，通動無量。」（《新語·道基》）「綿綿漠漠，以道制之，察之無兆，
遁之恢恢，不見其行，不睹其仁，湛然未悟，久之乃殊。」（《新語·慎微》）
等等，這裡形容「道」的特點為「虛無」「寂寞」「無為」等，與黃老對「道」
的理解完全一致。特別值得注意的是陸賈描述了他理想中的至德之世的圖
景，「夫形重者則心煩，事眾者則身勞；心煩者則刑罰縱橫而無所立，身勞者
則百端回邪而無所就。是以君子之為治也，塊然若無事，寂然若無聲，官府
若無吏，亭落若無民，閭里不訟於巷，老幼不愁於庭，近者無所議，遠者無所

〔註2〕金春峰認為，「他們宣揚儒家的仁義德治，批判法家片面崇尚法治和黃老清靜
　　　　無為的思想，而同時又吸收融合法家和黃老思想，表現出漢代儒法和儒道既
　　　　排斥鬥爭，又相互吸收、融合的歷史特點。」詳見金春峰：《兩漢思想史》，
　　　　北京：中國社會科學出版社，2006年，第67頁。

聽，郵無夜行之卒，鄉無夜召之征，犬不夜吠，雞不夜鳴，耆老甘味於堂，丁男耕耘於野，在朝者忠於君，在家者孝於親；於是賞善罰惡而潤色之，興辟雍庠序而教誨之，然後賢愚異議，廉鄙異科，長幼異節，上下有差，強弱相扶，大小相懷，尊卑相承，雁行相隨，不言而信，不怒而威，豈待堅甲利兵、深牢刻令、朝夕切切而後行哉？」(《新語・至德》)陸賈所描述的這種至德之世，無用刑罰、清靜無為正是黃老所追求的理想的政治藍圖。

賈誼是西漢文帝時期的政論家，其主要著作為《新書》。賈誼的黃老思想主要反應在《道德說》《道術》《六術》三篇之中。「物所道始謂之道，所得以生謂之德。德之有也，以道為本，故曰「道者，德之本也。」(《新書・道德說》)萬物由道而產生，而每個事物所具有內在屬性即是德。「道者無形，平和而神」(《新書・道德說》)道的特點是看不見摸不著的，是沒有分化的。賈誼所謂的道，其實指的是氣。「性者，道德造物。物有形，而道德之神專而為一氣，明其潤益厚矣。濁而膠相連，在物之中，為物莫生，氣皆集焉，故謂之性。性，神氣之所會也。性立，則神氣曉曉然發而通行於外矣，與外物之感相應」(《新書・道德說》)氣的凝聚使萬物獲得了生命，這類似於《管子》當中的精氣說。同時道又是變化不定的，「物理及諸變之起，皆神之所化也。」(《新書・道德說》)西漢初年的大儒韓嬰思想當中黃老色彩也很明顯，如他認為「孔子抱聖人之心，徬徨乎道德之城，逍遙乎無形之鄉。倚天理，觀人情，明終始，知得失，故興仁義，厭勢利，以持養之。於是周室微，王道絕，諸侯力政，強劫弱，眾暴寡，百姓靡安，莫之紀綱，禮儀廢壞，人倫不理，於是孔子自東自西，自南自北，匍匐救之。」(《韓詩外傳・卷五》)這裡的「徬徨乎道德之城」和「逍遙乎無形之鄉」分別是老子和莊子的思想。可見在韓嬰看來，孔子與老莊並不是截然對立的，這正反映了他融合儒道的思想。同時韓嬰還宣傳黃老君道無為臣道有為的思想，「夫霜雪雨露、殺生萬物者也，天無事焉，猶之貴天也。執法厭文，治官治民者、有司也，君無事焉，猶之尊君也。夫闢土殖穀者、后稷也，決江流河者，禹也，聽獄執中者，皋陶也，然而聖後者，堯也。故有道以御之，身雖無能也，必使能者為己用也；無道以御之，彼雖多能，猶將無益於存亡矣。」(《韓詩外傳・卷二》)韓嬰還在許多地方受到黃老思想的影響，在《韓詩外傳》之中有詳細討論，此不贅述。

從上面的分析可以看出，西漢初年融合儒道的思想非常明顯。陸賈、賈誼和韓嬰等人都主動吸收黃老之學彌補自身思想的不足，這種儒道融合的現

象可以說在荀子之時就已經開其端。漢武帝之後思想上雖然罷黜百家，獨尊儒術。但是通過主動吸收道家思想來彌補儒法思想的不足，仍時有發生。因此荀子開始的以儒家思想為基本立場主動吸收百家之學的學術壯舉，更加顯出了其歷史功績和價值。

參考文獻

一、出土文獻

1. 國家文物局古文獻研究室，馬王堆漢墓帛書（壹）〔M〕，北京：文物出版社，1980。

2. 國家文物局古文獻研究室，馬王堆漢墓帛書（肆）〔M〕，北京：文物出版社，1985。

3. 荊門市博物館，郭店楚墓竹簡〔M〕，北京：文物出版社，1998。

4. 上海市博物館，上海博物館藏戰國楚竹書（六）〔M〕，上海：上海古籍出版社，2007。

二、文獻古籍

1. （漢）班固，漢書〔M〕，北京：中華書局，1962 年。

2. 陳奇猷，呂氏春秋校釋〔M〕，北京：中華書局，2000 年。

3. 陳奇猷，韓非子新校注〔M〕，北京：中華書局，2000 年。

4. （清）郭慶藩，莊子集釋〔M〕，北京：中華書局，2012 年。

5. 黃懷信，鶡冠子校注〔M〕，北京：中華書局，2014 年。

6. （清）焦循，孟子正義〔M〕，北京：中華書局，1987 年。

7. 蔣禮鴻，商君書錐指〔M〕，北京：中華書局，1986 年。

8. （漢）劉向，戰國策〔M〕，北京：中華書局，1998 年。

9. （清）劉寶楠，論語正義〔M〕，北京：中華書局，1990 年。

10. 梁啟雄，荀子簡釋〔M〕，北京：中華書局，1983 年。

11. 黎翔鳳，管子校注〔M〕，北京：中華書局，2004 年。

12. 李步嘉，越絕書校釋〔M〕，北京：中華書局，2013 年。

13. 劉文典，淮南鴻烈集解〔M〕，北京：中華書局，2013 年。

14. （漢）司馬遷，史記〔M〕，北京：中華書局，1982 年。

15. （清）孫希旦，禮記集解〔M〕，北京：中華書局，1989 年。

16. （清）孫詒讓，墨子閒詁〔M〕，北京：中華書局，2001 年。

17. 譚戒甫，公孫龍子刑名發微〔M〕，北京：中華書局，1963 年。

18. 徐元誥，國語集解〔M〕，北京：中華書局，2002 年。

19. 許維遹，呂氏春秋集釋〔M〕，北京：中華書局，2009 年。

20. 許維遹，韓詩外傳集釋〔M〕，北京：中華書局，1980 年。

21. （清）王先謙，荀子集解〔M〕，北京：中華書局，1998 年。

22. （清）王先慎，韓非子集解〔M〕，北京：中華書局，1998 年。

23. （清）王先謙，莊子集解〔M〕，北京：中華書局，1986 年。

24. （晉）王弼，老子道德經注釋〔M〕，北京：中華書局，2008 年。

25. 王利器，文子疏義〔M〕，北京：中華書局，2009 年。

26. 王利器，新語校注〔M〕，北京：中華書局，2012 年。

27. 王天海，荀子校釋〔M〕，上海：上海古籍出版社，2005 年。

28. 許富宏，慎子集校集注〔M〕，北京：中華書局，2013 年。

29. 閻振益，新書校注〔M〕，北京：中華書局，2000 年。

30. 楊伯峻，列子集釋〔M〕，北京：中華書局，2007 年。

31. 朱謙之，老子校釋〔M〕，北京：中華書局，1884 年。

三、專著類

1. 侯外廬、趙紀斌、杜國庠，中國思想通史（第一卷）〔M〕，北京：人民出版社，1957 年。

2. 侯外廬、趙紀斌、杜國庠、邱漢生，中國思想通史（第二卷）〔M〕，北京：人民出版社，1957 年。

3. 張豈之主編，中國思想史〔M〕，西安：西北大學出版社，2012 年。

4. 張豈之主編，中國思想學說史（先秦卷）〔M〕，南寧：廣西師範大學出版社，2008 年。

5. 張豈之主編，中國思想學說史（秦漢卷）〔M〕，南寧：廣西師範大學出版社，2008 年。

6. 謝陽舉，老莊道家與環境哲學會通研究〔M〕，北京：科學出版社，2014 年。

7. 謝陽舉，道家哲學之研究——比較與環境哲學視野中的道家〔M〕，西安：陝西人民出版社，2003 年。

8. 馮友蘭，中國哲學史新編〔M〕，北京：人民出版社，2014 年。

9. 馮友蘭，中國哲學史〔M〕，上海：華東師範大學出版社，2011 年。

10. 陳偉，楚地出土戰國簡冊〔M〕，北京：經濟科學出版社，2009 年。

11. 白奚，稷下學研究〔M〕，北京：生活‧讀書‧新知三聯書店，2004 年。

12. 陳鼓應，黃帝四經今注今譯〔M〕，北京：商務印書館，2007 年。

13. 陳鼓應，管子四篇今注今譯〔M〕，北京：商務印書館，2006 年。

14. 陳鼓應，老子注譯及評介〔M〕，北京：商務印書館，2009 年。

15. 陳鼓應，莊子注譯及評介〔M〕，北京：商務印書館，2009 年。

16. 陳麗桂，漢代道家思想〔M〕，臺北：五南圖書出版股份有限公司，2013 年。

17. 陳麗桂，戰國時期的黃老思想〔M〕，臺北：聯經出版事業股份有限公司，1991 年。

18. 丁原植，文子新論〔M〕，臺北：萬卷樓圖書有限公司，1999 年。

19. 丁原植，文子與淮南子考辨〔M〕，臺北：萬卷樓圖書有限公司，1999 年。

20. 丁原明，黃老學論綱〔M〕，濟南：山東大學出版社，1997 年。

21. 高正，荀子版本源流考〔M〕，北京：中華書局，2010 年。

22. 郭梨華，出土文獻與先秦儒道哲學〔M〕，臺北：萬卷樓圖書股份有限公司，2008 年。

23. 郭志坤，荀學論稿〔M〕，上海：三聯書店，1991 年。

24. 何志華、朱國藩、樊善標,《荀子》與先秦兩漢典籍重見資料彙編〔M〕,香港:香港中文大學出版社,2005 年。

25. 黃釗主編,道家思想史綱〔M〕,長沙:湖南師範大學出版社,1991 年。

26. 黃漢光,黃老之學析論〔M〕,臺北:鵝湖出版社,2000 年。

27. 胡家聰,稷下爭鳴與黃老新學〔M〕,北京:中國社會科學出版社,1998 年。

28. 李零,簡帛古書與學術源流〔M〕,北京:生活・讀書・新知三聯書店,2008 年。

29. 李零,待兔軒文存(讀史卷)〔M〕,南寧:廣西師範大學出版社,2015 年。

30. 李零,郭店楚簡校讀記〔M〕,北京:人民大學大學出版社,2007 年。

31. 劉蔚華、苗潤田,稷下學史〔M〕,北京:中國廣播電視出版社,1992 年。

32. 李學勤,古文獻叢論〔M〕,上海:上海遠東出版社,1996 年。

33. 李學勤,簡帛佚籍與學術史〔M〕,南昌:江西教育出版社,2001 年。

34. 牟鍾鑒、胡孚琛、王葆玹,道教通論──兼論道家學說〔M〕,濟南:齊魯書社,1991 年。

35. 裘錫圭,中國出土古文獻十講〔M〕,上海:復旦大學出版社,2004 年。

36. 裘錫圭,文史叢稿〔M〕,上海:上海遠東出版社,1996 年。

37. 魏啟鵬,馬王堆漢墓帛書《黃帝書》箋證〔M〕,北京:中華書局,2004 年。

38. 王曉波,道與法:法家思想和黃老哲學解析〔M〕,臺北:國立臺灣大學出版中心,2009 年。

39. 王葆玹,老莊學新探〔M〕,上海:上海文化出版社,2002 年。

40. 王葆玹,黃老與老莊〔M〕,北京:中國人民大學出版社,2012 年。

41. 許抗生,老子與道家〔M〕,北京:宗教文化出版社,2012 年。

42. 熊鐵基,秦漢新道家〔M〕,上海:上海人民出版社,2001 年。

43. 熊鐵基,秦漢新道家略論稿〔M〕,上海:上海人民出版社,1984 年。

44. 莊萬壽,道家史論〔M〕,臺北:萬卷樓圖書股份有限公司,2000 年。

45. 郭沫若，郭沫若全集〔M〕，北京：人民出版社，1982 年。

46. 葛志毅、張惟明，先秦兩漢的制度與文化〔M〕，哈爾濱：黑龍江教育出版社，1998

47. 那薇，漢代道家的政治思想和直覺體悟〔M〕，濟南：齊魯書社，1992 年。

48. 張秉楠，稷下鉤沉〔M〕，上海：上海古籍出版社，1991 年。

49. 錢穆，先秦諸子繫年〔M〕，北京：商務印書館，2015 年。

50. 劉笑敢，莊子哲學及其演變〔M〕，北京：中國社會科學出版社，1988 年。

51. 夏甄陶，論荀子的哲學思想〔M〕，上海：上海人民出版社，1979 年。

52. 蒙文通，古學甄微〔M〕，成都：巴蜀書社，1987 年。

53. 童書業，先秦七子思想研究〔M〕，濟南：齊魯書社，1982 年。

54. 白奚，先秦哲學沉思錄〔M〕，北京：中國社會科學出版社，2007 年。

55. 馮鐵流，先秦諸子學派源流考——對先秦諸子學術活動的新認識〔M〕，重慶：重慶出版社，2005 年。

56. 余宗發，先秦諸子學說在秦地之發展〔M〕，臺北：文津出版社有限公司，1998 年。

57. 李銳，新出簡帛的學術探索〔M〕，北京：北京師範大學出版社，2010 年。

58. 梁啟超等，荀子二十講〔M〕，北京：華夏出版社，2009 年。

59. 艾蘭、汪濤、范毓周主編等，中國古代思維模式與陰陽五行說探源〔M〕，南京：江蘇古籍出版社，1998 年。

60. 杜國庠，杜國庠文集〔M〕，北京：人民出版社，1962 年。

61. 劉建國，先秦偽書辨正〔M〕，西安：陝西人民出版社，2004 年。

62. 李桂民，荀子思想與戰國時期的禮學思潮〔M〕，北京：中國社會科學出版社，2012 年。

63. 余亞斐，荀學與西漢儒學之趨向〔M〕，合肥：安徽師範出版社，2012 年。

64. （比）戴卡琳，解讀鶡冠子：從論辯學的角度〔M〕，瀋陽：遼寧教育出版社，2000 年。

65. 何志華、朱國藩、樊善標，《文子》與先秦兩漢典籍重見資料彙編〔M〕，香港：香港中文大學出版社，2005 年。

66. 丁原植，《文子》資料探索〔M〕，臺北：萬卷樓圖書有限公司，1999 年。

67. 王三峽，文子探索〔M〕，武漢：湖北人民出版社，2003 年。

68. 趙雅麗，《文子》思想及竹簡《文子》復原研究〔M〕，北京：北京燕山出版社，2005 年。

69. 李定生、徐慧君，文子要詮〔M〕，上海：復旦大學出版社，1988 年。

70. 陳廣忠，中國道家新論〔M〕，合肥：黃山書社，2001 年。

71. 林誌鵬，宋鈃學派遺著考論〔M〕，臺北：萬卷樓圖書股份有限公司，2009 年。

72. 朱前鴻，先秦名家四子研究〔M〕，北京：中央編譯出版社，2005 年。

73. 胡適，先秦名學史〔M〕，北京：學林出版社，1983 年。

74. 伍非百，中國古名家言〔M〕，北京：中國社會科學出版社，1983 年。

75. 陳來，古代思想文化的世界〔M〕，北京：生活·讀書·新知三聯書店，1983 年。

76. 惠吉星，荀子與中國文化〔M〕，貴陽：貴州人民出版社，2011 年。

77. 劉笑敢，老子古今〔M〕，北京：中國社會科學出版社，2009 年。

78. 錢穆，莊老通辯〔M〕，北京：生活·讀書·新知出版社，2002 年。

79. 王淑岷，先秦道法思想講稿〔M〕，北京：中華書局，2007 年。

80. 余嘉錫，古書通例〔M〕，北京：中華書局，1985 年。

81. 余明光，黃帝四經與黃老思想〔M〕，長沙：嶽麓書社，1993 年。

82. 晁福林，春秋戰國的社會變遷〔M〕，北京：商務印書館，2011 年。

83. 張舜徽，周秦道論發微〔M〕，武漢：華中師範大學出版社，2005 年。

84. 曹峰，近年出土黃老思想文獻研究〔M〕，北京：中國社會科學出版社，2015 年。

85. 王中江，簡帛文明與古代思想世界〔M〕，北京：北京大學出版社，2011 年。

86. （日）池田知久，道家思想的新研究〔M〕，鄭州：中州出版社，2011 年。

87. （美）史華慈，中國古代的思想世界〔M〕，南京：江蘇人民出版社，2008 年。

88. 胡適，中國哲學史大綱〔M〕，北京：商務印書館，2011 年。

89. 勞思光，新編中國哲學史〔M〕，北京：生活·讀書·新知三聯書店，2015 年。

90. 韋政通，中國思想史〔M〕，長春：吉林出版集團有限責任公司，2009 年。

91. 葛兆光，中國思想史〔M〕，上海：復旦大學出版社，2013 年。

92. 陶師承，荀子研究〔M〕，上海：大東書局，1926 年。

93. 楊筠如，荀子研究〔M〕，上海：商務印書館，1933 年。

94. 張曙光，外王之學——荀子與中國文化〔M〕，開封：河南大學出版社，1996 年。

95. 韓德民，荀子與儒家的社會理想〔M〕，濟南：齊魯書社，2001 年。

96. 馬積高，荀學源流〔M〕，上海：上海古籍出版社，2000 年。

97. 孔繁，荀子評傳〔M〕，南京：南京大學出版社，1997 年。

98. 陸建華，荀子禮學研究〔M〕，合肥：安徽大學出版社，2004 年。

99. 陳登元，荀子哲學〔M〕，上海：商務印書館，1928 年。

100. 高正，荀子版本源流考〔M〕，北京：中國社會科學出版社，1992 年。

101. 方爾加，荀子新論〔M〕，北京：中國和平出版社，1992 年。

102. 胡育衡、李育安，荀子思想研究〔M〕，鄭州：中州書畫社，1983 年。

103. 楊大膺，荀子學說研究〔M〕，北京：中華書局，1936 年。

104. 熊公哲，荀卿學案〔M〕，上海：商務印書館，1931 年。

105. 楊艾璐，解蔽與重構〔M〕，北京：中國社會科學出版社，2015 年。

106. 吳樹勤，禮學視野中的荀子人學研究——以「知通統類」為核心〔M〕，濟南：齊魯書社，2007 年。

107. 陳榮慶，荀子與戰國學術思潮〔M〕，北京：中國社會科學出版社，2012 年。

108. 李亞彬，道德哲學之維——孟子荀子人性論比較研究〔M〕，北京：人民出版社，2007 年。

109. 王軍，荀子思想研究——禮樂重構的視角〔M〕，北京：中國社會科學出版社，2010 年。

110. 孫偉，重塑儒家之道——荀子思想再考察〔M〕，北京：人民出版社，2010年。

111. 儲昭華，明分之道——從荀子看儒家文化與民主政道融通的可能性〔M〕，北京：商務印書館，2007年。

112. 孫偉，重塑儒家之道——荀子思想再考察〔M〕，北京：人民出版社，2010年。

113. 周熾成，荀韓人性論與社會歷史哲學〔M〕，廣州：中山大學出版社，2009年。

114. 楊寬，戰國史〔M〕，上海：上海人民出版社，2016年。

115. 楊寬，戰國史料編年輯證〔M〕，上海：上海人民出版社，2016年。

116. 劉澤華，中國政治思想通史（綜論卷）〔M〕，北京：中國人民大學出版社，2014年。

117. 劉澤華，中國政治思想通史（先秦卷）〔M〕，北京：中國人民大學出版社，2014年。

118. 孫福喜，《鶡冠子》研究〔M〕，西安：陝西人民出版社，2002年。

119. 王中江，道家學說的觀念史研究〔M〕，北京：中華書局，2015年。

120. 崔大華，莊學研究〔M〕，北京：人民出版社，1992年。

121. 金春峰，漢代思想史〔M〕，北京：中國社會科學出版社，2006年。

122. 崔瑞德、魯惟一，劍橋中國秦漢史〔M〕，北京：中國社會科學出版社，1992年。

四、學術論文

1. 張增田，《黃老帛書》研究綜述〔J〕，安徽大學學報 2001 年第 4 期。

2. 丁原明，論荀子思想中的黃老傾向〔J〕，管子學刊 1991 年第 3 期。

3. 趙吉惠，荀況是戰國末期黃老之學的代表〔J〕，哲學研究 1993 年第 5 期。

4. 余明光，荀況思想與「黃老」之學——兼論早期儒學的更新與發展〔J〕，河北學刊 1996 年第 1 期。

5. 白奚，先秦黃老之學源流述要〔J〕，中州學刊 2003 年第 1 期。

6. 白奚，學術發展史視野下的先秦黃老之學〔J〕，人文雜誌 2005 年第 1 期。

7. 張富祥，黃老之學與道法家論稿〔J〕，史學月刊 2014 年第 3 期。

8. 唐蘭，馬王堆出土《老子》乙本卷前古佚書的研究——兼論其與漢初儒法鬥爭的關係〔J〕，考古學報 1975 年第 1 期。

9. 金春峰，論黃老帛書的主要思想〔J〕，求索 1986 年第 2 期。

10. 艾畦，《黃帝四經》對老子思想的吸收和繼承〔J〕，中國哲學史 1997 年第 1 期。

11. 鄭傑文，帛書《黃帝四經》對《老子》學說的繼承和發展〔J〕，管子學刊 1996 年第 3 期。

12. 鍾肇鵬，黃老帛書的哲學思想〔J〕，文物 1978 年第 2 期。

13. 孫以楷，荀子與先秦道家〔J〕，學術月刊 1996 年第 8 期。

14. 劉笑敢，莊子後學中的黃老派〔J〕，哲學研究 1985 年第 6 期。

15. 胡家聰，稷下學宮史鉤沉〔J〕，文史哲 1981 年第 4 期。

16. 知水，論稷下黃老之學產生的歷史條件〔J〕，南京大學學報 1988 年第 2 期。

17. 知水，關於黃帝之言的兩個問題〔J〕，管子學刊 2000 年第 1 期。

18. 郭志坤，荀子與百家之學〔J〕，齊魯學刊 1987 年第 3 期。

19. 王啟發，荀子與儒墨道法名諸家〔J〕，中國史研究 2000 年第 3 期。

20. 趙吉惠，荀況是戰國末期黃老之學的代表〔J〕，哲學研究 1993 年第 5 期。

21. 周立升、王德敏，評《管子》書中「靜因之道」的認識論〔J〕，文史哲 1984 年第 3 期。

22. 李存山，《內業》等四篇的精氣思想探微〔J〕，管子學刊 1989 年第 2 期。

23. 周立升、王德敏，《管子》中的精氣論及其歷史貢獻〔J〕，哲學研究 1983 年第 5 期。

24. 陳鼓應，稷下道家精氣說的研究〔J〕，道家文化研究 1992 年第 2 輯。

25. 李存山，《內業》等四篇的寫作時間和作者〔J〕，管子學刊 1987 年創刊號。

26. 張連偉，論《管子》四篇的學派歸屬〔J〕，管子學刊 2003 年第 1 期。

27. 潘復恩、施東昌，論宋尹學派形而上學的思想特徵〔J〕，復旦大學學報

1980 年第 5 期。

28. 馬非百，《管子‧內業》篇之精神學說及其他〔J〕，管子學刊 1988 年第 4 期。

29. 楊棟，從上博簡看慎子的「君人之道」〔J〕，社會科學戰線 2014 年第 1 期。

30. 苗潤田，從先秦文獻中看慎到的思想特點〔J〕，齊魯學刊 1983 年第 2 期。

31. 高燕，道法關係論——慎子法哲學思想探源〔J〕，西南民族大學學報 2008 年第 204 期。

32. 李廷勇，論《慎子》的學術思想〔J〕，西南師範大學學報 1997 年第 5 期。

33. 趙逵夫，論慎到的法治思想〔J〕，社會科學戰線 2013 年第 4 期。

34. 劉澤華，論慎到的勢、法、術思想〔J〕，文史哲 1983 年第 1 期。

35. 楊棟，論慎子學派對百家之學的整合〔J〕，中國社會科學院研究生院學報 2015 年第 5 期。

36. 潘俊傑，慎到——從黃老到法家轉折性的關鍵人物〔J〕，西北大學學報 2004 年第 5 期。I

37. 李凱，慎到「齊物」思想管窺〔J〕，中國哲學史 2015 年第 1 期。

38. 潘志峰，慎到學派歸屬問題再辨〔J〕，河北學刊 2007 年第 1 期。

39. 江榮海，慎到應是黃老思想家——兼論黃老思想與老子、韓非的區別〔J〕，北京大學學報 1989 年第 1 期。

40. 陳夢麟，論宋鈃、尹文學派的邏輯思想〔J〕，山東師範大學學報 1986 年第 1 期。

41. 邵蓓，尹文及《尹文子》〔J〕，中國史研究 1999 年第 2 期。

42. 李賢中，尹文子思想探析〔J〕，安徽大學學報 1998 年第 1 期。

43. 董英哲，宋尹學派之「道」〔J〕，西北大學學報 1988 年第 4 期。

44. 潘復恩、施東昌，論宋尹學派形而上學的思想特徵〔J〕，復旦大學大學學報 1980 年第 5 期。

45. 周立升、王德敏，《尹文子》哲學思想初探〔J〕，東嶽論叢 1984 年第 6 期。

46. 胡家聰，《尹文子》與稷下黃老學派——兼論《尹文子》並非偽書〔J〕，文史哲 1984 年第 2 期。

47. 周山，《尹文子》非偽析〔J〕，學術月刊 1983 年第 10 期。

48. 董英哲，《尹文子》真偽及學派歸屬考辨〔J〕，西北大學學報 1997 年第 3 期。

49. 唐鉞，尹文和《尹文子》〔J〕，清華學報 1926 年第 4 卷第 1 期。

後 記

　　本書是在我的博士論文基礎上修改而成的。讀博期間，我逐漸對儒道關係產生了濃厚的興趣，同時謝陽舉老師也是研究道家思想的專家，對道家思想具有深入的研究。因此博士論文選題很快得到謝老師的肯定，認為非常具有學術價值，值得一做。博士畢業工作之後，我將主要研究方向定為黃老道家的研究，在研究黃老思想的同時，我逐漸發現其與法家思想具有密切的聯繫，但學界對此研究還不太深入。尤其是法家代表人物慎到更具有兼通道法的思想特徵，我因此連續寫了多篇論述慎到的文章，引起了大家的討論。並且有幸在工作僅一年有餘就獲得陝西省社科基金項目關於黃老思想研究的立項支持，這都是本人之前沒有想到的。

　　本書的順利出版，首先感謝我的博士生導師謝陽舉老師的悉心指導和幫助，同時還要感謝我的碩士生導師陝師大王暉老師引領我進入先秦史研究的大門。感謝西北大學思想所李友廣老師、夏紹熙老師、陝師大歷史學院呂亞虎老師平日的鼓勵。西北農林科技大學王海成老師對黃老學說也有專門研究，我平日與他也經常交流學術，受益匪淺。相信沒有各位老師的指點，這本小書不可能順利完成。

　　同時還要感謝西北農林科技大學馬克思主義學院領導的關懷和幫助，花木蘭文化事業有限公司的楊嘉樂編輯為本書付出的辛勤勞動，本人也特表誠摯的謝意。

商曉輝

2020 年 10 月 11 日